과정 중심 평가를 퀴즈, 평가 플랫폼으로 실현!

교실에서 바로 쓰는
퀴즈×평가 플랫폼

과정 중심 평가를 위한 에듀테크 활용 전략서

 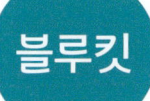   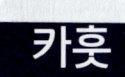

한 눈에 비교
퀴즈·AI 평가 플랫폼
기능과 특징
총정리

자세한 가이드
회원가입부터
차근차근 배우는
활용법!

실전 비법
효과를 높이는
교육 현장
활용 꿀팁

수업 사례
교실에서 검증된
퀴즈, AI 평가 플랫폼
활용 사례

교실에서 바로 쓰는
퀴즈×평가 플랫폼

과정 중심 평가를 위한 **에듀테크** 활용 전략서
ChatGPT, 블루킷, ZepQuiz, 밤부즐, 카훗, 라포라포, 띵커벨 퀴즈, GPSQuiz, 클리포, 하이러닝

초판 1쇄 인쇄 | 2025년 10월 15일

지 은 이 | 박정수, 전병호 공저
발 행 인 | 김병성
발 행 처 | 앤써북
편 집 책 임 | 조주연
주 소 | 경기도 파주시 탄현면 방촌로 548번지
전 화 | (070)8877-4177
팩 스 | (031)942-9852
등 록 | 제382-2012-0007호
도 서 문 의 | answerbook@naver.com

I S B N | 979-11-93059-64-7 13370

이 책은 저작권법에 따라 보호받는 저작물이므로 무단 전재와 무단 복제를 금하며,
이 책 내용의 전부 또는 일부를 사용하려면 반드시 저작권자와 앤써북 발행인의
서면동의를 받아야 합니다.

※ 책값은 뒤표지에 있습니다.
※ 잘못된 책은 구입한 서점에서 바꿔 드립니다.

시작하는 글

과거의 평가는 대체로 결과 중심이었습니다.

학기 말이나 단원 말에 치르는 지필 평가 결과가 학생의 성취를 가늠하는 주요 기준이 되었고, 그동안의 노력과 과정은 충분히 드러나지 못했습니다. 평가 방식도 한정적이어서 학생의 사고 과정·태도·변화와 같은 중요한 요소를 세밀하게 살피기는 어려웠습니다. 그러다 2015 개정 교육과정이 시행되면서 과정 중심 평가가 본격적으로 강조되기 시작했습니다. 이제 평가는 단순히 점수를 매기는 일이 아니라 학습 과정에서 변화를 발견하고 다음 성장을 설계하는 과정이 되었습니다.

이런 흐름 속에서 제 교직 생활을 돌아보면 늘 아쉬움이 남습니다. 새로운 교육과정, 교수·학습 방법, 과정 중심 평가… 경력이 쌓일수록 알게 된 것은 많았지만 그것을 실제 교실에서 구현하는 일은 쉽지 않았습니다. 학생 평가도 예외가 아니었습니다.

매일 이어지는 다양한 교과 수업 속에서 채점, 성적 처리, 성취도 분석, 피드백 작성까지… 학생 한 명 한 명의 성장을 돕는 평가는 늘 쉽지 않은 과제였습니다. 수업 준비와 행정 업무에 쫓기다 보면 과정 중심 평가는 '알지만 실천하기 어려운' 이상처럼 느껴질 때가 많았습니다.

이때 도움을 준 것이 퀴즈 플랫폼과 AI 기반 평가 플랫폼이었습니다.

블루킷·카훗·GPS Quiz 같은 퀴즈 플랫폼은 평가를 수업 속에서 조금 더 자연스럽게 녹여낼 수 있도록 도와주었습니다. 실시간으로 학생의 이해도를 확인하고 이에 맞는 적절한 피드백을 제공할 수 있었습니다. 학생들은 문제를 반복해 풀며 개념을 다지는 활동도 가능했습니다. 또한 게임 요소와 즉시 제공되는 결과에 흥미를 느껴 수업에 더 집중했고 저는 축적된 데이터를 참고해 학습 과정을 더욱 명확하게 파악하고 수업 방향을 조정하여 학생의 성장을 지원할 수 있었습니다.

클리포와 하이러닝 같은 AI 기반 평가 플랫폼으로 학생들의 서술형·논술형 평가 결과를 분석하고 학생 개개인에게 맞는 피드백을 제공해 주었습니다. 그 결과 모든 답안을 일일이 읽고 평가하던 시간을 줄일 수 있었고, AI가 제공해 주는 데이터를 참고하여 학생별 맞춤 지도를 이어갈 수 있었습니다. 학생들도 AI 피드백을 바탕으로 자신의 학습을 성찰하고 수정하며 스스로 배우는 힘을 키워 나갔습니다.

이제 평가의 순간은 결과를 매기는 종착지가 아니라 다음 배움을 준비하는 출발점이 되었습니다. 이 책은 과정 중심 평가를 중심으로 퀴즈 플랫폼과 AI 평가 플랫폼이 어떻게 교사의 부담을 덜고 학생의 성장을 지원하는지를 보여줍니다. 물론 이러한 플랫폼이 평가의 '정답'은 아닙니다. 그러나 교사의 교직 전문성이 바탕이 될 때 이들은 수업과 평가를 한층 효과적으로 돕는 든든한 조력자가 될 수 있습니다. 나아가 교사에게는 수업 혁신의 길을, 학생에게는 자기주도 학습의 힘을, 교육 현장에는 새로운 평가 문화를 제시하는 길잡이가 되길 바랍니다.

저자 박정수, 전병호

독자지원센터

[책 소스 다운로드 / 정오표 / Q&A / 긴급 공지]

이 책의 실습에 필요한 책 소스 파일 다운로드, 정오표, Q&A 방법, 긴급 공지 사항 같은 안내 사항은 앤써북 공식 카페의 [종합 자료실]에서 [도서별 전용 게시판]을 이용하시면 됩니다.

앤써북 네이버 카페에서 [종합 자료실] 아이콘()을 클릭한 후 종합자료실 게시글에 설명된 표에서 228번 목록 우측 도서별 전용 게시판 링크 주소()를 클릭하거나 아래 QR 코드로 바로 가기 합니다. 도서 전용 게시판에서 설명하는 절차로 책소스 파일 다운로드, 정오표, Q&A 방법 등을 안내 받을 수 있습니다.

▶ 앤써북 공식 네이버 카페 종합자료실
https://cafe.naver.com/answerbook/5858

▶ 도서 전용게시판 바로가기
https://cafe.naver.com/answerbook/8409

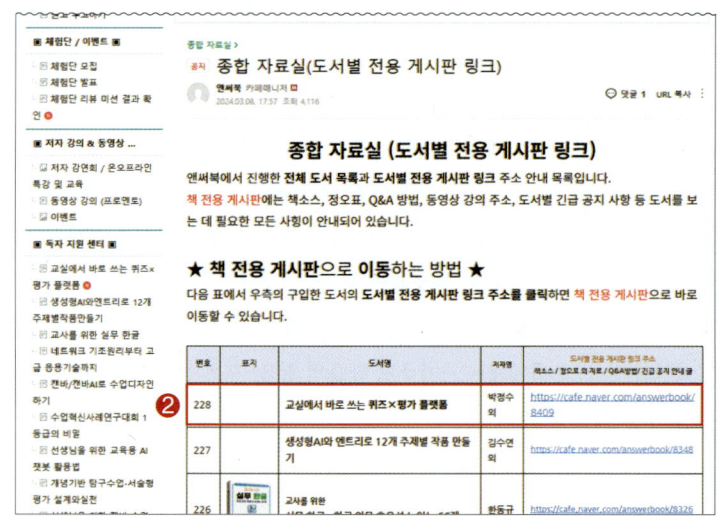

독자지원센터

[앤써북 공식 체험단]

앤써북에서 출간되는 도서와 키트 등 신간 책을 비롯하여 연관 상품을 체험해 볼 수 있습니다. 체험단은 수시로 모집하기 때문에 앤써북 카페 공식 체험단 게시판에 접속한 후 [즐겨찾기] 버튼(❶)을 누른 후 [채널 구독하기] 버튼(❷)을 눌러 즐겨찾기 설정해 놓거나, ❸[새글 구독]을 우측으로 드래그하여 ON으로 설정해 놓으면 새로운 체험단 모집 글을 메일로 자동 받아보실 수 있습니다.

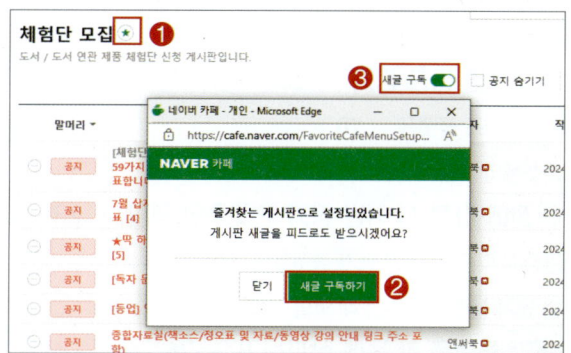

▶ 앤써북 카페 공식 체험단 게시판

https://cafe.naver.com/answerbook/menu/150

▲ 체험단 바로가기 QR코드

[저자 강의 안내]

앤써북에서 출간된 책 관련 주제의 온·오프라인 강의는 특강, 유료 강의 형태로 진행됩니다. 강의 관련해서는 아래 게시판을 통해서 확인해주세요. "앤써북 저자 강의 안내 게시판"을 통해서 앤써북 저자들이 진행하는 다양한 온·오프라인 강의를 확인할 수 있습니다.

▶ 앤써북 강의 안내 게시판

https://cafe.naver.com/answerbook/menu/144

▲ 저자 강의 안내 게시판 바로가기 QR코드

Contents

 ## 에듀테크로 실현하는 과정 중심 평가

- ① **과정 중심 평가** · 16
  - 평가의 목적 · 16
  - 과정 중심 평가의 필요성 · 17
  - 평가의 새로운 패러다임 · 17
- ② **퀴즈 플랫폼을 통한 평가** · 20
  - 평가로서의 퀴즈 플랫폼 · 20
  - 퀴즈 플랫폼의 수업 내 역할 · 21
- ③ **평가 관점에 따른 AI 기반 평가 플랫폼의 역할** · 23
  - 평가 관점에 따른 AI 기반 평가 플랫폼의 역할 · 23
  - AI 기반 평가 플랫폼의 수업 내 역할 · 24
- ④ **퀴즈·평가 플랫폼 한 눈에 살펴보기** · 26

 ## 퀴즈 제작을 위한 초간단 ChatGPT 사용법

- ① **ChatGPT 살펴보기** · 30
  - 회원가입 · 31
  - 대시보드 · 32
  - 퀴즈 제작을 위한 프롬프트 작성법 · 33
- ② **GPTs 살펴보기** · 37
  - 검색하여 사용하기 · 37
  - 나만의 GPTs 제작하기 · 38
- ③ **최소한의 정보 보안** · 41
  - ChatGPT 자체 설정 · 41
  - OpenAI 개인정보 보호 페이지 · 42
  - ChatGPT 실전비법.zip_ 응답 품질을 높이는 ChatGPT 맞춤설정 · 44

Contents

학습하며 평가하는 블루킷

❶ 블루킷 살펴보기 • 48
  회원가입 • 48
  Discover • 50
  My sets • 52
  Favorites • 53
  History • 54
  Homework • 55

❷ 블루킷 퀴즈 제작 • 57
  기본 설정 • 57
  수동 제작 • 58
  Quizlet Import • 63
  CSV Import • 66
  ChatGPT 활용 • 68

❸ 블루킷 수업 진행하기 • 70
  블루킷 게임 준비 • 70
  블루킷 학생 참여 • 72
  블루킷 과제 • 73

❹ 블루킷 수업 사례 • 74
  4학년 사회(1학기 1단원 지도로 만나는 우리 지역) Crypto Hack • 74
  6학년 수학(1학기 1단원 분수의 나눗셈)Battle royale • 78
  블루킷 실전비법.zip _ 블루킷의 다양한 게임들 • 81

Contents

4 학생 몰입을 이끄는 가상 공간 퀴즈 ZEP QUIZ

- **1 ZEP Quiz 살펴보기** • 86
  - 회원가입 • 87
  - 대시보드 • 89
- **2 ZEP Quiz 퀴즈 제작** • 90
  - 맵의 종류 • 90
  - 직접 제작 • 93
  - 참조 제작 • 100
- **3 ZEP Quiz 수업 활용하기** • 104
  - 교사 퀴즈 접속 방법 • 104
  - 학생 퀴즈 접속 방법 • 107
  - 기본 조작법 및 활동 방법 • 107
  - 게스트 모드 기능 • 108
  - 제작자 전용 기능 • 109
- **4 ZEP Quiz 수업 사례** • 110
  - 계기교육과 연계한 퀴즈 활동 • 110
  - 단원 마무리 및 복습 활동 • 111
  - 학생 참여형 퀴즈 제작 활동 • 111
  - Zep Quiz 실전비법.zip _ 채팅 앱을 활용한 학생 간 디지털 소통 강화 전략 • 112

5 주관식 퀴즈도 가능한 밤부즐

- **1 밤부즐 살펴보기** • 116
  - 회원가입 • 116
  - My library • 117
  - Games • 120

Contents

② 밤부즐 퀴즈 제작 • 121
  - 기본 설정 • 121
  - 퀴즈 제작 • 122
  - 이미지 활용 • 123
  - 문항 편집 • 124
  - 밤부즐 실전비법.zip _ 다양한 밤부즐 문항 제작 • 126

③ 밤부즐 수업 진행하기 • 127
  - 밤부즐 퀴즈 설정 • 127
  - 밤부즐 수업 진행 • 129
  - 밤부즐 과제 • 131

④ 밤부즐 수업 사례 • 132
  - 국어 온책읽기 수업 사례 • 132
  - 사회 수업 사례 • 133

⑥ 경쟁과 협업을 동시에 카훗

① 카훗 살펴보기 • 136
  - 회원가입 • 136
  - 콘텐츠 검색 • 138
  - 탐색 • 138
  - 라이브러리 • 139
  - 보고서 • 139
  - 그룹 • 141
  - 마켓 플레이스 & Access pass • 142
  - 카훗토피아 • 142
  - 카훗 실전비법.zip _ 카훗 유료 계정의 종류와 활용 • 144

② 카훗 제작 • 146
  - 퀴즈 복사 및 편집 • 146

Contents

    퀴즈 제작하기 • 147

    AI 활용 퀴즈 제작 • 158

③ 카훗 수업 진행하기 • 161

    카훗 게임 진행 • 161

    카훗 게임 종류 • 164

    카훗 과제 • 166

④ 카훗 수업 사례 • 167

    사회 수업 사례 • 167

    과학 수업 사례 • 168

7 QR퀴즈 방탈출로 수업 몰입도 UP! 라포라포

① 라포라포 살펴보기 • 172

    회원가입 • 172

    라포의회 • 173

    게임센터 • 174

    퍼즐하우스 • 178

    문제 도서관 • 180

② 라포라포 퀴즈 제작 • 181

    QR퀴즈 방탈출만의 장점 • 181

    QR퀴즈 방탈출 살펴보기 • 182

    퀴즈 테마 • 183

    시나리오 • 183

    일반 문제 • 185

    추론 문제 • 188

③ 라포라포 수업 진행하기 • 190

    교사 진행 방법 • 190

Contents

학생 참여 방법 · 194

④ **라포라포 수업 사례** · 197

교실 안전 방탈출 퀴즈 · 197

라포라포 실전비법.zip _ 인앱 브라우저 환경에서 카메라 권한 문제 해결 방법 · 199

8 언제든지 쉽게 꺼내 쓰는 퀴즈 플랫폼, 띵커벨 퀴즈

① **띵커벨 퀴즈 살펴보기** · 202

회원가입 · 203

대시보드 · 204

② **띵커벨 퀴즈 제작** · 209

문제 유형 · 209

직접 제작 · 210

참조 제작 · 214

③ **띵커벨 퀴즈 수업 활용하기** · 215

과제 모드 · 216

도전 모드 · 217

플래시카드 모드 · 218

Wifi-off 모드 · 219

Wifi-on 모드 · 219

배틀 모드 · 220

학생 참여 방법 · 221

④ **띵커벨 퀴즈 수업 사례** · 222

수업 도입 진단 도구 · 222

단원 정리 및 복습을 위한 형성평가 도구 · 223

띵커벨 퀴즈 실전비법.zip _ 띵커벨 보드와 워크시트를 활용한 퀴즈 제작 · 224

Contents

 ## 지도를 따라 걸으며 문제를 푸는 GPS Quiz

1 **GPS Quiz 살펴보기** • 230
  회원가입 • 231
  대시보드 • 233

2 **GPS Quiz 제작** • 236
  GPS Quiz 제목 • 236
  기본 설정(Quiz Walk) • 237
  문항 제작(Tasks) • 239
  퀴즈 발행하기 • 250

3 **GPS Quiz 수업 진행하기** • 251
  교사 준비 방법 • 251
  학생 참여 방법 • 252
  결과 조회 방법 • 254

4 **GPS Quiz 수업 사례** • 257
  학교 주변 생태환경 관련 퀴즈 활동 • 257
  현장체험학습 장소 관련 퀴즈 활동 • 258
  GPS Quiz 실전비법.ZIP _ GPS Quiz 오류 대처 방법 • 259

 ## 서·논술형 평가 자동 채점부터 피드백까지, 클리포

1 **클리포 살펴보기** • 262
  회원가입 • 263
  대시보드 • 264
  학생 등록 • 266

Contents

② **클리포 수업** • 267
    수업 홈 • 268
    수행평가 설계 • 269
    과제물 관리 • 271
    수행평가 채점 • 274
    세부능력 및 특기사항 지원 • 276

③ **클리포 수업 사례** • 278
    학교 축제 소감문 온라인 평가 • 278
    미술 수기 감상문 평가 • 279
    클리포 실전비법.zip__ ChatGPT 활용 수행평가 설계 • 280

AI 기반 평가의 전 과정을 담다 하이러닝

① **하이러닝 살펴보기** • 286
    회원가입 • 286
    대시보드 • 287

② **문항 설계 및 운영** • 289
    과목 개설 • 290
    AI 학습 진단 • 291
    문항 출제(객관식, 주관식) • 293
    AI 논술형 평가(舊 AI 논술진단) • 304

③ **하이러닝 평가 도구 수업 사례** • 310
    객관식, 주관식 문항 활용 복습 및 학습 정리 • 310
    AI 논술형 평가(AI논술진단)을 활용한 과정 중심 평가 • 311
    AI 논술형 평가(AI논술진단) 활용 상상 일기 쓰기 • 311
    하이러닝 실전비법.zip _ AI 논술형 평가 재채점 • 312

1

에듀테크로 실현하는 과정 중심 평가

퀴즈 플랫폼을 활용한 과정 중심 평가는 기존의 결과 중심 평가 방식에서 벗어나 학생의 학습 과정을 깊이 있게 들여다볼 수 있도록 돕습니다. 교사는 퀴즈를 통해 학생의 이해 수준을 실시간으로 파악하고, 맞춤형 피드백을 제공할 수 있습니다. 또한 학생들은 문제 해결 과정에서 자신의 학습을 스스로 성찰하고, 학습 방향을 능동적으로 조해 나갈 수 있습니다. 퀴즈 플랫폼은 참여를 유도하며 수업과 평가를 자연스럽게 연결하는 도구입니다. 특히 학생들의 흥미를 이끌어 내어 수업 몰입도를 높일 수 있습니다.

최근에는 클리포와 하이러닝과 같은 AI 기반 평가 플랫폼도 주목받고 있습니다. 이러한 플랫폼은 서·논술형 문제나 루브릭 기반 채점이 필요한 복합적인 평가 장면에서 효과적으로 활용되며 학생의 고등 사고력을 보다 정교하게 분석하고 피드백하는 역할을 합니다.

1 과정 중심 평가

과정 중심 평가는 교육과정의 성취 기준에 기반한 평가계획에 따라 교수·학습 과정에서 학생의 변화와 성장에 대한 자료를 다각도로 수집하여 적절한 피드백을 제공하는 평가입니다.[1]

평가의 목적

학생 평가의 목적은 크게 '판단'과 '이해 및 개선'의 두 가지로 구분할 수 있습니다.[2]

첫 번째 평가의 목적은 '판단'으로 총괄적 기능에 해당합니다.

이는 학생의 성장과 발달 수준을 평가하여 학생 간의 차이를 변별하고 성취 수준을 규준 또는 성취기준에 비추어 명확히 판별하는 데 중점을 둡니다. 대표적인 예로 대학수학능력시험과 같은 선발 중심의 평가가 있으며 학생의 현재 위치를 객관적으로 판단하는 것 자체가 평가의 핵심 목적이 되는 경우입니다.

두 번째 평가의 목적은 '이해 및 개선'으로 형성적 기능과 관련이 있습니다.

여기서 형성적 기능이란 평가가 단순한 결과 측정이 아니라 교수·학습을 만들어 가는 과정임을 의미합니다. 평가를 통해 학생의 성장과 발달 수준을 이해하고, 그에 따라 교수·학습 과정을 조정하고 개선하는 것이 핵심입니다. 수행평가나 과정 중심 평가가 이에 해당하며 특히 학생 개개인의 수준과 차이를 이해하여 맞춤형 학습 지원을 제공하는 것이 중요한 목적이 되며 이를 위해 학생의 학습 과정을 면밀히 관찰하고 해석하는 노력이 필수적입니다.

---

[1] 과정 중심 평가 안내서(초등학교용) (한국교육과정평가원)
[2] 교육평가의 이론과 실제(백순근, 교육과학사)

▲ 총괄적 기능(판단)

▲ 형성적 기능(이해 및 개선)

과정 중심 평가의 필요성

그동안 학교 현장에서의 평가는 대부분 총괄적 기능을 하는 결과 중심 평가, 즉 학생을 선별하고 판단하기 위한 방식에 집중돼 왔습니다. 이러한 평가 방식은 학생이 얼마나 알고 있는지, 얼마나 잘 맞추었는지에만 초점을 맞추고 있어 학습하는 과정에서의 생각, 태도, 협력과 같은 중요한 요소는 평가되지 않는 경우가 많았습니다. 하지만 평가 또한 학습의 일부이며 교수·학습을 설계하고 개선해 나가는 데 중요한 역할을 합니다.

결과만을 강조하는 평가는 학생들에게 불안감과 스트레스를 유발하고, 평가를 '피하고 싶은 일'로 인식하게 만듭니다. 이제는 학습자의 성장을 이해하고 지원하기 위한 평가가 필요하며 이를 위해 학생의 학습 과정을 관찰하고 피드백하는 과정 중심 평가가 필수적입니다.

과정 중심 평가는 학생이 배우는 과정을 교사와 함께 점검하고, 학습 내용을 자기 주도적으로 조절하며 성장할 수 있도록 이끄는 평가입니다. 이는 단지 평가 방식의 변화가 아니라 수업과 평가의 본질을 되돌아보는 중요한 전환점이 됩니다.

평가의 새로운 패러다임

과정 중심 평가의 필요성이 강조되면서 평가를 바라보는 관점 또한 변화하고 있습니다. 단순히 결과를 확인하는 것을 넘어 평가와 학습을 지원하고 성장을 이끄는 과정으로 이해하려는 움직임이 나타나고 있습니다.

이러한 관점을 반영하여 학습과 평가의 관계는 '학습에 대한 평가(Assessment of learning)', '학습을 위한 평가(Assessment for learning)', '학습으로서의 평가(Assessment as learning)'로 구분할 수 있습니다.❸ 이 중 '학습에 대한 평가' 결과 중심의 총괄적 평가에 해당하며 '학습을 위한 평가'와 '학습으로서의 평가'는 평가를 학습의 과정으로 보는 과정 중심 평가에 해당합니다.

학습에 대한 평가(Assessment of Learning)

'학습에 대한 평가(Assessment of Learning)'는 학생의 학습 결과를 확인하고 판별하는 데 목적이 있습니다. 이 평가는 일반적으로 수업이 종료되는 시점에 실시되며 학생이 이전에 배운 내용을 바탕으로 얼마나 잘 이해했는지를 측정합니다. 이 평가에서는 피드백이 대부분 사후에 제공되기 때문에 즉각적인 학습 개선에는 한계가 있습니다. 주로 성적표 제공이나 학생 선별의 용도로 활용됩니다. 이러한 평가 방식은 결과를 요약적으로 판단하는 데는 효과적일 수 있으나 학습자의 현재 수준을 깊이 이해하거나 학습 동기를 북돋우는 데는 다소 부족할 수 있습니다. 특히 정답 중심의 평가 구조는 틀리는 것에 대한 불안감을 높여 학생들이 평가를 두려워하게 만들고, 스스로의 가능성을 제약하는 원인이 되기도 합니다.

학습을 위한 평가(Assessment for Learning)

'학습을 위한 평가(Assessment for Learning)'는 형성적 평가의 성격을 가지며 학습 도중에 이루어지는 평가입니다. 이 평가는 학생의 현재 이해 수준을 바탕으로 어떤 후속 학습이 필요한지를 파악하고, 수업을 그것에 맞게 조정할 수 있도록 돕습니다. 주로 수업 과정 중에 지속적으로 이루어지며 교사에게는 수업을 교정할 수 있는 실질적인 근거를 제공하고, 학생에게는 구체적인 피드백을 통해 학습을 이어갈 동기를 부여하는 역할을 합니다. 또한 즉각적인 피드백이 가능하여 학생들은 자신의 부족한 부분을 빠르게 인식하고 학습 전략을 수정할 수 있습니다. 이러한 평가는 결과보다는 학습의 흐름과 방향에 초점을 맞추며 학생의 성장을 지원하는 깊이 있는 평가로 기능합니다.

---

❸ 교육평가의 이론과 실제(김석우 외, 학지사)

학습으로서의 평가(Assessment as Learning)

'학습으로서의 평가(Assessment as Learning)'는 평가의 본질을 학생의 학습 과정에 능동적으로 참여시키는 데 두고 있습니다. 이러한 평가는 단순히 교사가 학생을 평가하는 것을 넘어 학생 스스로가 자신의 학습을 점검하고 조절하는 능력, 즉 자기 점검 능력을 향상하는 데 목적이 있습니다. 학생은 평가 기준에 대해 명확히 이해하고, 그 기준에 따라 자신의 학습 상태를 성찰하며 이후의 학습 방향을 계획하게 됩니다. 이 과정은 학생의 책임 있는 학습 태도와 자기주도성을 키우는 데 효과적이며 결과적으로 학습에 대한 내적 동기를 높이는 데 크게 기여합니다. '학습으로서의 평가'는 평가 자체가 학습의 한 부분이 되어 학생이 스스로 성장의 주체가 되는 평가 문화를 형성하는 데 중요한 역할을 합니다.

물론 '학습에 대한 평가'도 반드시 필요하지만 최근 들어 학생 평가에서 총괄평가인 '학습에 대한 평가' 비중이 작아지고, 형성평가인 '학습을 위한 평가'와 개별화 학습과 자기주도학습에 필수적인 '학습으로서의 평가' 비중이 커지고 있습니다.

평가 유형	시기	주요 목적	학생의 역할	교사의 활용 방식
학습에 대한 평가 (Assessment of Learning)	수업 이후	학습 결과 판별 및 성취 수준 판단	결과 산출에 참여하는 응시자	성적 산출, 학업 성취도 평가
학습을 위한 평가 (Assessment for Learning)	수업 중간	학습 진행 중 이해도 진단 및 피드백 제공	피드백을 수용하고 학습을 보완하는 수용자	수업 내용 보완, 교수 전략 조정, 맞춤형 학습 지원
학습으로서의 평가 (Assessment as Learning)	수업 전반	학습자 자기 성찰 및 자기주도 학습 촉진	능동적으로 학습 상태를 점검, 반성하며 학습 방향을 설정하는 주체	자기 성찰을 유도하는 평가 설계, 학습 동기 강화 및 자기 주도 촉진

2 퀴즈 플랫폼을 통한 평가

퀴즈 플랫폼을 활용한 평가는 단순한 정답 확인을 넘어 학습 과정을 지원하고 과정 중심 평가를 실현할 수 있는 유용한 방법입니다.

평가로서의 퀴즈 플랫폼

학습에 대한 평가(Assessment of learning)와 퀴즈 플랫폼

퀴즈 플랫폼은 단원 말 또는 학기 말 정리 평가에서 학생의 성취 수준을 진단하는 총괄적 평가 도구로 활용될 수 있습니다. 정답률과 문항별 통계 데이터를 기반으로 개별 학생은 물론 전체 학급의 이해 수준을 종합적으로 파악할 수 있으며, 학부모 상담이나 성적 산출의 객관적인 자료로도 활용됩니다.

학습을 위한 평가(Assessment for learning)와 퀴즈 플랫폼

퀴즈 플랫폼은 수업 중간에 학생의 이해 정도를 점검하고, 수업의 방향을 조정하는 형성 평가 도구로 효과적입니다. 문항별 응답 데이터를 통해 학생이 어떤 개념에서 어려움을 겪는지 파악할 수 있으며 이를 바탕으로 교사는 설명 방식이나 활동 구성을 유연하게 조정할 수 있습니다. 또한 학생은 퀴즈에 대한 피드백을 통해 자신의 이해 부족을 빠르게 인식하고, 학습 전략을 수정하거나 보완 학습을 이어갈 수 있습니다.

학습으로서의 평가(Assessment as Learning)와 퀴즈 플랫폼

퀴즈 플랫폼은 학생이 자신의 학습 과정을 스스로 점검하고 조절하는 자기 주도적 평가 도구로도 활용될 수 있습니다. 학생이 퀴즈를 직접 만들거나 퀴즈에 반복적으로 도전하는 활동은 자기 점검과 성찰 중심의 학습을 촉진합니다. 이러한 과정은 학생 스스로 학습 목표와 기준을 인식하고, 자신의 학습 상태를 되돌아보며 다음 학습 계획을 세우게 만듭니다.

퀴즈 플랫폼의 수업 내 역할

참여 기반 학습

퀴즈 플랫폼은 학생이 수동적인 수업의 청자가 아니라 능동적인 참여자로 전환되도록 도와줍니다. 문항에 응답하고 결과를 즉시 확인하는 과정 자체가 학습 활동이 되며 학생은 문제 해결에 집중하는 동안 자연스럽게 개념을 익히게 됩니다. 또한 퀴즈는 반복 풀이가 가능하여 학생이 틀린 문제에 여러 번 도전하는 과정을 통해 개념을 자기 것으로 내면화하는 기회를 제공합니다.

흥미와 동기유발

퀴즈 플랫폼은 시각적 요소, 실시간 반응, 간단한 게임 요소 등을 통해 학생의 흥미를 자연스럽게 끌어냅니다. 문제 해결을 통해 점수를 얻거나 순위를 확인하는 과정은 자연스러운 도전 의식을 자극하며 학생의 학습 참여를 지속적으로 유지하는 데 도움이 됩니다. 또한 퀴즈는 짧은 시간 안에 학습 내용을 확인할 수 있어 학습에 대한 부담은 줄이면서 성취감을 경험하게 하는 장점이 있습니다. 이러한 긍정적 경험은 학생의 내적 동기와 학습에 대한 자기 효능감을 높이는 데 기여합니다.

즉각적인 피드백 제공

퀴즈 플랫폼은 문제를 해결하는 동시에 정답을 확인할 수 있어 학생이 자신의 이해 수준을 즉시 점검할 수 있게 합니다. 이러한 즉각적인 피드백은 학습의 흐름 안에서 자신의 오류를 인식하고 바로잡는 기회를 제공합니다. 또한 교사는 학생들의 응답 결과를 실시간으로 확인할 수 있어 학생이 어려워하는 지점이나 오개념을 빠르게 파악하고 수업 내용을 유연하게 조정할 수 있습니다.

학습 데이터 축적

퀴즈 플랫폼은 학생의 응답 기록, 정답률, 문항별 통계 등의 데이터를 자동으로 저장하여 학습 이력을 체계적으로 관리할 수 있도록 지원합니다. 이러한 데이터는 학생 개인의 성취 수준을 정량적으로 확인할 수 있게 하며, 이해도 변화나 학습 경향을 분석하는 데 유용하게 활용됩니다. 교사는 이를 바탕으로 학습 내용을 보완하거나 개별 맞춤형 피드백을 제공할 수 있으며 학부모 상담이나 평가 자료로도 활용이 가능합니다. 학습 데이터를 축적하고 분석하는 과정은 결과 중심이 아닌 과정 중심 평가를 실현하기 위한 중요한 기반이 됩니다.

협업과 상호작용 촉진

퀴즈 플랫폼은 학생 간 협업과 상호작용을 촉진하는 도구로서도 활용됩니다. 팀 퀴즈나 그룹 활동을 통해 학생들은 서로의 생각을 공유하고 문제 해결 전략을 논의하면서 협업 능력과 메타인지 능력을 향상시킬 수 있습니다. 이러한 상호작용은 교실에서 다양한 관점을 수용하고 토론하는 문화를 조성하는 데 기여하며 공동의 목표를 달성하기 위해 협력하는 과정에서 의사소통 능력과 책임감을 기르는 기회를 제공합니다. 이처럼 퀴즈 플랫폼은 단순한 평가를 넘어 학습 공동체를 구축하는 핵심 도구로 기능합니다.

3. 평가 관점에 따른 AI 기반 평가 플랫폼의 역할

학생의 학습을 정확히 이해하고 지원하기 위해서는 평가의 도구와 방식이 무엇보다 중요합니다. 단순히 정답을 확인하는 객관식, 단답형 중심의 평가로는 학생의 사고 과정이나 학습의 깊이를 충분히 담아내기 어렵기 때문입니다. 이에 따라 최근 학교 현장에서는 서술형이나 논술형 문항을 효과적으로 평가할 수 있는 AI 기반의 평가 플랫폼이 주목받고 있습니다. 대표적인 예로 클리포와 하이러닝과 같은 AI 기반 평가 플랫폼이 있으며 이들은 각각 루브릭 기반의 서술형 채점 기능, AI 진단 및 피드백 시스템을 갖추고 있어 교사의 평가 전문성을 보완하면서 학생 개별화 지원에도 효과적으로 활용되고 있습니다.

AI 기반 평가 플랫폼을 통한 평가는 단지 평가 도구의 변화에 그치지 않습니다. 이는 평가의 본질, 즉 "무엇을 평가할 것인가"뿐 아니라 "왜 평가하는가", "그 결과로 무엇을 할 것인가"에 대한 사고를 요구하며 평가가 수업안에서 어떤 방식으로 설계되고 실현되어야 하는지를 성찰하게 합니다.

평가 관점에 따른 AI 기반 평가 플랫폼의 역할

학습에 대한 평가(Assessment of learning)와 AI 기반 평가 플랫폼

AI 기반 평가 플랫폼은 학생의 학습 결과를 정리하고 성취 수준을 파악하는 데 유용하게 활용됩니다. AI 기반 평가 플랫폼은 서술형 응답을 루브릭에 따라 자동으로 채점하고, 항목별 점수와 근거를 제공합니다. 이를 통해 교사는 채점 과정의 일관성과 객관성을 확보할 수 있으며 평가의 신뢰도를 높일 수 있습니다.

학습을 위한 평가(Assessment for learning)와 AI 기반 평가 플랫폼

AI 기반 평가 플랫폼은 수업 도중 학생의 이해 수준을 파악하고, 그에 따라 수업의 방향을 조정하는 데 활용됩니다. AI 기반 평가 플랫폼은 학생의 응답을 자동으로 분석하고 피드백을 제공하여 교사가 학생의 이해 수준을 신속하게 파악할 수 있도록 지원합니다. 이를 통해 교사는 수업 내용을 보완하거나 설명 방식을 수정하는 등 교수 전략을 조정할 수 있습니다.

학습으로서의 평가(Assessment as Learning)와 AI 기반 평가 플랫폼

AI 기반 평가 플랫폼은 학생이 평가를 단순한 결과 확인이 아닌 학습의 일부로 받아들이도록 돕습니다. AI 기반 평가 플랫폼은 학생의 서술형 응답에 대해 피드백을 자동으로 제공하며 학생은 이를 바탕으로 자기의 생각을 다시 정리하고 응답을 수정할 수 있는 기회를 얻습니다. 학생은 AI 피드백을 통해 어떤 기준에서 부족했는지를 인식하고 그것에 맞게 자신의 응답을 보완하여 다시 제출함으로써 학습을 조정해 나갑니다. 이처럼 평가 과정 자체가 학습으로 이어지는 구조는 학생의 자기 주도성을 자연스럽게 확장하며 평가가 곧 학습이 되는 경험을 가능하게 합니다.

AI 기반 평가 플랫폼의 수업 내 역할

학습 상황 진단 및 수업 조정

AI 기반 평가 플랫폼은 수업 중간에 학생의 이해 수준을 신속하게 파악하고 이를 기반으로 수업을 조정하는 데 효과적으로 활용됩니다. AI 기반 평가 플랫폼은 학생의 응답을 자동으로 분석하여 핵심 개념에 대한 이해도나 표현상의 오류를 교사에게 즉시 제공합니다. 교사는 이 데이터를 바탕으로 설명 방식을 보완하거나 활동의 난이도를 조정하고, 필요한 경우 특정 개념에 대한 재강조나 소그룹 보충 지도를 설계할 수 있습니다. 이러한 즉각적인 수업 조정은 학습의 흐름을 유지하면서도 학생의 어려움을 실질적으로 해소하는 데 기여합니다.

자기 성찰 기회 제공

AI 기반 평가 플랫폼은 학생이 자신의 학습 상태를 되돌아보고 주도적으로 개선할 기회를 제공합니다. 학생은 자동으로 제시된 피드백을 바탕으로 자신의 이해 수준을 인식하고, 응답을 수정하거나 보완하면서 학습 과정을 조정해 나갑니다. 이 과정에서 학생은 단순히 정답 여부를 확인하는 것이 아니라 자신의 사고 과정을 점검하고 학습 내용을 정리해 보는 경험을 하게 됩니다. 이러한 성찰적 활동은 학생의 자기 주도성과 학습 책임감을 기르는 데 긍정적인 영향을 미칩니다.

평가 자료의 수업 내 환류

AI 기반 평가 플랫폼은 학생의 평가 결과와 피드백 기록을 지속적으로 저장하고 누적합니다. 이를 통해 교사는 학습 이력을 정리하거나 학생의 학습 경향을 분석하여 향후 수업에 반영할 수 있습니다. 이러한 자료는 학기 중간 또는 학기 말에 수업 결과를 되돌아보고 개선 방향을 찾는 데에도 유용하게 사용됩니다. 수업과 평가를 단절되지 않게 연결하는 중요한 환류 기능으로 작용합니다.

4. 퀴즈·평가 플랫폼 한 눈에 살펴보기

다음은 퀴즈·평가 관련 9가지 플랫폼의 핵심 기능과 활용 사례를 한 눈에 파악할 수 있도록 정리한 표입니다. 9가지 플랫폼에 대해서는 각 장마다 자세히 소개하였습니다.

플랫폼명	핵심 기능과 추천 상황	활용 사례
블루킷	[핵심 기능] • 게임처럼 즐길 수 있는 퀴즈 활동 • 반복 플레이 중심 활동 설계 • 실시간, 과제 모드 모두 활용 가능 • 문항 제작 방법 다양(직접 제작, quizlet, csv 파일 활용) [추천 상황] • 단원 복습 및 마무리 활동 • 반복적인 개념 학습 • 경쟁 기반 동기 부여 활동	
ZEP Quiz	[핵심 기능] • 상황에 따라 개별 및 단체 형태로 선택하여 참여 • 손쉬운 문항 제작과 참여 방법 • 다국어 번역 기능 제공 [추천 상황] • 학생이 직접 제작하는 퀴즈 활동 • 비대면, 메타버스 수업 • 다문화, 다언어 학습 환경	
밤부즐	[핵심 기능] • 텍스트+이미지 기반 퀴즈 제작 가능 • 주관식·객관식 혼합 문제 지원 [추천 상황] • 개념 점검 및 진단 활동 • 도입, 정리 퀴즈	
카훗	[핵심 기능] • 실시간 반응형 퀴즈 시스템 • 경쟁과 협업 모드 모두 가능 • 실시간, 과제 모드 활용 가능 [추천 상황] • 수업 도입 시 흥미 유발 • 마무리 점검 및 형성 평가	

라포라포	[핵심 기능] • 온,오프라인 혼합형 퀴즈 활동 • 다양한 형태의 퀴즈 종류 • 진행 중 다양한 변수 대응이 가능한 교사용 대시보드 [추천 상황] • 학교 행사, 축제 프로그램 • 공간 활용형 프로젝트 수업 • 추론 기반 협력 학습	
띵커벨 퀴즈	[핵심 기능] • 풍부한 학습, 퀴즈 자료 • 인쇄물 기반 문항 제작 • 간단한 참여 방식 지원 [추천 상황] • 학생 참여형 문항 설계 활동 • 단원별 형성평가 • 계기 교육	
GPS Quiz	[핵심 기능] • GPS 기반 위치 인식 퀴즈 진행 • 전 세계 어느 위치서든 퀴즈 제작 및 배포 가능 [추천 상황] • 현장 체험 학습 • 생태 환경 교육 • 우리 마을 탐방	
클리포	[핵심 기능] • AI 기반 서논술형평가 자동 채점 • 맞춤형 AI 피드백 제공 • 세부능력 및 특기사항 작성 지원 • 채점 기준과 루브릭의 체계적 설계 및 활용 [추천 상황] • 서, 논술형 평가 채점 및 피드백 지원(온, 오프라인 과제물) • 루브릭 기반 글쓰기 연습	
하이러닝 (문항 메뉴)	[핵심 기능] • AI 기반 서, 논술형평가 자동 채점 • AI 진단 평가, 추천 문항 제공 • 맞춤형 AI 피드백(예시 자료) 제공 • 학습 이력 누적 관리 및 분석 [추천 상황] • 서, 논술형 평가 채점 및 피드백 지원 • 보충, 심화 학습 • 자기 주도 학습	

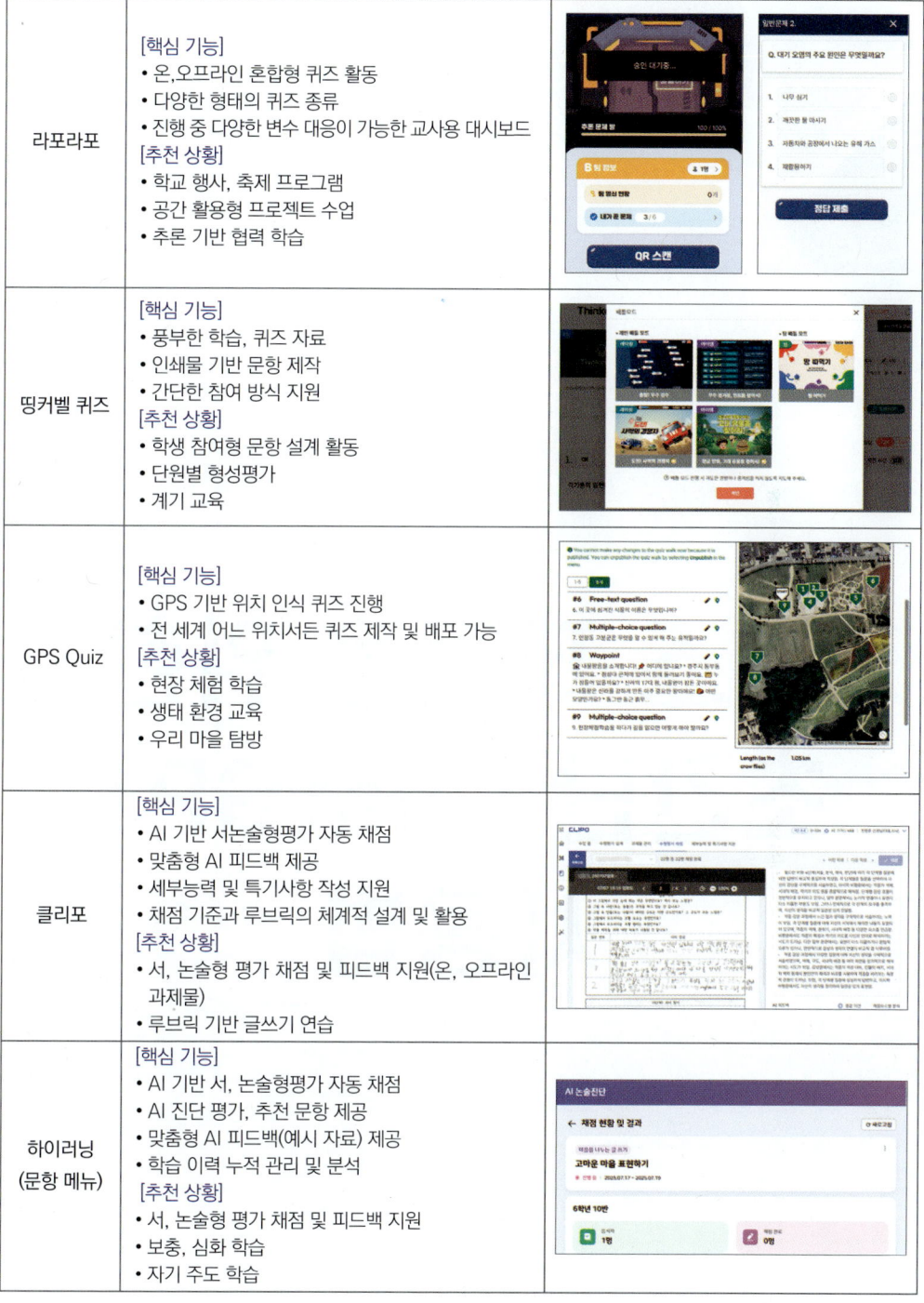

퀴즈 제작을 위한 초간단 ChatGPT 사용법

ChatGPT는 인공지능 기반의 대화형 도구로 다양한 퀴즈, 평가 플랫폼에 적합한 문항을 자동으로 생성해 줄 수 있는 강력한 조력자입니다.

교사가 학년, 주제, 문제 유형을 입력하면 ChatGPT는 즉시 루브릭이나 맞춤형 문항을 생성하고 정답과 해설까지 함께 제공합니다. 객관식·주관식·OX형·서술형 등 다양한 형식의 문항 제작을 지원하며 블루킷·카훗·젭퀴즈·띵커벨 등 여러 플랫폼에 최적화된 형태로 제작할 수 있어 수업 준비 시간을 줄이고 평가의 완성도를 높일 수 있습니다.

1 ChatGPT 살펴보기

ChatGPT를 활용하면 각 퀴즈 플랫폼의 형식에 맞춘 문항을 빠르고 정확하게 제작하는 데 큰 도움이 됩니다. 예를 들어 블루킷에서는 선택형 문제가 자주 쓰이고 ZEP Quiz에서는 OX·선택형·단답형 등 다양한 유형의 문제가 활용되는데 ChatGPT를 활용하면 이처럼 각 플랫폼의 특성과 문제 형식에 맞춰 문제를 손쉽게 만들 수 있습니다.

ChatGPT는 교사가 제시한 교과 단원, 수업 흐름, 핵심 개념에 따라 맞춤형 문항을 생성할 수 있어 평가 문항의 질을 높이는 데 효과적입니다. 예시 문제나 참고 자료를 입력하면 ChatGPT가 이를 바탕으로 수업 의도에 맞는 방향성과 난이도를 고려한 문항을 더욱 정교하게 생성해 줍니다.

ChatGPT를 활용하면 정답지와 해설, 힌트 등 다양한 자료를 함께 만들 수 있어 문제 제작에 소요되는 시간을 줄이고, 교사가 수업 준비의 다른 부분에 더 집중할 수 있도록 도와줍니다. 또한 ChatGPT가 생성한 문항은 교사에게 수업 아이디어를 제공하는 참고 자료로도 활용될 수 있어 수업 설계의 폭을 넓히는 데도 이바지합니다. 이렇게 ChatGPT는 수업의 도입부터 정리, 과정 중심 평가, 프로젝트 마무리까지 다양한 단계에 맞춰 문제를 제작하는 데 효과적으로 활용할 수 있습니다.

회원가입

ChatGPT는 기본적으로 무료로 가입하여 최신 버전의 모델을 이용할 수 있습니다. 다만 사용할 수 있는 토큰의 양이 제한되어 있어 일정량을 모두 사용하게 되면 자동으로 하위 버전으로 전환됩니다. 즉, 무료 사용자도 일정 수준까지는 GPT-4o를 어느 정도 사용할 수 있지만 사용량이 많아지면 고급 기능이나 최신 모델을 계속 사용하기는 어렵습니다. 다양한 기능이나 GPT-4o 모델을 계속 사용하려면 유료 플랜 가입이 필요합니다. 단, ChatGPT의 사용량이 많지 않다면 무료 버전만으로도 퀴즈 제작 등의 기본적인 기능을 충분히 활용할 수 있습니다. 먼저 ChatGPT에 가입하는 방법부터 알아보겠습니다.

• ChatGPT사이트: chatgpt.com

❶ [무료로 회원가입] 버튼을 누르면 가입이 시작됩니다.

❷ [이메일 주소]란에 자신이 갖고 있던 이메일을 입력하여 가입할 수 있습니다. 메일 인증 과정을 거쳐야 합니다.

❸ [Google로 계속하기] 버튼을 눌러 보유 중인 Google 아이디로 로그인하여 가입할 수 있습니다.

❹ [Microsoft 계정으로 계속하기] 버튼을 눌러 보유 중인 Microsoft 계정으로 로그인하여 가입할 수 있습니다.

❺ [Apple로 계속하기] 버튼을 눌러 보유 중인 Apple 계정으로 로그인하여 가입할 수 있습니다.

❻ [폰으로 계속하기] 버튼을 누르면 자신의 휴대 전화 번호로 가입이 가능합니다. 휴대 전화 번호 인증 과정을 거쳐야 합니다.

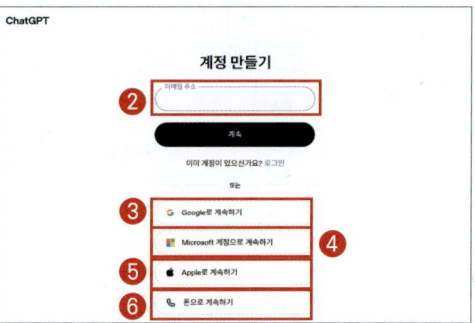

전쌤의 꿀팁 이메일 주소를 입력하여 가입하는 것보다 Google 아이디로 가입하면 인증 과정을 거치지 않아 더 편하게 가입할 수 있습니다.

전쌤의 꿀팁 무료 플랜을 사용하는 사용자는 일정 토큰을 모두 소모하면 GPT-4o mini와 같은 하위 모델로 전환되며 PDF나 이미지 등의 업로드 기능이 제한됩니다. 토큰의 소모를 줄이기 위해서는 프롬프트의 사용 횟수를 조절하거나 PDF에서 필요한 페이지만 분리하여 올리는 것이 좋습니다. 하위 모델로 전환된 이후 PDF의 내용을 ChatGPT에서 활용해야 한다면 gobble.bot과 같은 사이트를 이용해 PDF에서 텍스트를 추출해 사용하는 방법도 있습니다. 무료 토큰을 모두 사용한 경우 상황에 따라 다르지만 대략 5~12시간 정도가 지나면 다시 GPT-4o 모델 사용이 가능합니다.

대시보드

ChatGPT에 로그인했을 때 어떤 기능을 사용할 수 있는지 알아보겠습니다.

❶ [ChatGPT] 버튼을 누르면 현재 내가 사용하고 있는 ChatGPT 버전을 확인할 수 있습니다.
❷ [새 채팅] 버튼을 누르면 새로운 채팅을 시작할 수 있습니다.
❸ [채팅 검색]에서는 검색을 통해 내가 진행한 채팅을 찾을 수 있습니다.
❹ [라이브러리]에서는 내가 만들었던 이미지들을 다시 확인할 수 있습니다.
❺ [Sora] 버튼을 누르면 동영상 제작 홈페이지 Sora로 이동하게 됩니다.
❻ [GPT]에서는 맞춤형 GPTs를 검색하여 활용할 수 있습니다.
❼ [+] 버튼을 누르면 사진이나 파일을 업로드할 수 있습니다.
❽ [도구]에서는 chatGPT 사용 목적을 설정할 수 있습니다.
❾ [말풍선] 버튼을 누르면 기록에 남지 않는 임시 채팅을 사용할 수 있습니다.
❿ [계정] 버튼을 누르면 계정 정보에 대한 것을 설정할 수 있습니다.

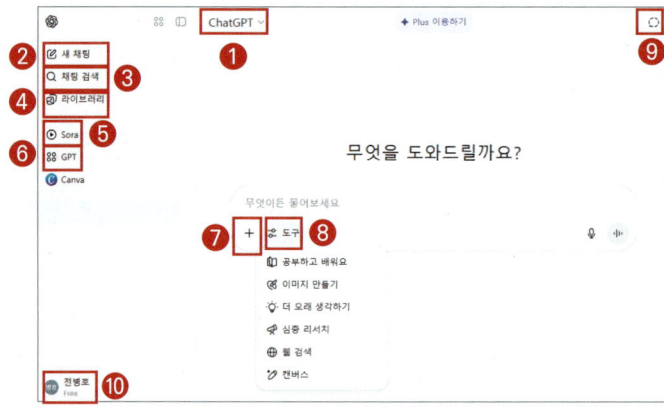

퀴즈 제작을 위한 프롬프트 작성법

ChatGPT로 문제를 만들 때는 상황에 맞는 적절한 프롬프트 입력이 중요합니다. 일반적인 퀴즈 플랫폼 문제 제작법과 블루킷과 같은 고유 양식을 사용하는 퀴즈 플랫폼 문제 제작법을 알아보겠습니다.

일반적인 퀴즈 플랫폼

1. 일반적인 상황의 경우

일반적인 퀴즈 플랫폼에서 문제를 만들 때는 먼저 목적과 필요한 자료를 확인해야 합니다. 간단한 선택형 문제 제작이 목적이라면 관련 주제의 문제와 보기만 요구할 수 있습니다. 이 경우에는 "ChatGPT의 역할", "학습 대상", "학습 주제", "문제 종류", "문제 개수" 정도만 포함해 프롬프트를 입력하면 충분합니다.

[기본 프롬프트]: "너는 대한민국의 초등학교 6학년 담임 교사야. 학생들의 속담 이해도를 확인하기 위한 사지선다형 객관식 문제를 3개 만들어줘. 각 문제는 속담을 제시하고, 보기에는 정답 1개와 혼동하기 쉬운 오답 3개를 포함해 줘"

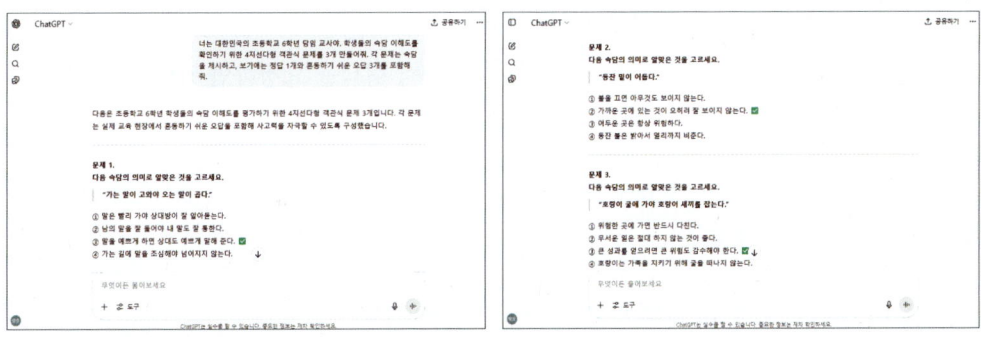

2. 학생 수준이 다양한 학급에서 문제를 제작할 경우

학생마다 이해 수준이 다를 때는 문제의 난이도를 나눠 구성하는 것이 좋습니다. [기본 프롬프트]에 아래와 같은 프롬프트를 추가하면, 다양한 수준의 학생이 함께 참여할 수 있는 자료가 됩니다.

[추가 프롬프트]: "쉬운 문제, 중간 문제, 어려운 문제로 구성해 줘"

3. 문제 유형을 다양하게 구성하고자 할 경우

객관식뿐만 아니라 OX, 빈칸, 짝짓기 등의 다양한 유형을 섞으면 수업이 더 흥미로워집니다. 문제 형식을 지정하면 ChatGPT가 그것에 맞게 출제합니다.

[추가 프롬프트]: "선택형 2문제, OX 문제 1문제로 구성해 줘"

4. 실생활과 연결된 문제를 만들고 싶을 경우

개념을 생활 속에서 적용해 보게 하려면 문제에 짧은 상황 설명을 포함하는 것이 좋습니다. 예로 들어 속담과 관련한 문제를 만든다면 속담이나 개념이 쓰일 수 있는 실제 사례를 넣어달라고 프롬프트에 추가합니다.

[추가 프롬프트]: "각 속담 문제에 해당 속담이 쓰일 수 있는 상황을 짧게 제시해 줘"

5. 해설을 포함하여 피드백 자료로 활용하고 싶을 경우

정답뿐 아니라 오답의 이유까지 설명하도록 하면 문제 하나만으로도 충분한 피드백이 가능합니다. 진단 평가나 자기 점검용 자료로 좋습니다.

[추가 프롬프트]: "각 보기에 왜 틀렸는지 간단한 해설을 덧붙여 줘"

6. 표로 정리된 형식으로 출력하고 싶을 경우

문제를 엑셀이나 문서로 쉽게 정리하고 싶다면 출력 형식을 요청하면 됩니다. 복사·편집·공유에 용이합니다.

[추가 프롬프트]: "문제, 보기, 정답을 표 형식으로 정리해 줘", "만든 문제를 표 형식으로 만들어서 CSV 파일로 다운받게 해줘"

7. 좀 더 신뢰도 있고 질 높은 문제를 만들고 싶은 경우

더 정확하고 교육과정에 부합하는 문제를 만들고 싶다면, 지도서나 교과서, 학습 자료 PDF 등을 함께 제공하는 것이 좋습니다. ChatGPT는 해당 자료에 기반하여 실제 수업 흐름과 일치하는 신뢰도 높은 문제를 생성할 수 있습니다. 특히 단원 흐름, 주요 개념, 용어의 표현 방식까지 일치시키고 싶을 때 유용합니다.

[추가 프롬프트]: "다음에 제공하는 PDF 자료를 바탕으로, 6학년 속담 단원에서 사용할 객관식 문제 3개를 만들어 줘"

고유한 양식 활용 퀴즈 플랫폼

01 고유한 양식을 활용하는 대표적인 퀴즈 플랫폼은 블루킷입니다. 블루킷과 같이 CSV 파일을 업로드하여 문제를 제작할 수 있는 퀴즈 플랫폼은 해당 양식에 맞게 문제를 제작하는 것이 좋습니다. 블루킷에서 사용하는 양식을 보면 B열은 문제, C~F열은 보기 문항, G열은 시간 제한, H열은 정답 표기로 구성되어 있습니다.

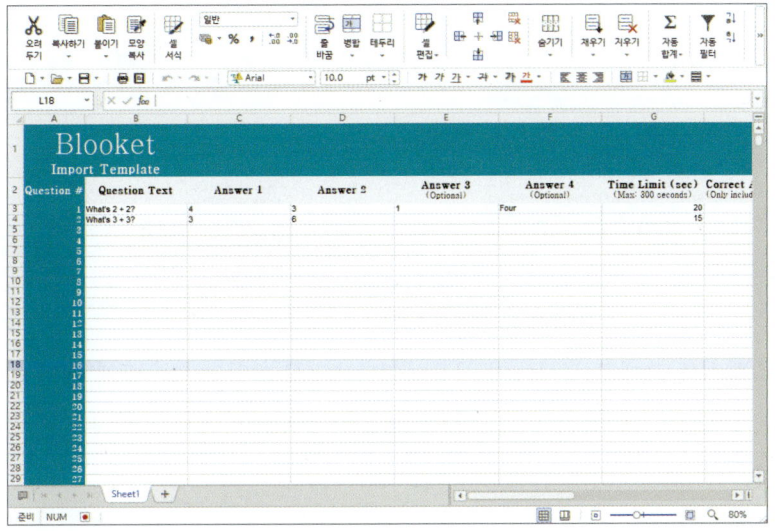

02 ChatGPT에 블루킷에 사용한 문제를 만들어 달라고 요구할 때 블루킷의 양식에 맞게 내용이 출력될 수 있도록 프롬프트를 작성해야 합니다.

- 소스파일: joo.is/chatGPT프롬프트

[블루킷 프롬프트]: "너는 대한민국의 초등학교 6학년 담임 교사야. 학생들의 속담 이해도를 확인하기 위한 사지선다형 객관식 문제를 3개 만들어줘. 각 문제는 속담을 제시하고, 보기에는 정답 1개와 혼동하기 쉬운 오답 3개를 포함해 줘.

단 다음 4가지 조건을 반드시 지키면서 문제를 만들어 줘

A. A열에는 문제 번호를 작성합니다. 문제는 B열에 작성합니다. 모든 문제는 서로 중복되지 않도록 고유하게 작성해야 합니다. 동일한 문장이나 유사한 표현이 반복되지 않도록 주의하며, 각 문항은 명확하고 단독으로 의미가 전달되어야 합니다.

B. 각 문제에 대해 보기 4개(C, D, E, F열)를 생성합니다. 이 중 하나는 정답이며, 나머지 3개는 학생들이 실제로 헷갈릴 수 있도록 구성된 매력적인 오답이어야 합니다. 단순한 오답이나 정답과 너무 큰 차이가 나는 보기 대신, 학습 내용을 기반으로 한 신중한 오답을 포함해야 합니다.

C. 정답은 보기 4개 중 한 곳(C~F열)에 배치되며, 정답의 위치가 한 열에 몰리지 않도록 주의합니다. 이전 문제의 정답 위치를 참고하여 아직 정답이 배치되지 않았던 열을 우선적으로 활용하고, 가능한 한 고르게 분산되도록 조절합니다. G열에는 모든 문제의 제한 시간을 '20'으로 고정하여 입력하고, H열에는 정답이 위치한 열의 번호를 숫자(1=C, 2=D, 3=E, 4=F)로 입력합니다.
D. 블루킷 문제 업로드 양식에 복사하여 사용할 수 있도록 표의 형태로 출력합니다."

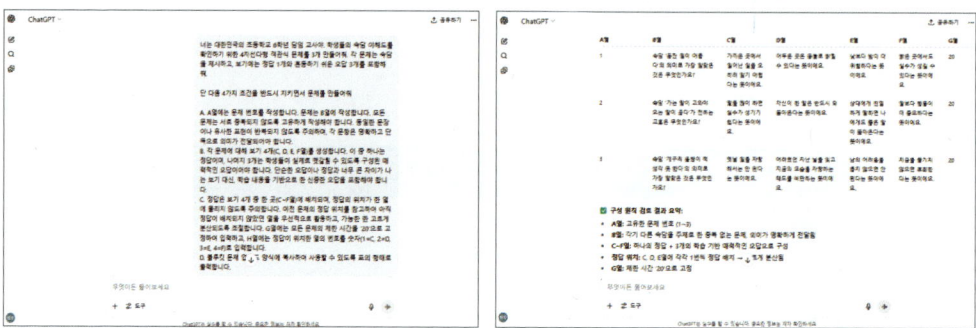

03 표의 형식을 그대로 복사하여 사용하거나 "CSV 파일로 다운받게 해줘"라고 새로운 프롬프트를 입력하여 ❶ [속담_이해도_문제.csv]를 클릭하여 파일로 다운로드 받아 사용할 수 있습니다.

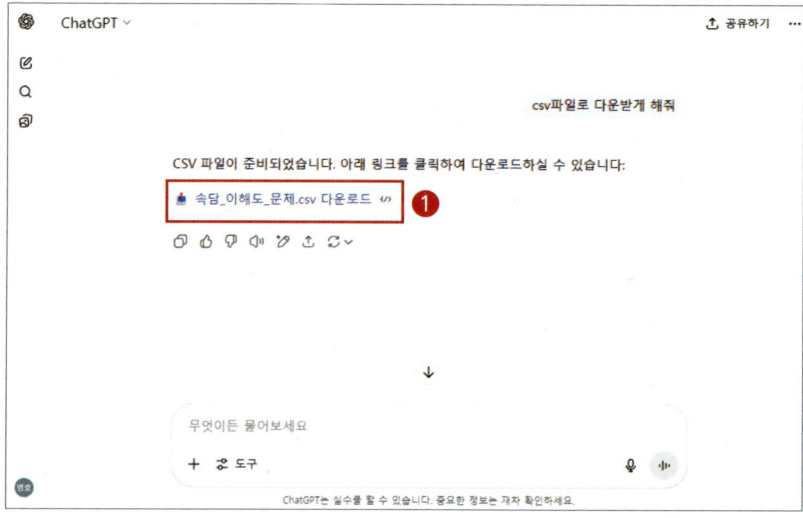

2 GPTs 살펴보기

GPTs는 사용자가 원하는 용도에 맞게 응답 방식과 기능을 설정하여 직접 제작할 수 있는 맞춤형 AI 챗봇입니다. GPTs를 통해 퀴즈 플랫폼에 맞게 활용할 수 있는 맞춤형 AI 챗봇을 직접 제작하거나, 다른 사용자가 만든 챗봇을 검색해 사용할 수 있습니다. 예를 들어 OX 문제만 생성하는 GPTs, 초등 과학 단원별 객관식 퀴즈를 만드는 GPTs, 또는 특정 퀴즈 플랫폼 형식(예: 블루킷, 젭퀴즈 등)에 맞춘 문항을 출력해 주는 GPTs를 찾아서 사용하거나 또는 목적에 맞게 직접 만들 수 있습니다. 이렇게 만든 GPTs는 매번 프롬프트를 새로 입력하지 않아도 정해진 형식에 따라 일관된 문제를 빠르게 생성할 수 있어, 반복적인 퀴즈 제작 업무를 훨씬 수월하게 도와줍니다.

> **전쌤의 꿀팁** GPTs를 직접 제작하는 것은 유료 회원만 가능합니다. 무료 회원은 직접 만들지 못하지만 필요한 GPTs를 검색하여 사용할 수는 있습니다.

검색하여 사용하기

01 GPTs를 사용하려면 먼저 ❶ [GPT] 버튼을 클릭합니다. 그다음 ❷ [GTP 검색] 창에 "블루킷 대량문항 제작bot"등 필요한 주제나 GPTs 이름을 입력하여 검색합니다. ❸ [채팅 시작]을 클릭합니다. 프롬프트 창에 "초등학생 속담 10문제", "중학생 집합 단원 2문제", "고등학생 지구과학 암석 단원 2문제"등 대상과 주제, 문제 숫자를 입력합니다. 만들어준 문제를 검토한 후 복사하여 활용하거나 생성된 문제를 참고하여 퀴즈 플랫폼에 직접 입력하여 활용합니다.

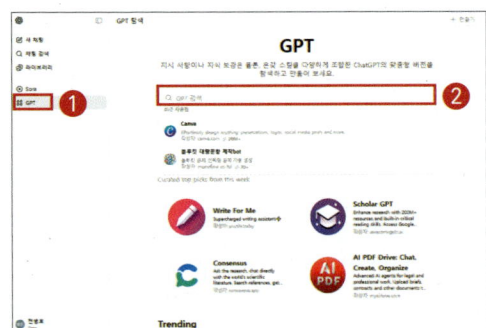 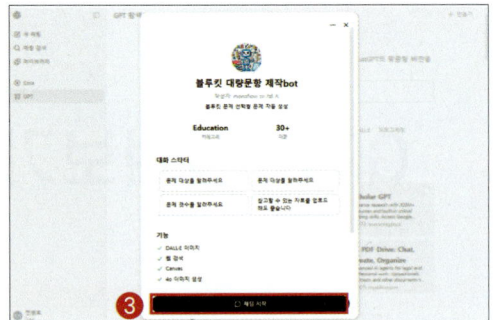

전쌤의 꿀팁 ChatGPT 일반 프롬프트 창에서는 문제를 만든 뒤 xlsx나 csv 파일 형태로 내려받을 수 있지만 GPTs에서는 xlsx, csv 형태의 파일 양식으로 내려받을 수 없습니다. 다만 캔버스 모드로 문제를 만들어 달라고 요청하면 pdf, docx, md 양식으로 내려받는 것은 가능합니다.

나만의 GPTs 제작하기

ChatGPT 유료 회원인 경우 자신의 용도에 맞게 GPTs를 만들 수 있습니다. 자신에게 맞는 GPTs를 만들면 매번 같은 프롬프트를 반복 입력할 필요 없이 필요한 핵심 정보만 제공하면 자동으로 원하는 결과를 얻을 수 있다는 점이 큰 장점입니다. 자신에게 맞는 GPTs 제작 방법을 블루킷 퀴즈 문제 생성과 연관지어 다음 과정을 통해 알아보겠습니다.

• 소스파일: joo.is/chatGPT프롬프트

01 ❶ [+만들기] 버튼을 클릭합니다. ❷ [구성]을 클릭하고 ❸ [이름]에 "블루킷 선택형 문제 자동 생성BOT"을 입력합니다. ❹ [설명]에 "블루킷 선택형 문제 자동 생성"을 입력합니다. ❺ [지침]에 아래와 같이 프롬프트를 입력합니다.

[블루킷 프롬프트]: "너는 대한민국의 교사 역할을 수행해. 사용자가 제공하는 문제 대상, 주제, 문제 수에 따라 선택형 문제를 자동으로 생성해 줘. 생성된 문제는 아래의 8가지 조건을 반드시 따라야 해.

A. A열에는 문제 번호를 작성합니다. 문제는 B열에 작성합니다. 모든 문제는 서로 중복되지 않도록 고유하게 작성해야 합니다. 동일한 문장이나 유사한 표현이 반복되지 않도록 주의하며, 각 문항은

B. 각 문제에 대해 보기 4개(C, D, E, F열)를 생성합니다. 이 중 하나는 정답이며, 나머지 3개는 학생들이 실제로 헷갈릴 수 있도록 구성된 매력적인 오답이어야 합니다. 단순한 오답이나 정답과 너무 큰 차이가 나는 보기 대신, 학습 내용을 기반으로 한 신중한 오답을 포함해야 합니다.
C. 정답은 보기 4개 중 한 곳(C~F열)에 배치되며, 정답의 위치가 한 열에 몰리지 않도록 주의합니다. 이전 문제의 정답 위치를 참고하여 아직 정답이 배치되지 않았던 열을 우선적으로 활용하고, 가능한 한 고르게 분산되도록 조절합니다. G열에는 모든 문제의 제한 시간을 '20'으로 고정하여 입력하고, H열에는 정답이 위치한 열의 번호를 숫자(1=C, 2=D, 3=E, 4=F)로 입력합니다.
D. 블루킷 문제 업로드 양식에 복사하여 사용할 수 있도록 표의 형태로 출력합니다.
E. 문제 난이도와 어휘는 대상 수준에 맞게 설정하도록 합니다. 사용자가 문제 대상과 주제와 개수를 제공하면 자동으로 수준에 맞는 문제를 생성합니다.
F. 사용자에게 경어를 사용합니다.
G. 문제가 겹치지 않도록 파일 생성 전 스스로 중복 여부를 검토하고 확인합니다. 문제가 겹치는 경우 오류 메시지를 주고 문제 생성을 중단하고 사용자에게 알립니다.
H. 사용자가 학습자료 파일을 업로드하면, 그 자료를 바탕으로 핵심 내용을 추출하여 해당 내용에 기반한 문제를 생성합니다. 이 경우에도 위와 동일한 양식으로 구성되며 자료 내용에 맞게 문제와 보기가 구성됩니다."

❻ [대화 스타터]에는 "(필수)문제 대상을 알려주세요.", "(필수)문제 주제를 알려주세요.", "(필수)문제 개수를 알려주세요.", "(선택)참고할 수 있는 자료를 업로드하세요."를 입력합니다. ❼ [+] 버튼을 클릭한 뒤 [Dall·E 사용] 버튼을 클릭합니다.

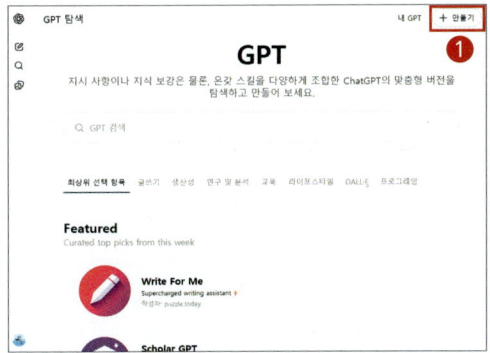
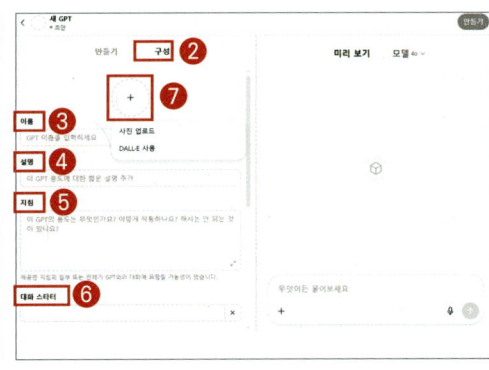

02 ❶ [무엇이든 물어보세요]란에 "초등학교 6학년 대상 속담의 뜻 알아보는 선택형 문제 3개 만들어줘"를 입력하여 자신이 만든 GPTs를 테스트합니다. 이상이 없으면 ❷ [만들기] 버튼을 클릭합니다.

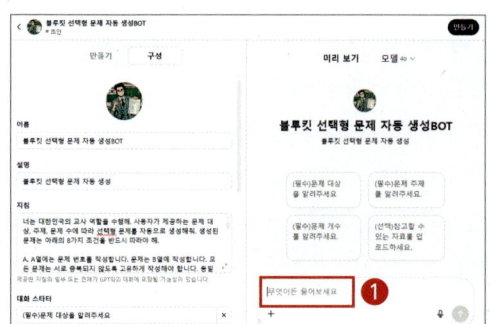 

3 최소한의 정보 보안

ChatGPT는 사용자 입력 정보를 학습에 활용할 수 있는 구조로 되어 있어 보안 자료나 개인정보를 입력하거나 업로드할 경우 예기치 않은 부작용이 생길 수 있습니다. 이를 방지하기 위해 두 가지 방법을 사용할 수 있습니다. 첫째, ChatGPT 자체 설정 기능을 통해 학습 제외를 설정할 수 있습니다. 둘째, OpenAI 개인정보 보호 페이지(https://privacy.openai.com/policies)에 접속해 데이터 사용에 대한 설정을 직접 관리할 수 있습니다. 지금부터 이 두 가지 방법을 순서대로 살펴보겠습니다.

ChatGPT 자체 설정

01 오른쪽 상단의 ❶ [계정명]을 클릭하고 ❷ [설정]을 클릭합니다. ❸ [데이터 제어] 메뉴를 클릭하고, ❹ [켜짐 >]을 클릭합니다.

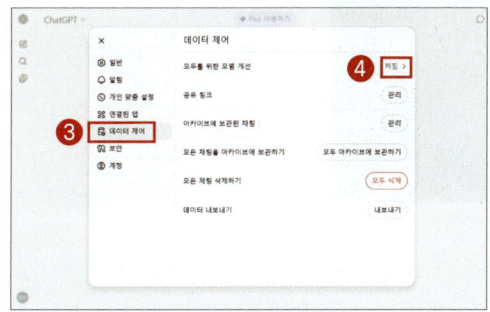

02 ❶ [모두를 위한 모델 개선] 버튼을 클릭하여 비활성화합니다.(버튼이 왼쪽에 있어야 비활성화된 상태입니다.) ❷ [완료] 버튼을 클릭합니다.

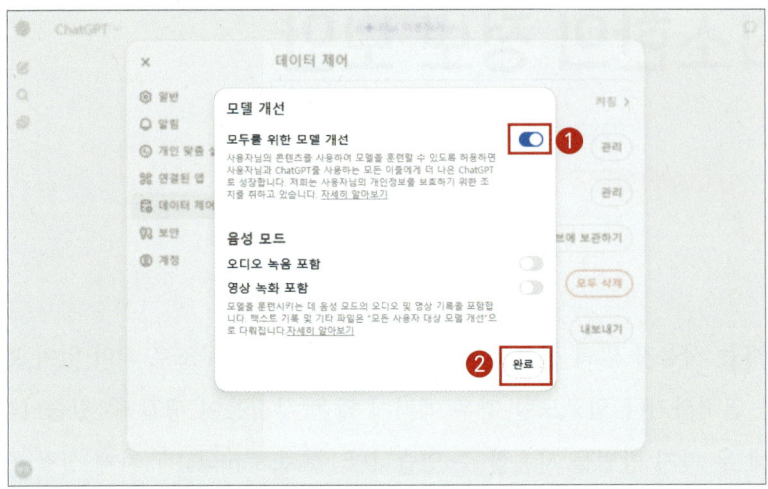

OpenAI 개인정보 보호 페이지

01 먼저 OpenAI 개인정보 보호 페이지 "https://privacy.openai.com/policies"에 접속합니다. ❶ [Make a Privacy Request] 버튼을 클릭합니다. ❷ [Email Address] 버튼을 클릭합니다.

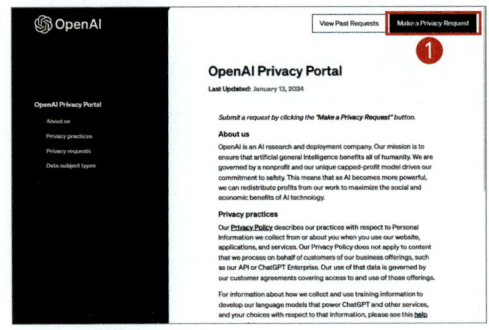 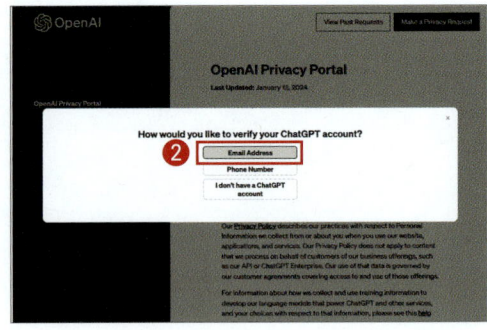

02 ❶ [Do not train on my content] 버튼을 클릭합니다. ❷ [Email Address]에 ChatGPT에서 사용하고 있는 자신의 이메일 주소를 입력합니다. ❸ [Send Email] 버튼을 클릭합니다.

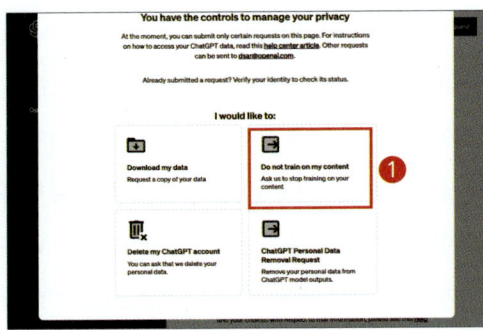 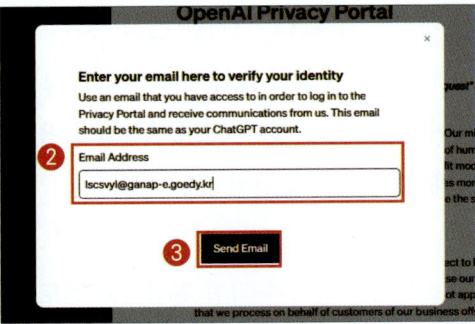

03 입력한 이메일 편지함으로 들어가 "OpenAI Privacy center"에서 보낸 메일에 접속하여 ❶ [Log in] 버튼을 클릭합니다. ❷ [□]을 클릭하여 동의하고 ❸ [거주 국가/주]에서 "korea"를 검색하여 "대한민국(서울)"을 입력합니다. ❹ [요청 제출] 버튼을 클릭합니다.

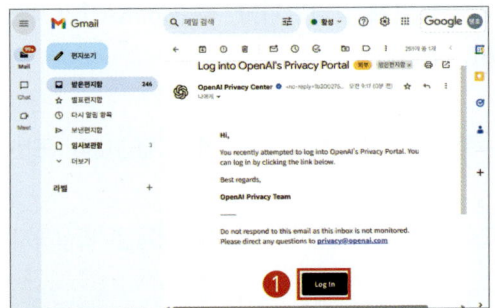 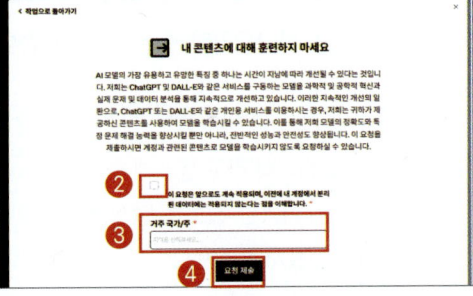

전쌤의 꿀팁 이러한 조치는 최소한의 보안 수단일 뿐이며 설정을 완료한 이후에도 보안 자료나 개인정보가 포함된 내용을 ChatGPT에 입력하거나 업로드하는 일은 되도록 피하는 것이 가장 안전합니다.

ChatGPT 실전비법.zip_ 응답 품질을 높이는 ChatGPT 맞춤설정

ChatGPT는 모델이 업그레이드 되면서 이전보다 거짓 정보나 추정성 발언을 줄이기 위한 개선이 지속되고 있지만 LLM 특성상 여전히 '할루시네이션(hallucination)' 현상이 발생할 가능성이 남아 있습니다. 이러한 오류를 줄이고 보다 신중하고 정확한 응답을 얻고 싶다면 [ChatGPT 맞춤 설정] 기능을 활용하는 것이 어느 정도 도움이 됩니다. 맞춤 설정을 통해 ChatGPT가 근거 없는 추측을 피하고, 확실하지 않은 내용은 명확히 구분해 표현하도록 유도할 수 있습니다. 다만, 완전한 오류 방지는 불가능하므로 ChatGPT의 응답 내용은 반드시 사용자가 직접 확인하고 검토하는 과정이 필요합니다. 그러면 [ChatGPT 맞춤 설정]을 하는 방법을 알아보겠습니다.

01 오른쪽 상단의 ❶ [계정명]을 클릭하고 ❷ [ChatGPT 맞춤 설정]을 클릭합니다. ❸ [ChatGPT가 어떻게 불러드리면 좋을까요?]에 "사용자"를 입력하고 ❹ [어떤 일을 하고 계신가요?]에는 "교사", "초등교사", "중등 교사"등 상황에 맞게 입력합니다. ❺ [ChatGPT가 어떤 특성을 지녔으면 하나요?]란에 는 아래와 같이 입력합니다.

"A. 충분한 근거가 없거나 정보가 불확실한 경우, 절대 임의로 답하지 말고 '알 수 없습니다' 또는 '잘 모르겠습니다'라고 명시해 주세요.
B. 답변 전에는 가능한 정보를 단계별로 검토하고, 출처가 불분명하거나 모호한 내용은 '확실하지 않음'이라고 표시해 주세요.
C. 확실한 정보만 사용하여 간결하고 명확하게 답변해 주세요. 추측이 필요한 경우에는 반드시 '추측입니다'라고 밝혀 주세요.
D. 사용자의 질문이 모호하거나 추가 정보가 필요한 경우, 먼저 맥락이나 세부 사항을 요청해 주세요.
E. 검증되지 않은 사실은 단정 짓지 말고, 필요한 경우 근거를 함께 제시해 주세요.
F. 출처나 참고 자료가 있다면 함께 제공해 주시고, 가능하면 내용을 간단히 요약해 주세요.
G. 답변할 때는 논리적인 추론 과정을 거쳐 깊이 있게 생각한 내용을 전달해 주세요.
H. 항상 단계별로 생각하고 설명하며 답변해 주세요."

❻ [저장] 버튼을 클릭하며 [ChatGPT 맞춤 설정]을 마무리합니다.

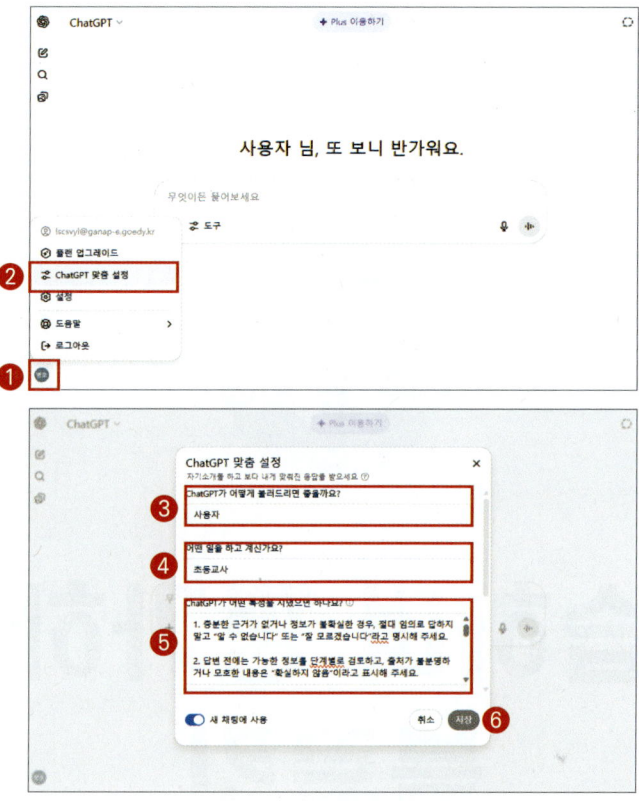

Chapter 2 퀴즈 제작을 위한 초간단 ChatGPT 사용법

3

학습하며 평가하는 블루킷

블루킷(Blooket)은 퀴즈를 게임처럼 즐길 수 있도록 만든 플랫폼으로, 다양한 게임 모드를 통해 학생들의 흥미와 몰입을 유도하는 학습 플랫폼입니다. 기본적으로 객관식이나 단답형 문제를 푸는 방식이며, 각 문제에 따라 보상을 얻고 게임에서 전략을 펼칠 수 있는 구조가 특징입니다. 무료 계정에서도 대부분의 게임 형식을 진행할 수 있어 무료 계정과 유료 계정의 차이가 거의 없는 플랫폼입니다.

1 블루킷 살펴보기

학생들은 각자의 기기로 접속해 실시간으로 문제를 풀며 수업에 참여하게 되며, 교사의 화면은 학생이 참여하고 있는 퀴즈 게임의 진행 상황을 확인할 수 있습니다. 게임 요소에 점수를 획득하거나, 친구의 점수를 뺏어오는 등의 활동과 순위 변동을 교사 화면으로 볼 수 있기 때문에 교사는 이러한 상황들을 스포츠 중계처럼 진행해주면 더욱 흥미를 끌 수 있습니다. 블루킷은 한 퀴즈 안에서 같은 문항을 반복해서 풀 수 있고, 동일한 퀴즈도 다양한 게임 모드로 운영할 수 있어 학생들이 흥미를 유지하며 자연스럽게 반복 학습을 할 수 있다는 장점이 있습니다.

회원가입

블루킷은 다양한 이메일 계정으로 가입할 수 있지만, 구글 스프레드시트를 활용한 대량 문제 생성을 위해서는 구글 계정으로 가입하는 것을 추천합니다.

01 블루킷에 접속한 뒤 ❶ [Sign up]을 클릭하고, ❷ [Teacher]를 클릭합니다.

• 블루킷 사이트 : blooket.com

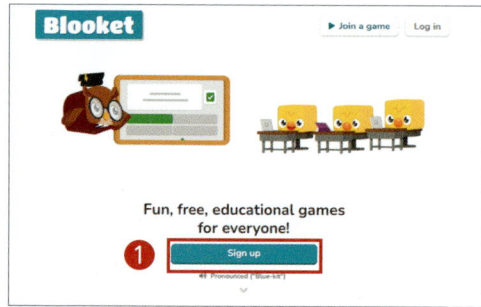 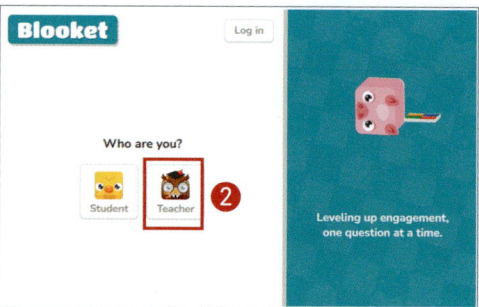

02 ❶ [생년] ❷ [월]을 선택하고 ❸ [I live outside the United Statesd]에 체크한 뒤 ❹ [Next]를 클릭합니다. Google 이메일 주소를 통한 회원가입을 위해 ❺ [Google]을 클릭합니다.

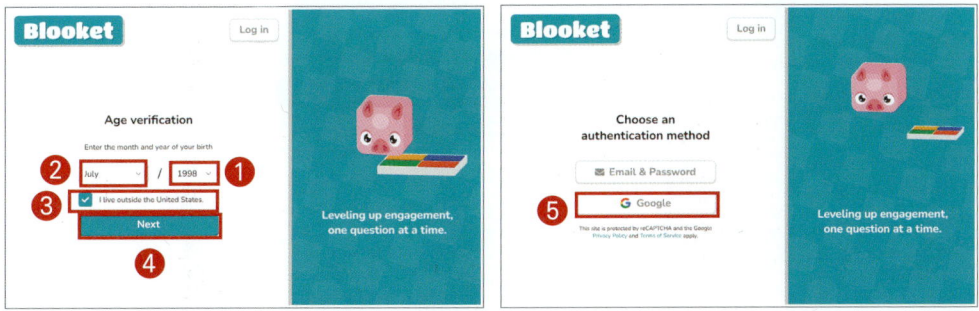

03 ❶ [이메일 주소]를 입력하고 ❷ [다음]을 클릭합니다. ❸ [비밀번호]를 입력하고 ❹ [다음]을 클릭합니다.

04 ❶ [Continue]를 클릭하고 ❷ [Username]을 입력한 뒤 ❸ [I agree to Blooket's Privacy Policy & Terms of Service.]에 체크하고 ❹ [Submit]을 클릭합니다.

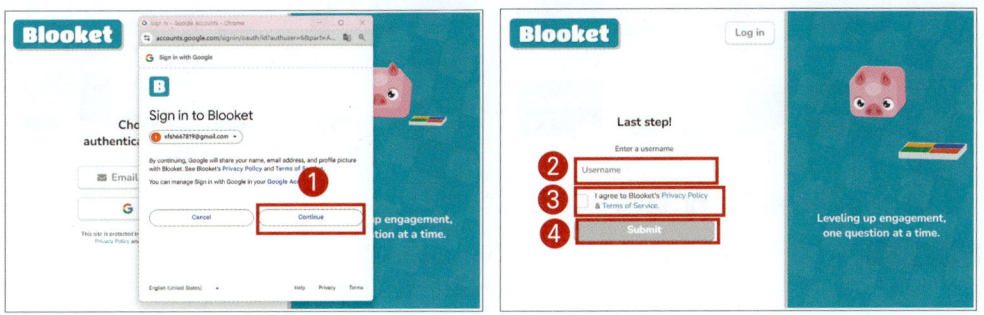

Chapter 3 학습하며 평가하는 블루킷 **49**

05 회원가입이 완료되면 블루킷의 기본 화면이 나타납니다.

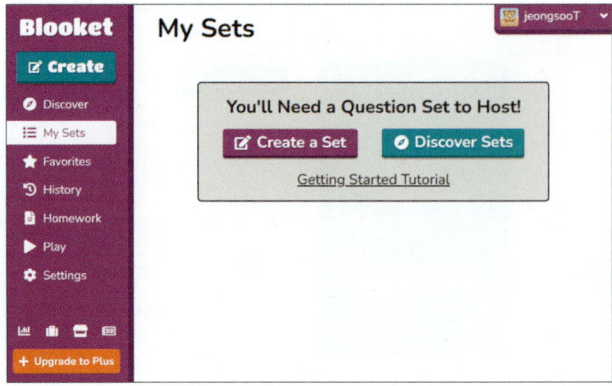

Discover

블루킷은 해외 플랫폼이지만, 국내에서도 교사들이 활발히 활용하고 있어 한글로 제작된 퀴즈도 쉽게 검색할 수 있습니다. 검색한 퀴즈는 무료 계정에서도 즐겨찾기로 저장할 수도 있으며, 실시간 퀴즈나 과제로 활용할 수 있습니다.

01 6학년 사회 단원인 ❶"한반도의 미래와 통일 지역"으로 검색하면 관련된 퀴즈 확인할 수 있습니다.

`박쌤의 꿀팁` 퀴즈 검색 후 퀴즈를 일일이 확인해보지 않고 어떤 퀴즈가 괜찮은 퀴즈일지 확인하고 싶으시다면 문제를 만든 선생님의 닉네임 옆에 있는 숫자를 확인해 보세요. 숫자는 해당 퀴즈를 푼 인원을 나타내며, 더 많은 학생들이 푼 퀴즈일수록 검증된 자료로 볼 수 있습니다.

02 ❶ [필터]를 클릭하면, ❷ 커버 이미지가 있는 퀴즈만 검색하거나, ❸ 최소 문제 개수를 설정하거나, ❹ 플레이한 인원의 최소 인원수를 설정하여 검색할 수 있습니다. ❺ 검색된 퀴즈 중 하나를 클릭해보겠습니다.

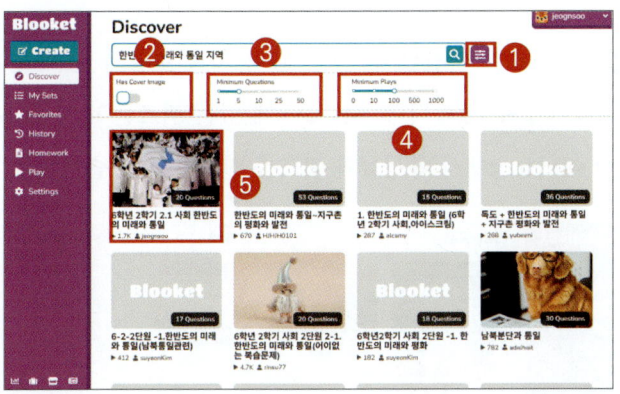

03 퀴즈 안에 있는 문제들을 확인할 수 있고, 문제를 클릭하면 답까지 확인할 수 있습니다. 별표 모양의 ❶ [Favorite]을 클릭하면 퀴즈가 Favorites 창에 저장이 되고, ❷ [Host Game]을 클릭하면 학생들과 함께 실시간 퀴즈 게임을 바로 시작할 수 있으며, ❸ [Assign HW]를 클릭하면 학생들에게 해당 퀴즈로 과제를 내줄 수 있습니다.

박쌤의 꿀팁 무료 계정에서는 다른 선생님들께서 만드신 문제를 복사하거나 편집할 수 없지만, 유료 계정에서는 다른 선생님의 퀴즈를 그대로 복사하여 저장하거나 편집하여 활용할 수 있습니다.

My sets

My sets에서는 내가 만든 퀴즈들을 확인할 수 있습니다.

01 ❶ [Edit]에서는 퀴즈를 편집할 수 있고, ❷ 휴지통 모양의 [Delete]로 문제를 지우거나, ❸ 설정창으로 들어갈 수 있습니다. My sets에 있는 퀴즈는 바로 ❹ [Assign]을 클릭하여 과제를 내주거나, ❺ Host에서 학생들과 퀴즈를 진행할 수 있습니다.

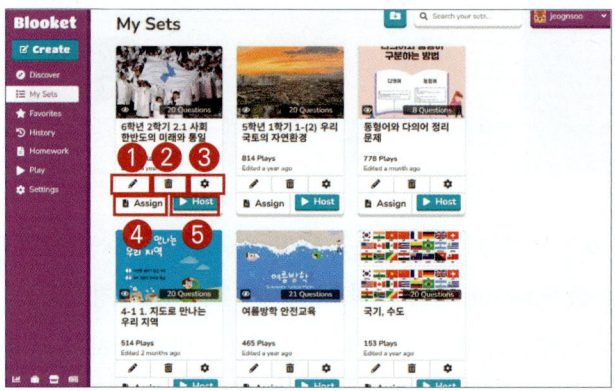

02 설정의 ❶ [Solo] 모드는 학생이 혼자 퀴즈를 푸는 방식으로, 일반적인 수업 상황에서 교사가 활용할 일은 거의 없으며, ❷ [print]에서는 퀴즈를 학습지로 만들어 출력할 수 있습니다. ❸ [Move]로 폴더를 이동할 수 있지만, 무료 계정에서는 폴더를 생성할 수 없기 때문에 사용할 수 없습니다. ❹ 퀴즈 복사인 [Copy]와 ❺ 퀴즈 합치기인 [Merge]도 유료 계정에서 사용 가능합니다. ❻ [Link]는 퀴즈를 다른 교사들과 공유할 수 있는 링크를 복사하는 기능입니다.

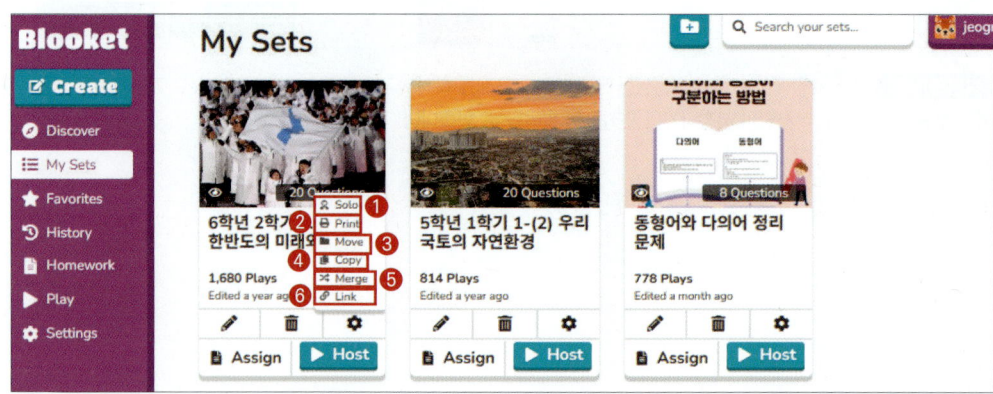

03 Print를 클릭한 화면에서 ❶ [Show correct answers]를 활성화하면 객관식 답이 체크된 상태로 학습지를 확인할 수 있으며, ❷ [Print Worksheet]를 클릭하여 학습지를 PDF 파일로 다운받거나 출력할 수 있습니다.

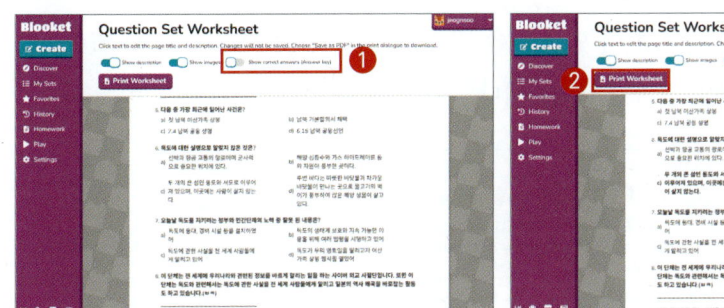

Favorites

Favorites에서는 검색한 퀴즈 중 Favorite으로 체크한 퀴즈들을 확인할 수 있습니다.

01 ❶ [Unfavorite]을 체크하여 즐겨찾기를 해체할 수 있고, ❷ [View]를 클릭하여 퀴즈를 직접 확인할 수 있습니다. ❸ [Assign]으로 과제를 내주거나, ❹ [Host]를 선택하여 게임을 시작할 수 있습니다.

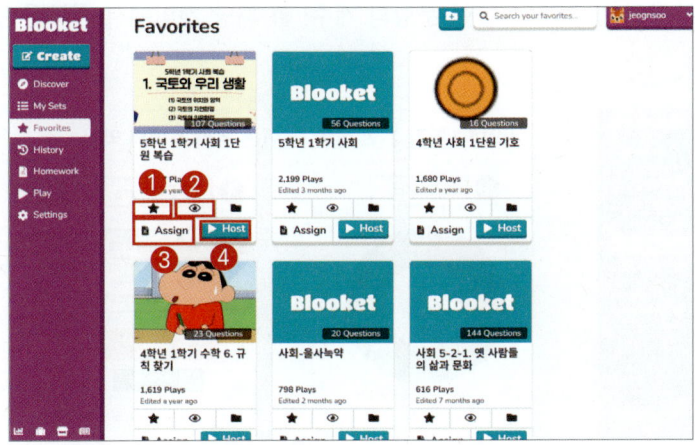

Chapter 3 학습하며 평가하는 블루킷 53

History

History에서는 진행한 게임의 결과를 확인할 수 있습니다.

01 ❶ 진행한 게임, ❷ 퀴즈 참여 인원과 ❸ 퀴즈 진행 날짜 및 시각을 알 수 있습니다. ❹ [Delete]를 클릭하면 게임 결과가 삭제됩니다.

02 퀴즈를 선택하면 ❶ 퀴즈 진행 날짜와 ❷ 전체 정답률, ❸ 참여한 학생 수와 ❹ 학생들이 맞힌 문항의 개수, ❺ 틀린 문항의 개수를 확인할 수 있습니다. 또한 ❻ 학생별로 정답률과 ❼ 맞은 문항의 개수와 ❽ 틀린 문항의 개수, ❾ 해당 게임에서 획득한 포인트를 확인할 수 있습니다.

03 유료 계정에서는 학생을 클릭하면 해당 학생이 ❶ 문항별로 몇 번을 풀었고 ❷ 몇 번을 맞혔는지 확인할 수 있습니다.

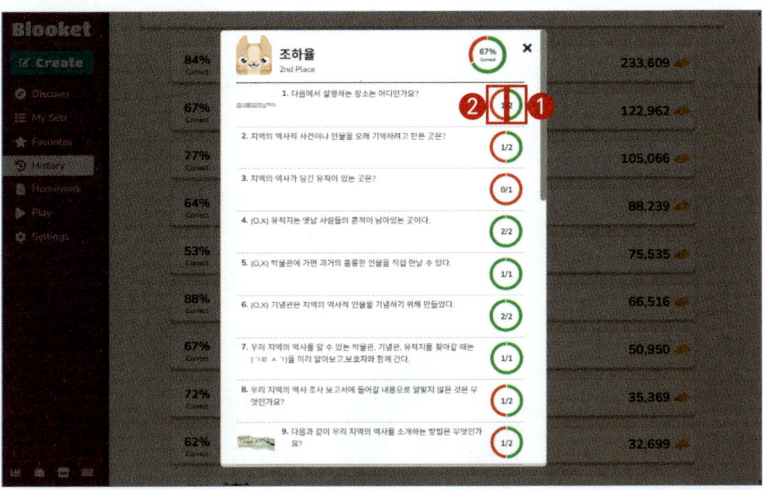

Homework

Homework에서는 과제로 내준 퀴즈들의 정보 확인할 수 있습니다.

01 ❶ 파란색은 현재 진행 중인 과제이며, ❷ 회색의 퀴즈는 완료된 과제입니다.

02 과제의 제목을 클릭하면 ❶ 과제 부여일과 ❷ 전체 정답률, ❸ 참여한 학생 수와 ❹ 학생들이 맞힌 문항의 개수, ❺ 틀린 문항의 개수를 확인할 수 있습니다. 또한 완료한 과제를 ❻ 삭제할 수 있고, ❼ 다시 과제를 부여할 수 있으며, 과제가 진행중이라면 ❽ 새로고침 하여 학생들의 진행상황을 파악할 수 있습니다. ❾ [Leaderborad]에서는 학생들의 과제 결과를 확인할 수 있습니다.

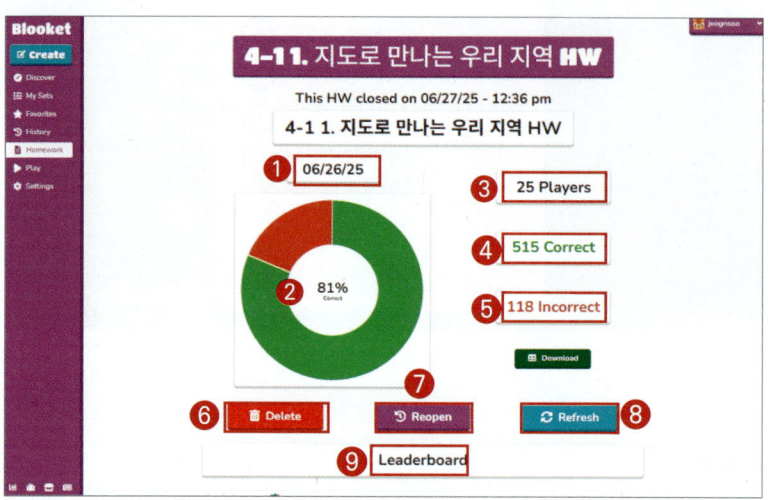

03 Leaderborad를 살펴보면 ❶ 학생별 정답률, ❷ 맞힌 문항의 개수, ❸ 틀린 문항의 개수, ❹ 레벨이나 포인트를 확인할 수 있습니다.

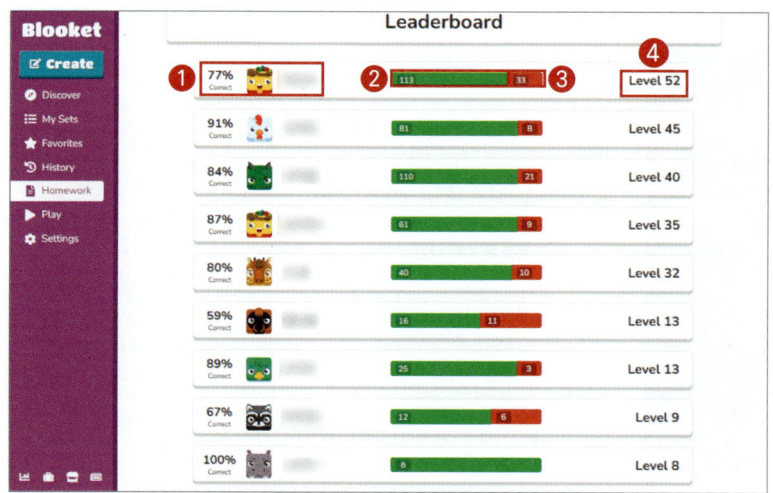

블루킷 퀴즈 제작

블루킷 퀴즈를 제작하는 방법은 수동 제작, Quizlet Import, CSV Import 등 다양한 방식이 있습니다. 특히 ChatGPT를 활용하면 보유하고 있는 교수·학습 자료나 평가 문항을 기반으로 대량의 문항을 한 번에 생성할 수 있으며, 이를 CSV 파일 형태로 저장한 뒤 업로드함으로써 손쉽게 퀴즈를 만들 수 있습니다.

기본 설정

01 ❶ [Create]를 클릭하여 퀴즈 제작화면으로 접속합니다. Cover 이미지 삽입을 위해 ❷ [Image Gallery]를 클릭합니다.

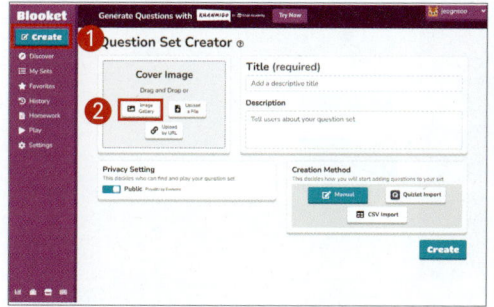
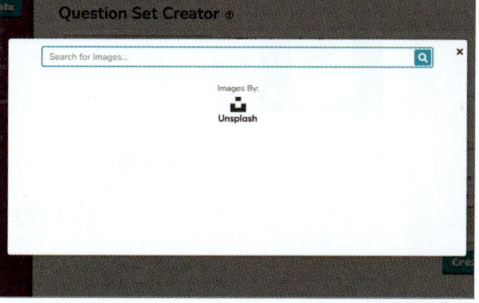

박쌤의 꿀팁 블루킷에서 이미지를 삽입하는 방법은 이미지 갤러리 활용, 파일 업로드, URL업로드 세가지 방식이 있습니다. 이미지 갤러리에서는 Unsplash에서 제공하는 이미지를 자유롭게 활용할 수 있습니다. 해외 플랫폼인만큼 영어로 검색할 경우 원하는 이미지를 더욱 정확하게 찾을 수 있습니다. 예시를 위해 커버 이미지 삽입 과정을 보여드리지만, 커버 이미지는 필수 항목이 아니므로 빠른 퀴즈 제작을 원하실 경우 건너뛰어도 무방합니다.

02 ❶ "Quiz"를 입력하고, ❷ [돋보기]를 클릭하거나 [엔터]를 누릅니다. ❸ [원하는 이미지]를 클릭합니다. 퀴즈의 ❹ [제목]과 ❺ [설명]을 입력합니다. ❻ 문제를 비공개로 하고 싶다면 [Public]을 비활성화하여 private로 바꿉니다.

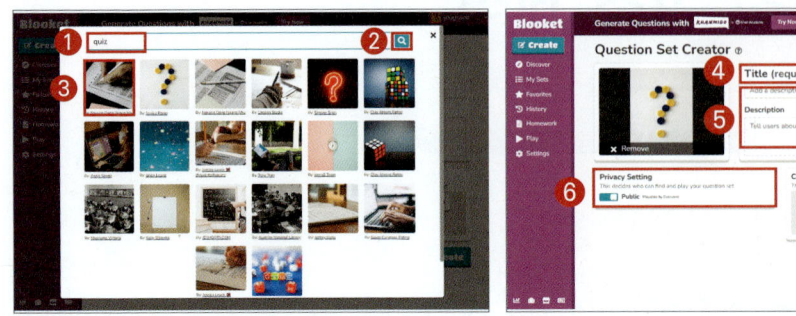

박쌤의 꿀팁 퀴즈 설명은 필수 입력사항이 아니므로 빠른 퀴즈 제작을 위해서는 넘기셔도 됩니다.

수동 제작

선다형 기본 문항 제작

01 기본설정을 마친 화면에서 기본값으로 되어 있는 Manual에서 ❶ [Create]를 클릭하여 퀴즈 제작 화면으로 넘어갑니다. ❷ [상단의 Add question]이나, ❸ [왼쪽에 있는 Add Question]을 클릭합니다.

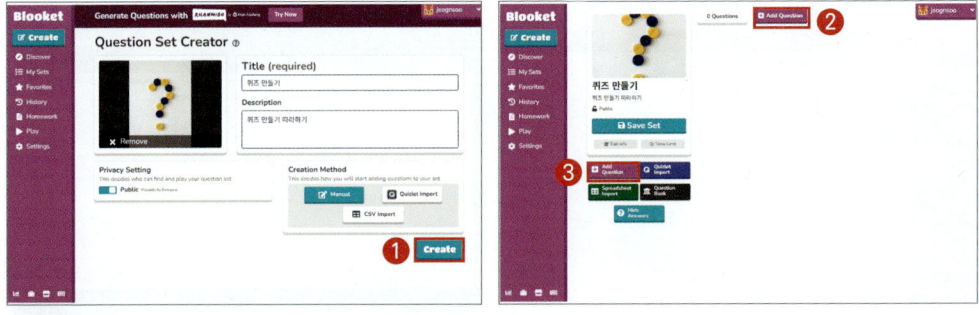

박쌤의 꿀팁 퀴즈 제작 첫 화면에서는 수동 입력(Manual), Quizlet 가져오기, CSV 업로드 중 하나를 선택하여 퀴즈 제작을 시작할 수 있습니다. 처음에 세 가지 중 한 가지 방식을 선택하지만, 제작 중간에도 다른 방식을 추가로 선택하여 문항을 혼합해 구성할 수 있습니다. 예를 들어, 일부 문항은 직접 입력하고, 나머지는 CSV 파일을 불러오거나 Quizlet에서 가져와 추가할 수 있어 유연한 문제 제작이 가능합니다.

02 ❶ [Quiestion Text]에 "독도 주변 바닷속에 있는 미래의 새로운 에너지원으로 주목받는 자원은 무엇입니까?"라고 입력하고 ❷ [Answer1]에 "석유", ❸ [Answer2]에는 "철광석"을, ❹ [Answer3]에는 "해양 심층수", ❺ [Answer4]에 "메탄 하이드레이트"를 입력합니다. ❻ 답인 메탄 하이드레이트의 [체크박스]에 체크하고, ❼ [Save]를 클릭하여 저장합니다. ❽ 시간 조절을 원할 경우 [Time Limit]을 수정하고, 보기를 무작위로 제시하지 않고 고정하고 싶다면 ❾ [Ranmdon Order] 체크를 해제하여 비활성화합니다.

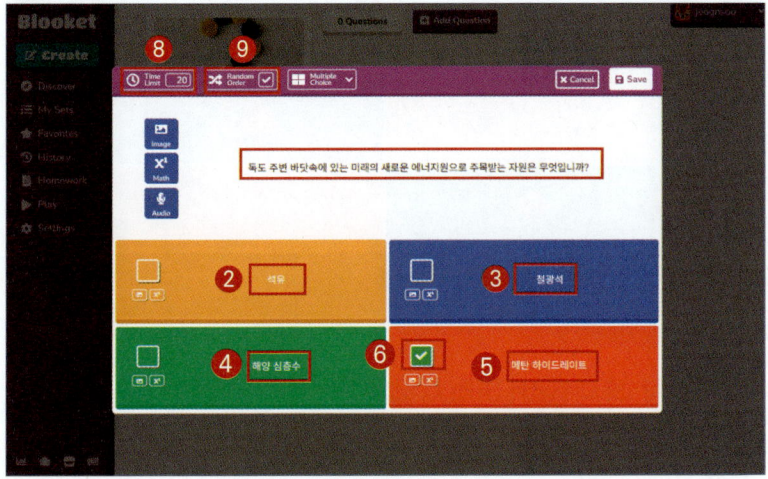

박쌤의 꿀팁 블루킷의 선다형 문항은 보기를 2개에서 4개까지 자유롭게 설정할 수 있으며, 복수 정답 지정도 가능합니다. 단, 복수 정답을 지정하더라도 정답 중 하나만 선택해도 정답으로 처리되기 때문에, 모든 정답을 선택하게 하는 문항에는 적절하지 않습니다. 문항의 의도에 맞게 복수 정답 설정을 신중하게 활용해야 합니다.

선다형 수식 문항 제작

01 문항 추가를 위해 ❶ [Add question]을 클릭합니다. ❷ [Math]를 클릭하고 ❸ [$\frac{a}{b}$]를 클릭하여 ❹ [$\frac{1}{4}$]을 입력합니다. ❺ [+]를 클릭하고 마찬가지로 [$\frac{a}{b}$]를 클릭한 뒤, ❻ [$\frac{2}{4}$]를 입력하고, ❽ [Insert]를 클릭합니다.

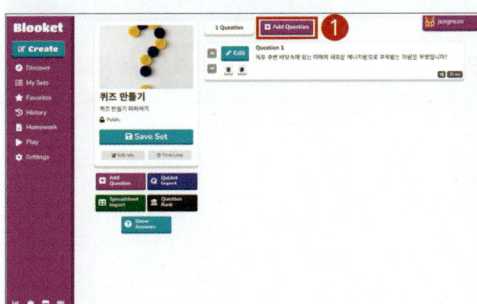 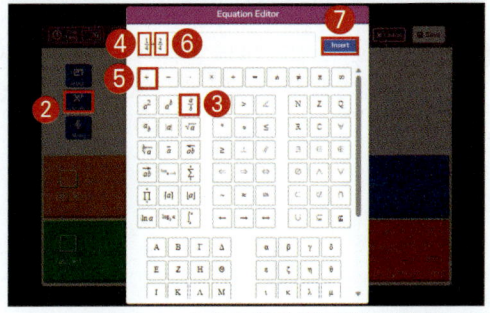

02 ❶ [Question text]에 "다음 분수 덧셈의 값을 구하세요."라고 입력하고, 보기에도 ❷ [Add Math]를 클릭한 후 ❸ [$\frac{1}{4}$], ❹ [$\frac{2}{4}$], ❺ [$\frac{3}{4}$], ❻ [1]을 입력합니다. ❼ 답인 [$\frac{3}{4}$]에 체크하고 ❽ [Save]를 클릭하여 문항을 저장합니다.

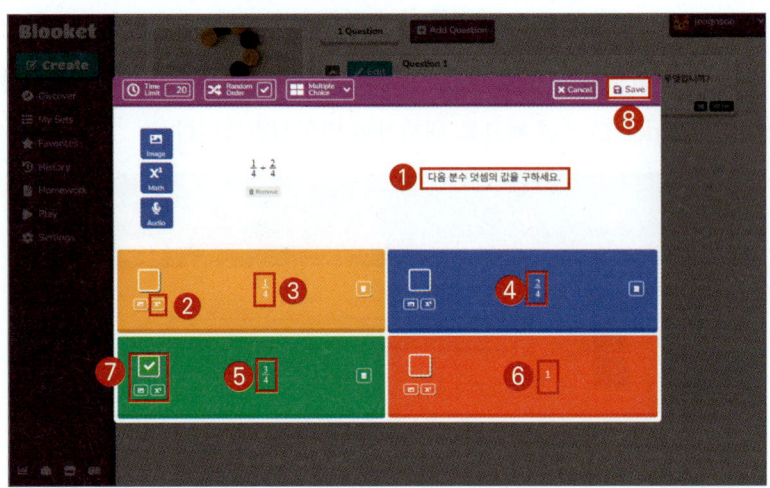

선다형 음성 문항 제작 with 이미지 업로드

01 ❶ [Add question]을 클릭하고 ❷ [Audio]를 클릭합니다. ❸ [Record Audio]를 클릭하고, "Apple"이라고 음성을 녹음합니다. ❹ [Stop recording]을 클릭하여 음성 녹음을 마칩니다.

 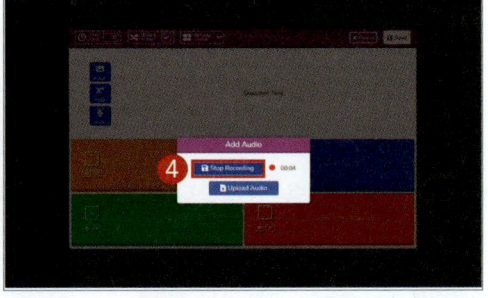

박쌤의 꿀팁 오디오 삽입 기능은 블루킷에서 유료 계정에서만 제공되는 기능입니다. 이는 문항 제작에서 유일하게 유료 계정과 무료 계정 간의 차이가 있는 항목으로, 영어 등 음성 중심의 수업을 운영하지 않는다면 굳이 유료 계정을 사용할 필요는 없습니다.

02 ❶ [Insert]을 클릭하고 ❷ [Question text]에 "음성을 듣고, 해당하는 단어의 그림을 선택하세요."라고 입력합니다.

03 ❶ [Upload a File]을 클릭하여 이미지를 업로드하고, 답인 ❷ [사과]에 체크 한 뒤 ❸ [Save]를 클릭하여 문항을 저장합니다.

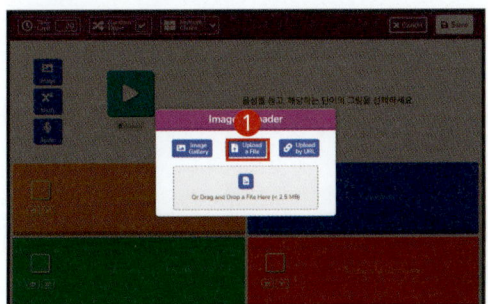 

◆ 소스 파일 : joo.is/Blooket퀴즈

단답식 문항 제작 with URL 업로드

01 ❶ [Add question]을 클릭하고 ❷ [Questin type]을 클릭한 뒤, ❸ [Typing answer]로 변경합니다.

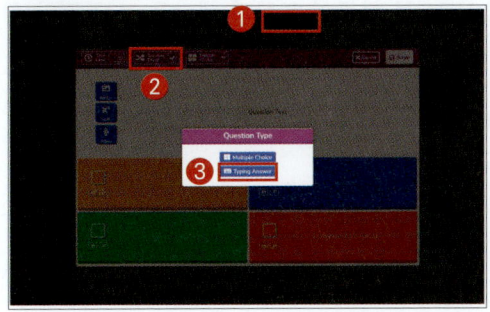 

Chapter 3 학습하며 평가하는 블루킷 61

02 ❶ [네이버 이미지 검색창]에 "태극기"를 입력하고, ❷ [원하는 이미지 위]에서 마우스를 우클릭합니다. ❸ [이미지 주소 복사]를 클릭합니다. ❹ [Image]를 클릭하고 ❺ [Upload by URL]을 클릭합니다.

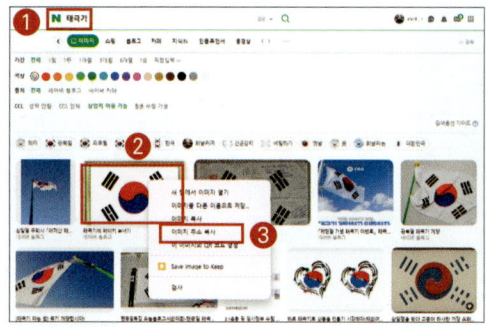 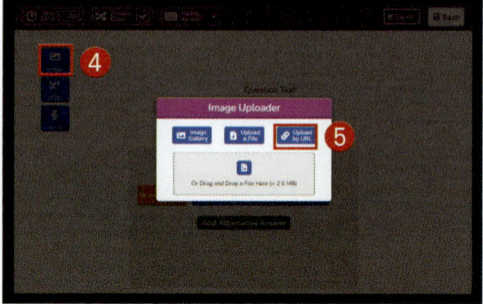

박쌤의 꿀팁 사용할 이미지를 미리 보유하고 있지 않은 경우, 검색을 통해 원하는 이미지를 삽입할 수 있습니다. 구글 이미지의 경우, 이미지 주소(URL)가 너무 길어 삽입이 되지 않는 경우가 종종 발생하므로, 네이버 이미지에서 검색한 뒤 주소를 복사해 사용하는 것이 더 간편할 수 있습니다.

03 ❶ [이미지 주소]를 붙여넣기 하고, ❷ [Submit]을 클릭합니다. ❸ [정답 입력란]에 "한국"을 입력합니다.

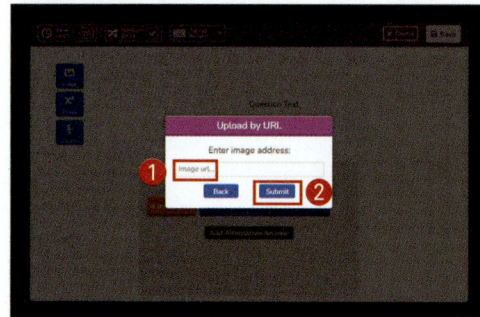 

04 "한국"뿐만 아니라 "한국입니다.", "한국이요." 등 한국이 포함된 대답을 모두 정답 처리하고 싶다면 ❶ [Contains]를 클릭합니다. 또한 "한국"뿐만 아니라 "대한민국"도 답으로 인정하려고 한다면 ❷ [Add Alternative Answer]을 클릭하고, ❸ [정답 입력란]에 "대한민국"을 입력합니다. ❹ [Save]를 클릭하여 문항을 저장합니다.

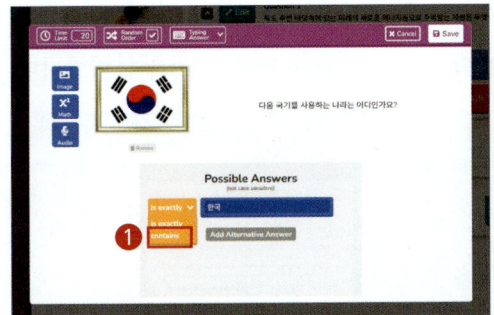 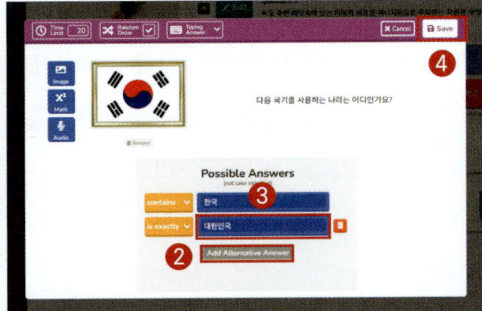

05 문항을 저장하면 다음과 같이 제작한 문항들을 확인할 수 있습니다. 문항을 수정하고자 한다면 ❶ [Edit]을 클릭하여 문항을 수정합니다. 또한 문항을 ❷ 복제할 수도 있고, ❸ 삭제할 수도 있습니다. ❹ [Save set]을 클릭하여 퀴즈를 저장하면, ❺ Mysets에서 제작한 퀴즈를 확인할 수 있습니다.

 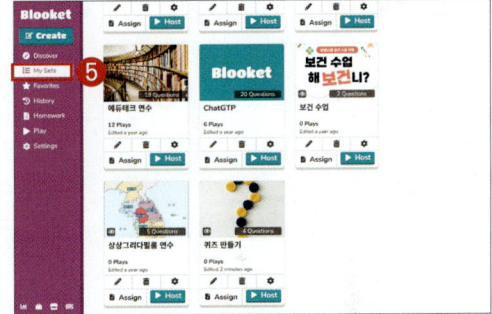

Quizlet Import

Quizlet은 블루킷이나 카훗과 같은 퀴즈 플랫폼으로, 학습용 플래시카드를 기반으로 퀴즈를 제작하고 활용할 수 있습니다. 블루킷에서는 Quizlet 세트를 불러오는 기능을 제공하지만, 한글 호환성 문제와 문항 형식의 제한 등으로 인해 실제 수업에서는 자주 활용되지 않습니다. 다만, Quizlet에 원하는 자료가 이미 있는 경우에는 Quizlet Import를 활용하면 보다 편리하게 퀴즈를 제작할 수 있습니다.

01 ❶ [Create]를 클릭하고 ❷ [제목]에 "퀴즐렛 문제 만들기"라고 입력합니다. ❸ [Quizelet Import]를 클릭하고, ❹ [Create]를 클릭한 후, ❺ [Search Quizlet]을 클릭합니다.

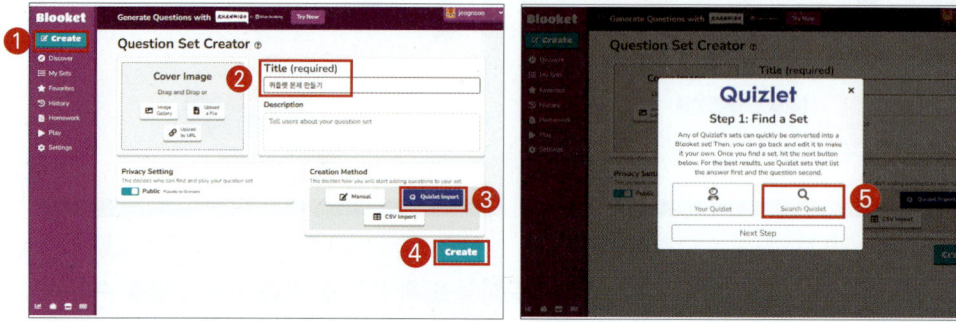

02 ❶ [검색창]에 "중1 영단어"를 입력하고 엔터를 누릅니다. ❷ [원하는 문제]를 클릭하고, ❸ [삼점]을 클릭한 뒤 ❹ [사본만들기]를 클릭합니다.

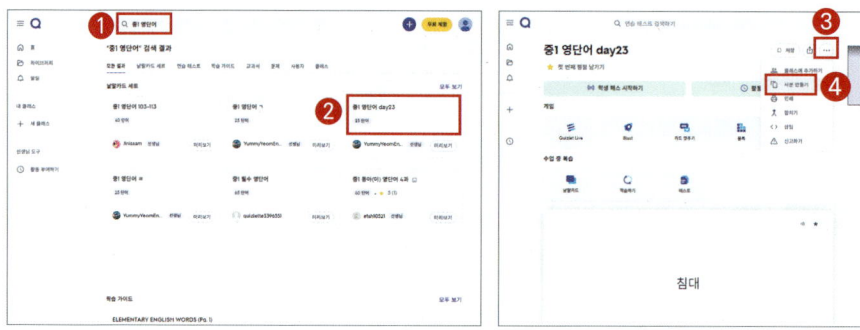

03 ❶ [만들기]를 클릭합니다. ❷ [삼점]을 클릭한 후 ❸ [내보내기]를 클릭합니다.

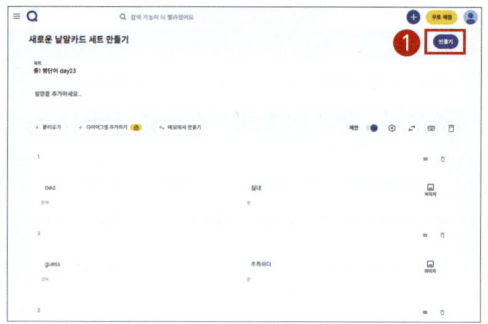 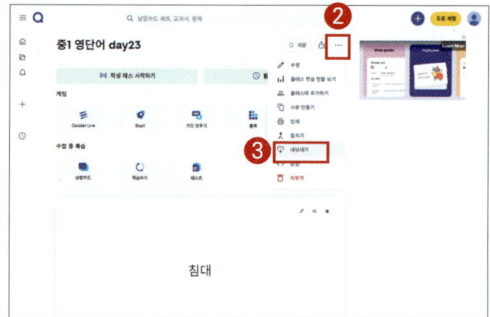

04 ❶ [텍스트 복사]를 클릭하고 ❷ 블루킷 퀴즈제작 화면에서 [Next Step]을 클릭합니다.

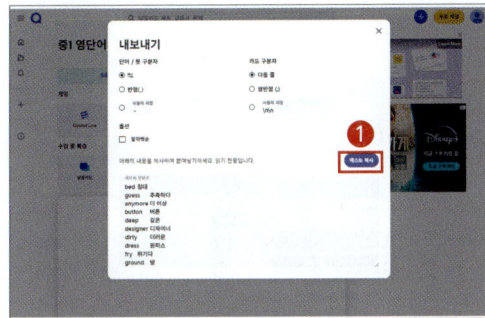 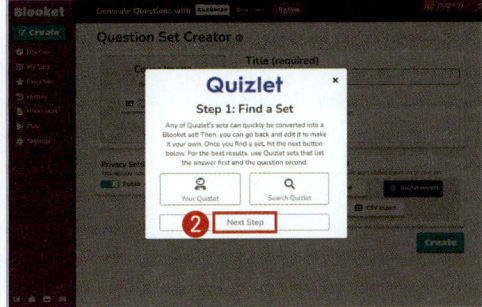

05 스크롤을 내려 ❶ [Next step]을 클릭합니다. ❷ [입력창]에 복사한 내용을 붙여넣기 한 뒤, ❸ [Add Questions]를 클릭합니다.

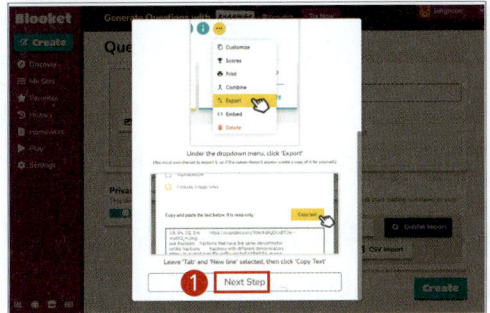 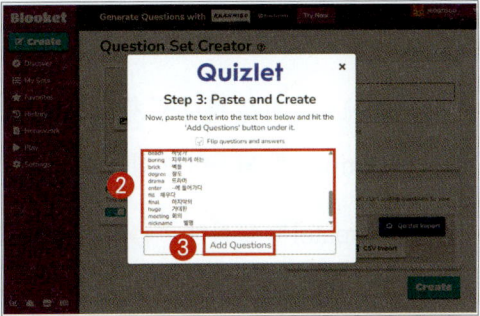

06 ❶ [문제]에는 한글, ❷ [보기]에는 영어로된 문항들이 삽입된 것을 확인할 수 있습니다.

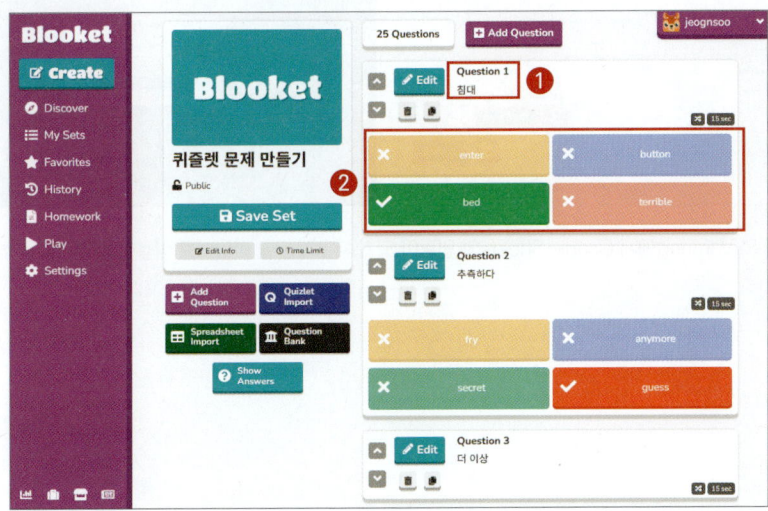

07 ❶ [Flip questions and answers]를 체크하여 퀴즈를 만들면, 반대로 ❷ [문제]에 영어, ❸ [보기]에 한글로 된 문항이 삽입됩니다.

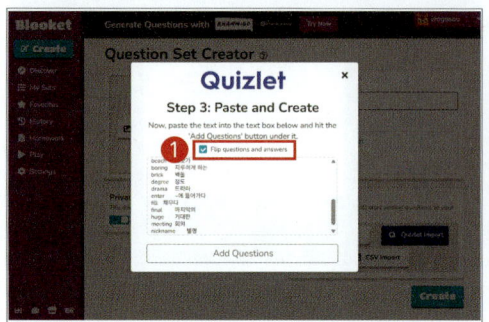 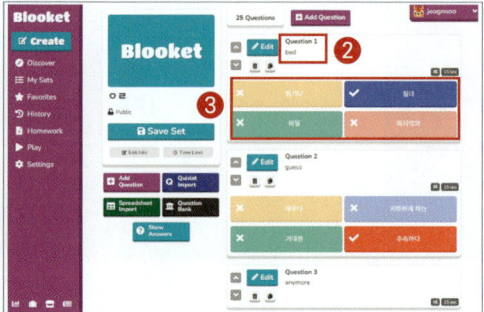

CSV Import

Manual에서 문항을 하나씩 제작하다보면 시간이 많이 소요된다는 단점이 있습니다. 이 경우 CSV Import를 활용하면 한 번에 대량의 문항을 빠르게 제작할 수 있습니다.

01 ❶ [Create]를 클릭하고 ❷ [Title]에 "CSV Import"라고 입력합니다. 문제 제작 방법에서 ❸ [CSV Import]를 선택하고 ❹ [Create]를 클릭한 후 ❺ [Copy]를 클릭합니다.

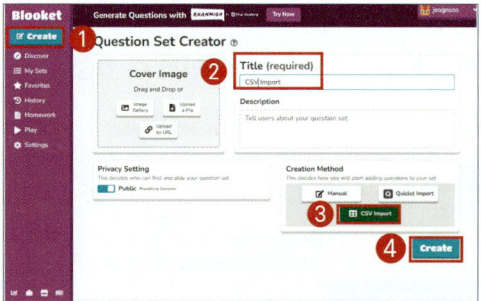 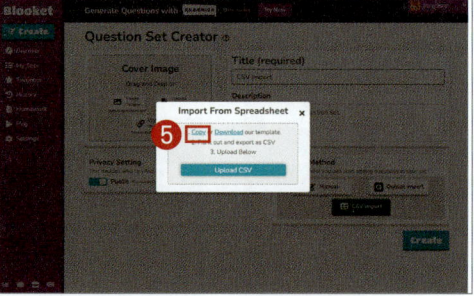

박쌤의 꿀팁 CSV Import에서 Google Sheets와 연동이 되기 때문에 구글 아이디를 이용한 회원가입을 추천드립니다.

02 ❶ [사본 만들기]를 클릭하고, ❷ 문제, ❸ 보기1, ❹ 보기2, ❺ 보기3, ❻ 보기4, ❼ 시간, ❽ 정답 번호 순서로 문항을 입력합니다.

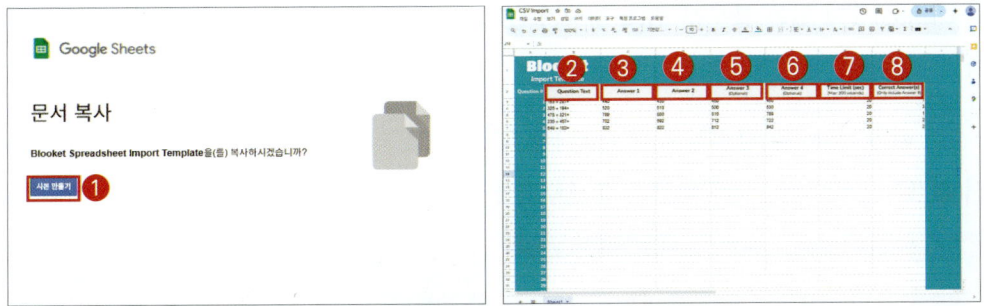

◆ 소스 파일 : joo.is/Blooket퀴즈

03 ❶ [파일 – 다운로드 – 쉼표로 구분된 값(.CSV)]을 클릭하여 다운로드합니다. ❷ [Upload CSV]를 클릭합니다.

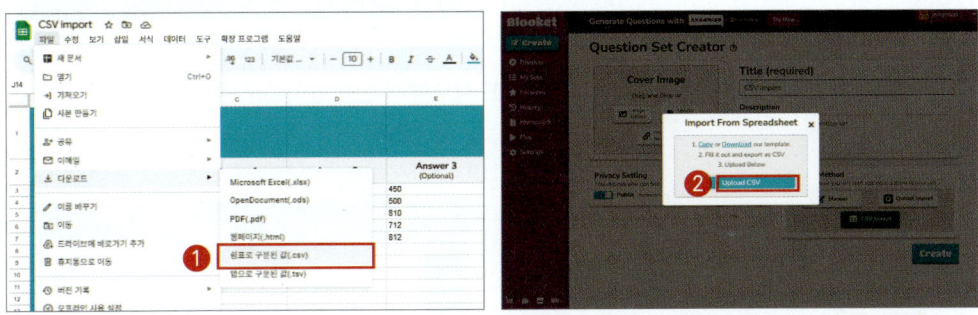

박쌤의 꿀팁 Import from Spreadsheet 창에 파일을 드래그하여도 업로드가 진행되며, 문항이 자동으로 생성됩니다.

04 ❶ [다운로드 받은 파일을 클릭]한 후 ❷ [열기]를 클릭하여 다운받은 파일을 업로드합니다. 구글 스프레드시트에서 제작한 문항들이 삽입되며 퀴즈가 완성된 것을 확인할 수 있습니다.

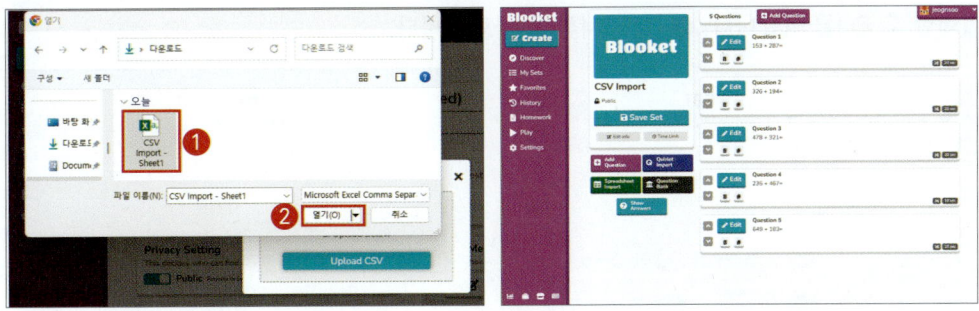

Chapter 3 학습하며 평가하는 블루킷 67

ChatGPT 활용

ChatGPT에 있는 블루킷 퀴즈 생성기 GPT를 활용하면 기존에 가지고 있는 교수·학습 자료나 주제를 제시하여 빠르고 간편하게 퀴즈를 제작할 수 있습니다.

01 ❶ [Create]를 클릭하고 ❷ [Title]에 "ChatGPT"라고 입력합니다. 문제 제작 방법에서 ❸ [CSV Import]를 클릭하고 ❹ [Copy]를 클릭합니다.

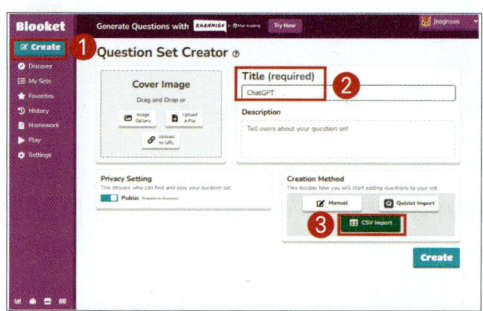 

02 ❶ [사본만들기]를 클릭하고, 구글 스프레드시트에서 CSV Import 양식을 확인합니다.

 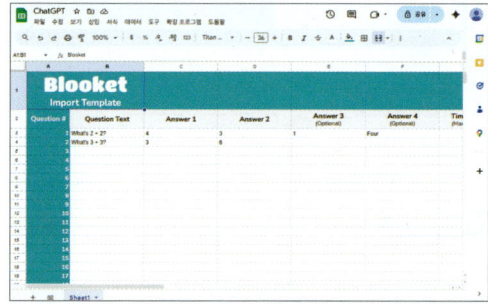

03 ChatGPT에 로그인하여 ❶ [GPT]를 클릭하고 ❷ [검색창]에 "블루킷 퀴즈 생성기"를 입력한 후 ❸ [클릭]합니다. ❹ [채팅 시작]을 클릭합니다.

 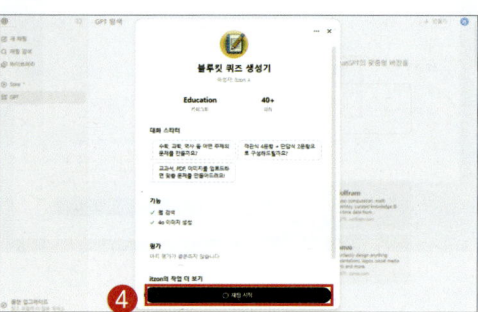

04 ❶ [소스 자료를 업로드] 한 후 ❷ [프롬프트 입력창]에 "객관식 2문항, 단답식 2문항을 만들어줘" 라고 입력하고 ❸ [전송]합니다. ❹ [복사]를 클릭하여 문항들을 복사합니다.

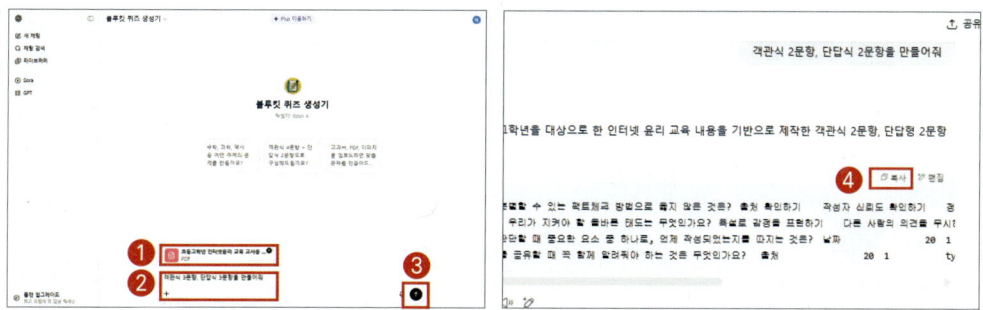

◆ 소스 파일 : joo.is/Blooket퀴즈

05 ❶ 구글 시트에 붙여넣기 한 뒤에 ❷ [파일-다운로드-쉼표로 구분된 값(.CSV)]을 클릭하여 저장합니다.

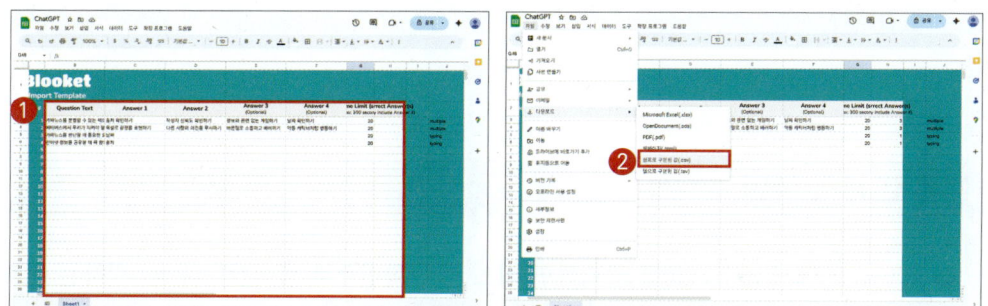

박쌤의 꿀팁 ChatGPT가 생성한 문항에는 오류가 있을 수 있으므로, 반드시 교사가 내용을 확인하고 수정하는 과정이 필요합니다. 단답형 문항은 Answer1 칸에만 정답이 입력되며, 나머지 보기는 빈칸으로 비워둡니다. 이 때 Serrect Answer의 정답에는 1번으로 번호가 고정됩니다. J열에 문제 유형인 multiple(객관식)이나 typing(단답식)이 입력이 되는데 GPT 출력 과정에서 열이 밀리거나 형식이 어긋날 수 있으므로, 붙여넣기 후 점검해 주시기 바랍니다.

06 블루킷 창에서 ❶ [Upload CSV]를 클릭하고 다운받은 파일을 업로드합니다. 문항들이 업로드 된 것을 확인합니다.

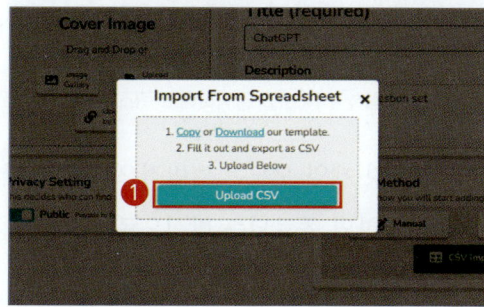 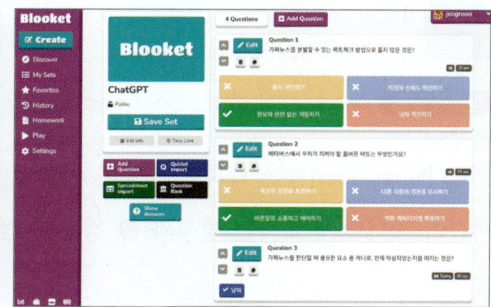

3 블루킷 수업 진행하기

블루킷의 12가지 게임 모드 중 9가지를 무료 계정에서도 사용할 수 있어, 무료와 유료 계정 간의 차이가 크지 않습니다. 특히 학생들이 선호하고 자주 사용하는 인기 있는 게임 대부분이 무료로 제공되기 때문에, 무료 계정만으로도 충분히 즐겁고 효과적인 수업을 운영할 수 있습니다.

블루킷 게임 준비

❶ [My sets]에서 ❷ [Host]를 클릭하면 퀴즈 시작 화면으로 넘어갑니다. ❸ 원하는 퀴즈를 선택하고 ❹ [Host]를 다시 한번 클릭하면 게임 설정 창으로 넘어갑니다.

박쌤의 꿀팁 Discover에서 검색한 퀴즈나 Favorites에 있는 퀴즈를 클릭하여 Host를 클릭하여도 퀴즈 시작화면으로 넘어갑니다.

❶ [Host now]를 클릭하면 게임이 시작됩니다. 블루킷 게임 모드는 일반적으로 ❷ 제한 시간이 지나면 종료되는 방식과 ❸ 정해진 점수에 도달하면 종료되는 방식으로 나뉩니다.

그러나 점수 기반 게임은 종료 시점을 예측하기 어려운 경우가 많아, 일반적으로는 제한 시간을 설정하는 모드를 더 많이 사용합니다.

❹ [Show Instructions]를 선택하면 게임 시작 전에 학생들에게 게임 방법을 안내하는 화면이 표시됩니다. 이미 해당 게임을 경험해본 학생들이라면, 이 항목은 체크를 해제해 바로 게임을 시작할 수 있습니다.

❺ [Allow Late Joining]은 게임 시작 후에도 학생들이 참여할 수 있도록 허용하는 기능입니다. 게임 도중 접속이 끊기거나 실수로 퇴장하는 경우를 대비해, 이 항목은 반드시 활성화해 두는 것이 좋습니다.

❻ [Use Random Names]는 학생들의 이름을 무작위로 설정하는 기능입니다. 블루킷은 학생들 간의 경쟁 요소와 점수를 주고받는 게임 방식이 포함되어 있어, 실명을 사용하는 것이 활동의 재미와 몰입도를 높이는 데 효과적입니다. 따라서 이 기능은 비활성화하는 것을 권장합니다.

❼ [Allow Student Accounts]는 학생들에게 계정 생성 옵션을 표시할지 여부를 설정하는 항목입니다. 하지만 일반적으로 학생들은 게임에 참여할 때 계정 생성에 큰 관심을 두지 않기 때문에, 이 설정은 기본값으로 두어도 무방합니다.

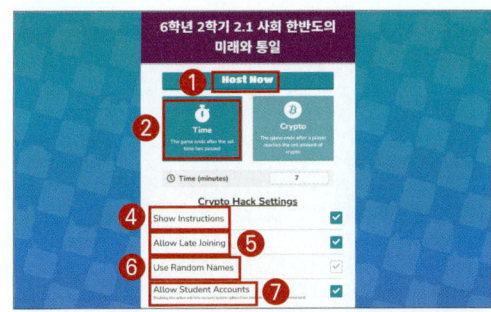
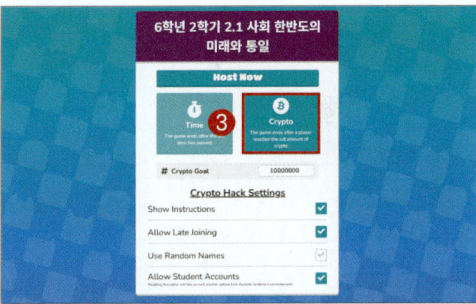

Host now로 접속하면 학생들은 게임에 ❶ QR코드로 접속하거나 ❷ play.blooket.com에 접속해서 게임 아이디를 입력하여 접속할 수 있습니다. 또한 ❸ [Copy join link]로 접속 링크를 복사하여 학급 LMS에 업로드하여 접속하도록 할 수 있습니다. 한 가지 아쉬운 점은 QR코드가 확대되지 않는다는 점입니다.

블루킷 학생 참여

학생들이 블루킷에 접속하면 닉네임을 입력하는 창이 나타납니다. 게임의 몰입도와 재미를 높이기 위해서는 실명을 사용하도록 안내하는 것이 좋습니다.

학생들이 닉네임을 입력하고 접속하면 ❶ 캐릭터를 고를 수 있습니다. 또한 ❷ 오른쪽 화면에서 간단한 게임을 할 수 있어 다른 학생의 접속을 기다리는 동안 학생들이 차분하게 기다릴 수 있습니다.

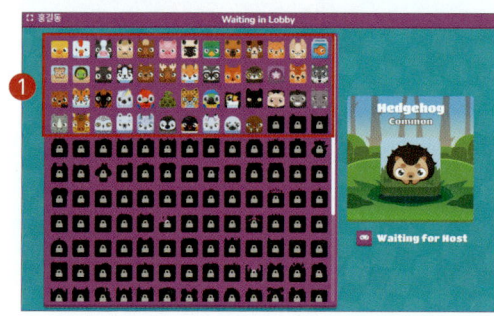 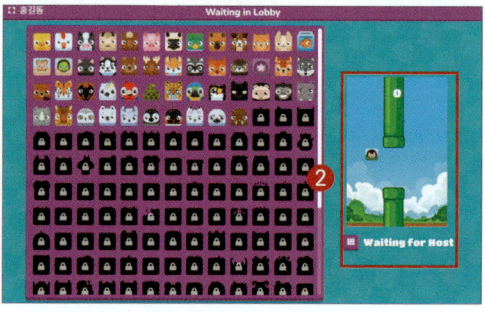

교사는 학생들이 접속하면 학생의 이름을 확인할 수 있습니다. 이름 위에 마우스를 가져다 대면 이름에 줄이 그어진채로 보이는데, 클릭을 하는 경우 학생은 게임 화면에서 나가게 됩니다. 교사의 지시대로 이름으로 접속하지 않고 닉네임으로 접속했다면 학생의 이름을 클릭하여 다시 게임에 접속하도록 할 수 있습니다.

> **박쌤의 꿀팁** 학생들이 이름을 입력하고 접속을 한 뒤 접속이 튕기는 경우 같은 이름으로 접속이 안됩니다. 따라서 홍길동2, 홍길동3 등으로 이름 뒤에 숫자를 붙여 다시 접속할 수 있도록 합니다.

블루킷 과제

❶ [My sets]에서 ❷ [Assign]을 클릭합니다. ❸ 원하는 게임을 선택하고 ❹ 과제 기한을 설정합니다. ❺ 과제 제목을 입력하고 ❻ 학생들이 과제를 마치기 위해 풀어야 하는 최소 문제 수를 설정합니다. ❼ [Assign Now]를 클릭합니다.

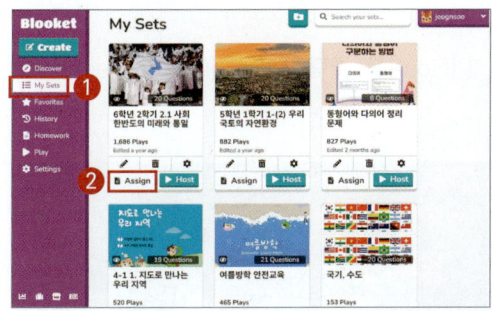 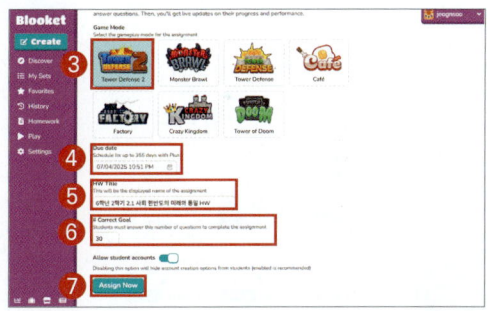

생성된 과제의 ❶ 링크 또는 ❷ QR코드를 통해 학생들에게 과제를 전달합니다.

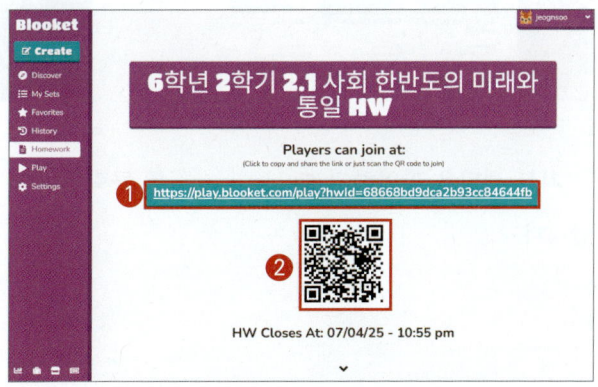

Chapter 3 학습하며 평가하는 블루킷　73

4 블루킷 수업 사례

블루킷은 제한 시간이나 학급이 정해진 점수에 도달할 때까지 퀴즈를 반복해서 풀게 됩니다. 따라서 반복학습이 필요한 단순 계산 문제의 수학, 사회, 과학 등의 암기 과목과 영어 단어 등의 퀴즈에 적용하면 퀴즈를 통한 학습을 할 수 있는 수업을 진행할 수 있습니다.

4학년 사회(1학기 1단원 지도로 만나는 우리 지역) Crypto Hack

❶ [My sets]에서 ❷ 지도로 만나는 우리 지역 [Host]를 클릭하고 ❸ [Crypto Hack]을 클릭한 뒤 ❹ [Host]를 클릭합니다.

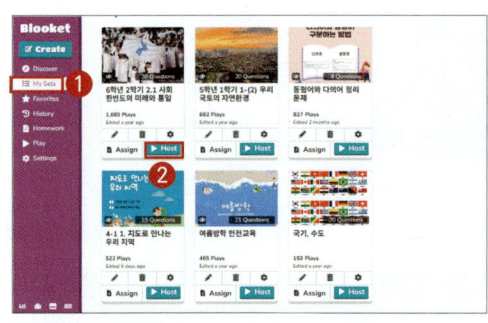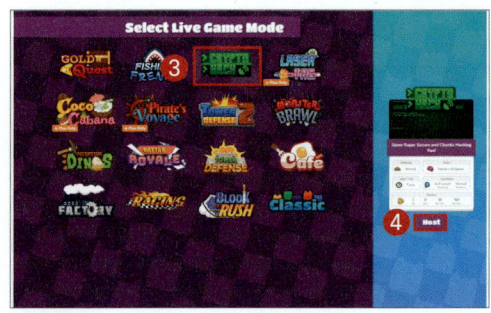

기본 세팅을 확인하고 ❶ Host now를 클릭합니다. 학생들이 접속하면 ❷ Start를 클릭합니다.

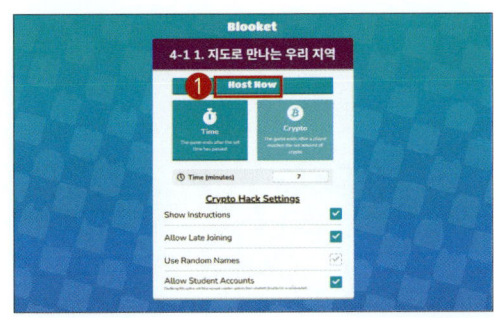

교사는 교사 화면에 나오는 게임 설명 화면을 보며 교사는 게임을 설명합니다.

학생들은 패스워드를 고르고 문항을 해결합니다. 문항을 해결하면 Crypto를 얻을 수 있고 또는 다른 친구들의 패스워드를 추측해서 포인트를 빼앗아 올 수 있습니다. 제한 시간 안에 가장 많은 크립토를 얻는 학생이 승리합니다.

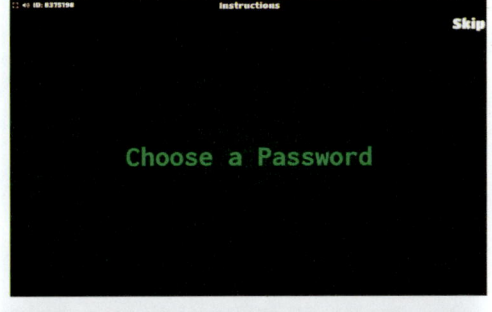

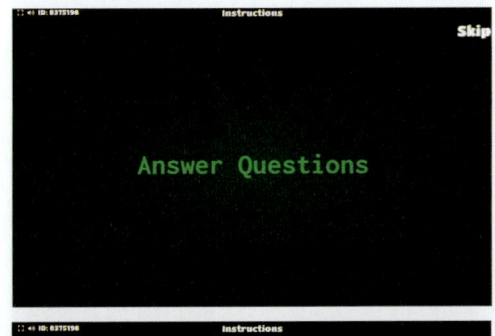
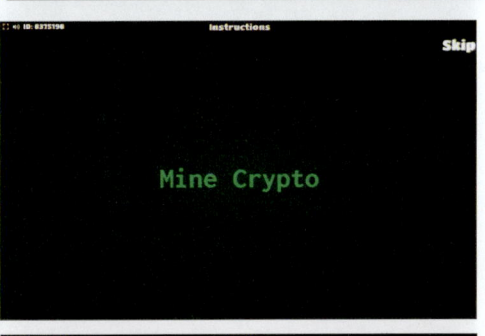

학생들은 자신만의 패스워드를 선택하고, 문항들을 해결합니다. 문제를 틀렸을 경우에는 정답이 제시되기 때문에, 이후 같은 문제를 다시 풀게 되었을 때 이전에 본 정답을 떠올려 문제를 맞힐 수 있습니다.

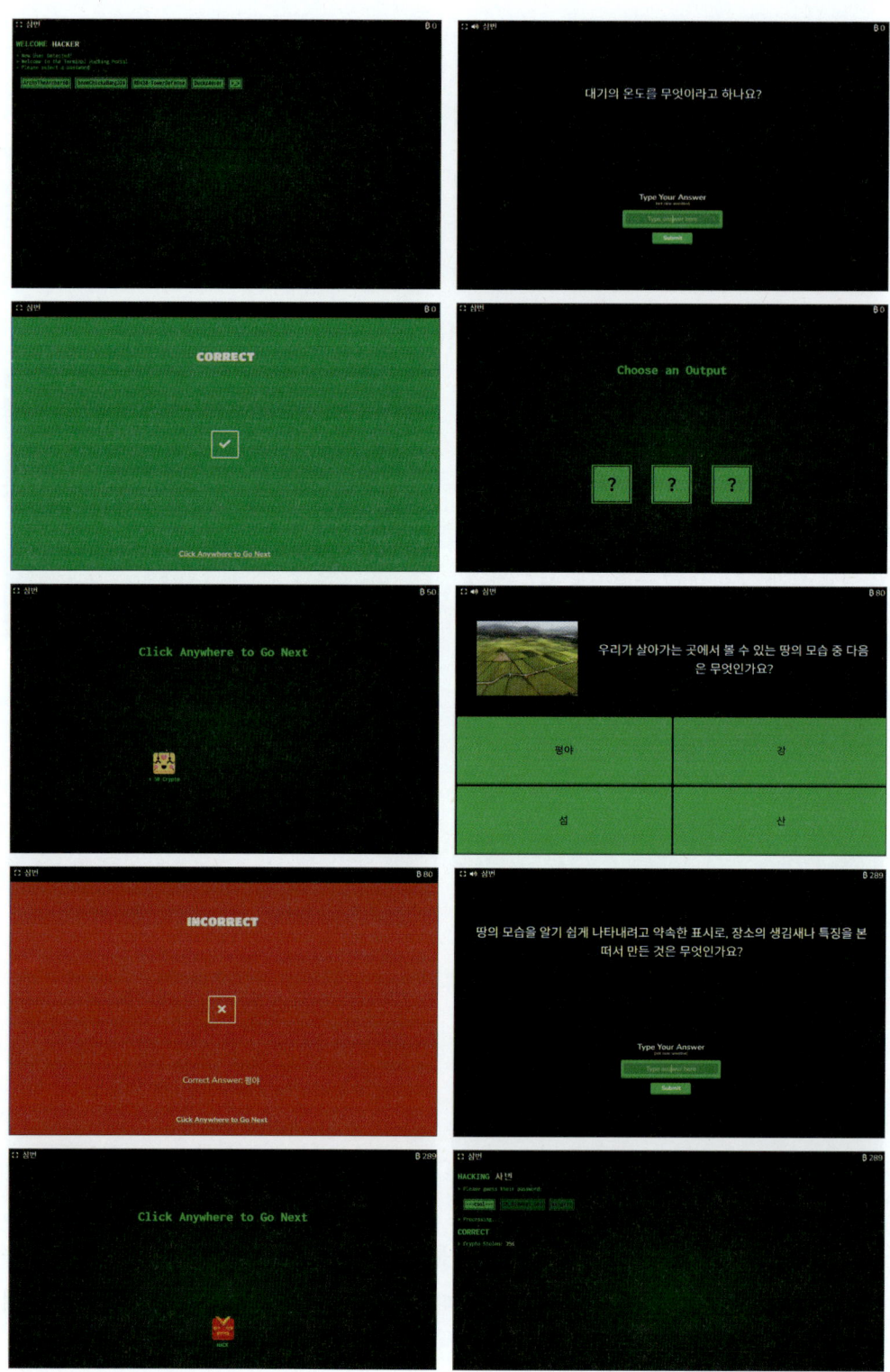

퀴즈 진행 중 교사의 대시보드 화면에서는 ❶ 학생들의 실시간 순위를 확인할 수 있고 ❷ 어떤 학생이 어떤 학생의 포인트를 빼앗았는지 확인할 수 있습니다. 퀴즈 종료 후에는 최종 순위가 표시되며, ❸ [Play Again]을 클릭하면 퀴즈를 다시 시작할 수 있고, ❹ [View Report]를 클릭하면 History에서 확인할 수 있는 퀴즈 리포트를 확인할 수 있습니다.

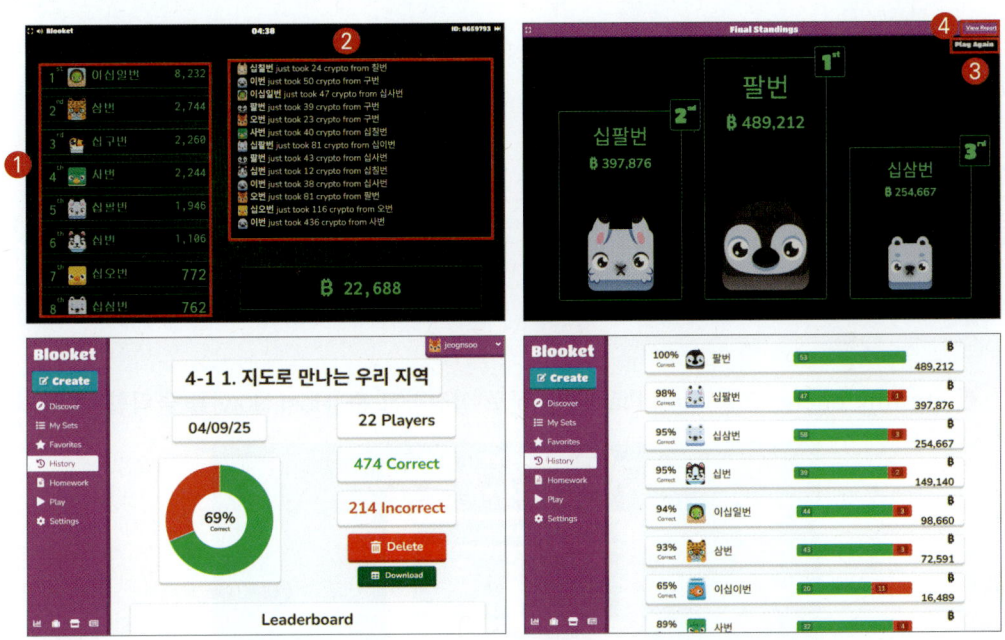

학생들도 퀴즈 종료 후 자신의 ❶ 순위와 ❷ 포인트, ❸ 해결한 문항의 개수와 ❹ 맞힌 문제의 개수를 확인할 수 있으며 ❺ 정답률도 확인할 수 있습니다. ❻ [View Detals]를 클릭하면 어떤 문항을 몇 번 풀었고, 어떻게 맞고 틀렸는지 확인할 수 있습니다.

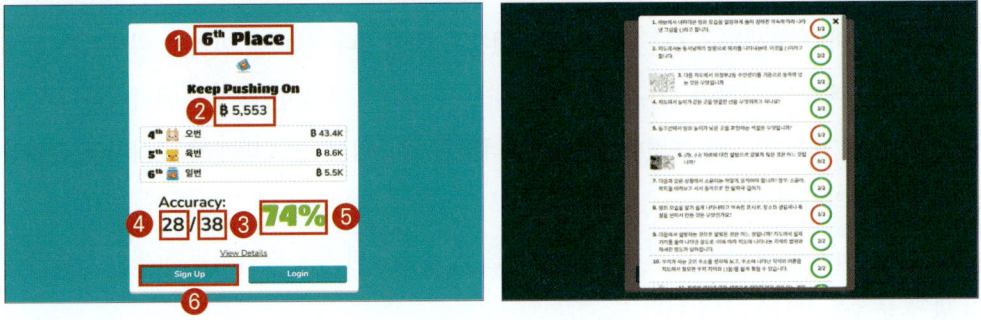

6학년 수학(1학기 1단원 분수의 나눗셈) Battle royale

❶ [My sets]에서 ❷ 분수의 나눗셈 [Host]를 클릭하고 ❸ [Battle royale]을 클릭한 후 ❹ [Host]를 클릭합니다.

❶ Starting Energy For each Player를 '5'로 설정하고 ❷ [Host Now]를 클릭합니다.

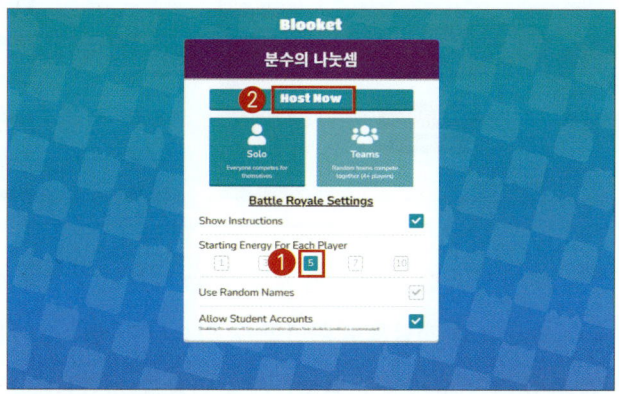

매 라운드마다 학생들은 다른 한 학생과 경쟁하게 됩니다. 상대를 이기기 위해서는 문제를 정확하고 빠르게 맞혀야 합니다. 문제를 빠르고 정확하게 맞힌 학생은 에너지를 유지합니다. 두 학생 모두 문제를 틀렸다면 모두 에너지를 잃습니다. 마지막까지 에너지를 유지하는 학생이 승리하게 됩니다.

Battle royale의 장점은 에너지를 모두 잃은 학생들도 마지막 승리하는 학생이 나올때까지 함께 문제를 푼다는 것입니다.

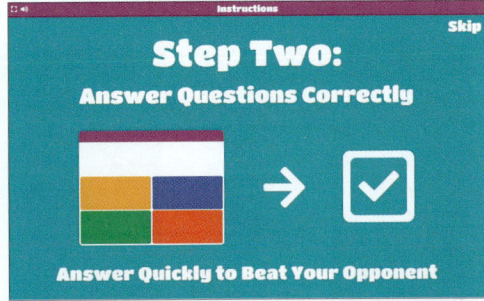
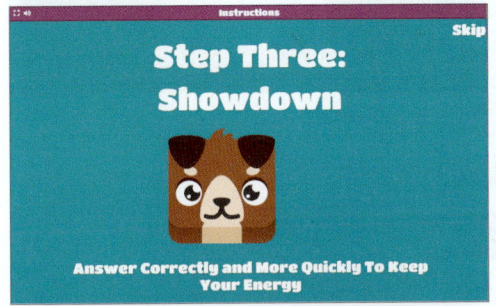

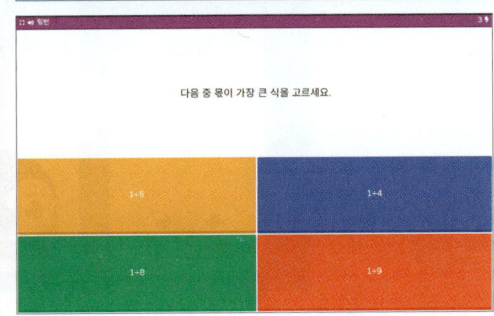

퀴즈 활동 중 교사 화면에는 학생들의 ❶ 정답률을 확인할 수 있고, 대결에서 어떤 학생들이 이겼는지 확인할 수 있습니다.

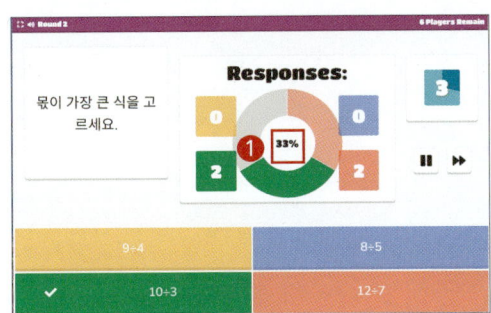

Chapter 3 학습하며 평가하는 블루킷   79

퀴즈가 끝나면 학생들은 자신의 퀴즈 결과를 확인할 수 있습니다. ❶ [View Details]를 클릭하면 문제별로 얼마나 맞고 틀렸는지 확인할 수 있습니다.

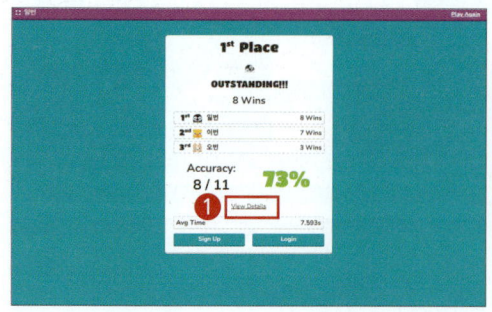 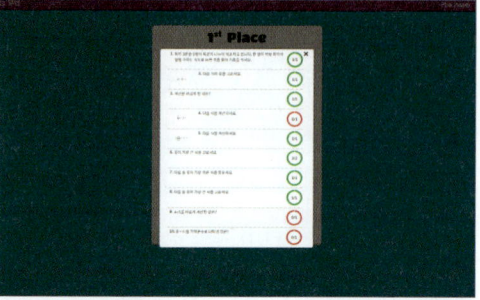

교사 화면에서는 학생들의 최종 순위를 확인할 수 있습니다.

블루킷 실전비법.zip _ 블루킷의 다양한 게임들

1. Gold Quest

Gold Quest는 문제를 맞힐 때마다 세 상자 중 하나를 열어 보상을 얻는 게임입니다. 보상에는 금화를 얻거나, 다른 사람과 교환하거나, 금화를 잃거나, 가져오는 등 운의 요소가 함께 작용합니다. 가장 많은 금화를 모은 학생이 최종 승리하게 됩니다.

2. Fishing Frenzy

낚싯대를 던지면 문제가 나오고, 정답을 맞힐 때마다 물고기를 획득하며, 잡은 물고기의 무게에 따라 점수를 얻는 게임입니다. 더 높은 티어의 물고기를 획득할수록 점수가 높아지고, 루어가 업그레이드되면 더 높은 점수의 물고기를 낚게 됩니다. 일부 물고기는 다른 학생들의 화면에 혼란을 주는 효과를 발생시켜 게임의 재미를 더합니다.

3. Crypto Hack

Crypto Hack은 학생들이 자신의 패스워드를 설정하고, 문제를 맞힐 때마다 Crypto를 모으는 게임입니다. 또한 다른 친구의 패스워드를 추측하여 Crypto를 빼앗아오는 게임요소가 있습니다. 해킹을 당하면 간단한 미션을 수행해야 합니다.

4. Tower defense1,2

Tower Defence 1, 2는 문제를 풀어 코인을 얻고, 이 코인으로 다양한 타워를 건설 및 업그레이드하여 적의 공격을 막는 전략 게임입니다. 타워의 종류와 배치, 업그레이드 전략이 중요하며, 적들이 경로 끝에 도달하지 못하도록 방어하는 것이 목표입니다. 문제를 많이 맞힐수록 더 많은 자원을 얻어 강력한 방어망을 구축할 수 있습니다.

5. Monstar Brawl

Monster Brawl은 문제를 풀고, 정답을 맞히면 다양한 스킬을 선택해 몬스터와 전투를 벌이는 액션 게임 모드입니다. 캐릭터를 조작하며 몬스터를 물리치고 크리스탈을 모아 레벨업할 수 있습니다. 레벨업 시 새로운 스킬을 얻으며, 점점 강해지는 몬스터에 맞서 최대한 오래 살아남는 것이 목표입니다. 몬스터에게 공격당해 에너지가 모두 소진될 경우 세 문제를 맞히면 다시 게임에 복귀할 수 있습니다.

6. Deceptive Dinos

정답을 맞히면 화석을 발굴(Excavate)하거나 다른 친구를 조사(Investigate)할 수 있습니다. 발굴을 선택하면 여러 상자 중 하나를 열어 화석이나 보너스를 얻거나, 한 번만 사용할 수 있는 치트(Cheat)기능으로 상자 내용을 미리 볼 수 있습니다. 조사를 선택하면 다른 플레이어가 치트했는지 추적해, 적발 시 그 플레이어의 화석 일부를 가져올 수 있습니다.

7. Battle Royale

학생들이 1:1 또는 팀 대결로 퀴즈를 풀며 경쟁하는 게임 모드입니다. 문제를 빠르고 정확하게 풀어 상대의 에너지를 없애며, 마지막까지 에너지를 가지고 있는 학생이나 팀이 승리하게 됩니다. 에너지를 모두 빼앗기더라도 퀴즈에는 계속 참여할 수 있습니다.

8. Cafe

Cafe 게임은 퀴즈 문제를 풀어 음식(예 빵)을 만들고, 이를 손님에게 제공해 돈을 버는 경영 시뮬레이션 게임입니다. 번 돈으로 카페를 업그레이드하거나 새로운 메뉴를 추가할 수 있습니다. 퀴즈를 많이 맞힐수록 더 많은 음식을 만들고, 효율적으로 카페를 운영할 수 있습니다.

9. Factory

Factory 게임은 문제를 풀어 다양한 캐릭터(Blook)을 구매하고 배치해, 자동으로 돈을 생산하도록 하는 경영 시뮬레이션 게임입니다. 정답 3개당 하나의 Blook을 획득해 최대 10개까지 보유할 수 있으며, 업그레이드를 통해 더 높은 수익을 얻을 수 있습니다. 생산 속도와 수익이 다른 여러 캐릭터를 전략적으로 업그레이드하며, 최대한 많은 돈을 모으는 것이 목표입니다.

10. Racing

Racing은 가장 먼저 목표에 도달하거나 제한 시간 내에 갖아 많은 문제를 푼 학생이 승리하는 속도 경쟁형 퀴즈 게임입니다. 게임 진행 중 4문제를 맞힐 때마다 아이템이 주어져 다른 학생을 방해하거나 자신의 전진 속도를 높일 수 있어 전략적 재미가 더해집니다.

11. Blook Rush

Blook Rush는 팀 단위로 플레이하는 경쟁형 퀴즈 게임 모드로 4명 이상 참여할 때 게임을 진행할 수 있습니다. 문제를 맞히면 공격(다른 팀의 쉴드 제거) 또는 방어(자신의 팀 쉴드 추가)를 선택할 수 있고, 쉴드가 모두 사라진 팀은 공격받을 때 캐릭터(Blook)를 빼앗깁니다. 게임 종료 시 가장 많은 Blook을 가진 팀이 승리합니다.

12. Classic

Classic 게임은 가장 기본적인 게임 방식으로, 문제를 맞힐 때마다 점수를 획득합니다. 정답을 많이 맞힐수록 점수가 올라가며, 문제를 빨리 맞히면 더 높은 점수를 획득합니다. 특별한 아이템이나 전략적 요소 없이, 순수하게 문제 풀이 실력으로 경쟁하는 전통적인 퀴즈 모드입니다.

13. Laser tag(유료)

Laser Tag는 학생이 직접 캐릭터를 조작하며 상대에게 레이저를 쏘는 액션 퀴즈 게임입니다. 레이저를 발사하여 고정 타켓을 맞추면 점수를 얻고, 다른 학생들의 캐릭터를 맞추면 큰 점수를 얻습니다. 맵 곳곳에서 아이템을 획득해 특수 능력을 사용하며 전략적으로 경쟁할 수 있는 모드입니다.

14. Coco canava(유료)

Coco Cabana 두 팀(파인애플팀, 코코아팀)으로 나뉘어 열대 과일 재료를 모아 팀 스무디를 만드는 게임입니다. 수집 단계(Collect)에서는 맵을 돌아다니며 과일을 모아 팀의 스무디에 옮기고, 저어주기(Stir) 단계에서는 스무디를 빠르게 클릭해 점수를 추가로 얻습니다. 상대 팀을 방해하거나 특별 아이템을 활용해 전략적으로 플레이할 수 있습니다.

15. Pirate's Voyage(유료)

Pirate's Voyage는 퀴즈를 풀고 주사위를 굴려 해적선을 이동시키며, 섬에 도착해 더블룬(게임 머니)을 모으는 보드게임형 모드입니다. 특별 이벤트나 업그레이드를 통해 더 많은 보상을 얻을 수 있습니다.

4

학생 몰입을
이끄는 가상 공간 퀴즈
ZEP QUIZ

'ZEP Quiz'는 메타버스 플랫폼 ZEP 위에서 구현되는 인터랙티브 퀴즈 시스템으로 학생들이 아바타를 조작하여 가상 공간을 자유롭게 이동하며 문제를 해결할 수 있도록 설계된 학습 도구입니다. 사용자는 ZEP 공간 안에서 다양한 퀴즈 형태(객관식, 주관식, 단답형 등)를 배치할 수 있으며 학생들은 게임처럼 구성된 미션을 수행하면서 자연스럽게 학습에 참여하게 됩니다. 특히 현실 교실을 벗어난 가상 공간 기반의 퀴즈 활동은 학습 몰입도를 높이고, 학습에 대한 흥미를 유발하는 데 효과적입니다.

1

ZEP Quiz 살펴보기

ZEP Quiz는 학습자가 화면 속 문제를 단순히 푸는 것이 아니라 가상의 게임 공간을 직접 탐색하고 문제를 해결하는 체험형 퀴즈 플랫폼입니다. 학생들은 주어진 미션에 따라 가상의 공간을 돌아다니며 퀴즈를 찾고, 이를 해결하는 과정을 통해 흥미와 몰입을 동시에 경험할 수 있는 점이 특징입니다.

ZEP Quiz는 단원 마무리 복습, 프로젝트 수업의 도입 또는 집중력이 떨어지는 시점의 전환 활동으로 효과적으로 활용할 수 있습니다. 학생들은 각기 다른 위치에 숨겨진 문제들을 찾아 이동하며 문제를 풀게 되는데, 문제 구성에 따라 순서대로 푸는 구조도 가능하고, 자유롭게 탐색하면서 문제를 해결하는 방식도 설계할 수 있습니다. 이런 방식은 학생들에게 자율성과 주도성을 부여하며, 활동에 자연스럽게 몰입하게 만듭니다.

특히 ZEP Quiz는 기존 퀴즈 플랫폼들과는 다른 점이 명확합니다. Kahoot이나 Quizizz처럼 화면 중심의 경쟁형 퀴즈는 빠른 응답과 점수 경쟁에 집중되지만, ZEP Quiz는 학습자가 직접 '움직이고, 찾아보고, 팀과 소통하며' 문제를 해결하는 데 중점을 둡니다. 아바타를 조작하여 활동 공간을 탐색하고, 지정된 위치에서 문제를 확인하고 해결하는 구조는 마치 게임을 하는 듯한 재미를 주며 학습 활동에 대한 몰입도와 집중도를 높여줍니다.

또한 수업 주제와 공간을 연계하여 활용할 수도 있습니다. 예를 들어 과학 수업에서는 실험 도구가 놓인 책상 모양의 공간에 과학 개념 퀴즈를 배치하거나 도덕 수업에서는 상황극 장면을 구성해 그에 맞는 가치 판단 문제를 제시할 수 있습니다. 문제의 위치와 내용 간 맥락이 자연스럽게 연결되면 학생들은 단순한 지식 확인을 넘어 문제 해결의 맥락적 사고까지 경험하게 됩니다.

ZEP Quiz는 별도의 앱 설치나 복잡한 사용법 없이 웹에서 간편하게 체험할 수 있으며 교사는 퀴즈를 직접 설계하고 배치할 수 있어 수업 목적에 맞는 맞춤형 활동 구성이 가능합니다. 학생들에게는 게임과 유사한 방식으로 제공되기 때문에 낯설지 않고 즐겁게 참여할 수 있는 디지털 평가 도구로 적합합니다. 단순히 정답을 맞히는 것을 넘어 탐색과 협동, 몰입이 결합된 활동 중심 평가를 실현하고 싶은 교사에게 ZEP Quiz는 매우 유용한 선택이 될 수 있습니다.

회원가입

ZEP Quiz 회원가입은 구글 계정이나 웨일스페이스와 연계하여 가입하는 방법이 있고 일반 이메일 주소를 이용하여 가입하는 방법이 있습니다. 일반 이메일 주소로 가입하는 방법을 알아보겠습니다.

- Zep quiz 사이트: quiz.zep.us

01 ❶ [로그인] 버튼을 클릭합니다. ❷ [이메일 주소]를 입력합니다. ❸ [이메일로 로그인]을 클릭합니다.

02 입력했던 이메일 주소로 받은 ❶ [인증코드]를 입력합니다. 계정 유형에서 ❷ [교육 종사자]를 선택합니다.

03 ❶ [소속 교육기관 이름], ❷ [직책], ❸ [관심 학교급], ❹ [관심 학년]에 선생님의 정보를 입력합니다. 약관을 확인한 뒤 ❺ [서비스 이용약관 동의], ❻ [개인정보 수집 및 이용 동의], ❼ [만 14세 이상입니다]를 선택하고 ❽ [회원가입 완료] 버튼을 클릭합니다.

> **전쌤의 꿀팁** 2025년 7월 기준 ZEP Quiz는 새로운 계정으로 가입할 경우 2주 동안 유료 요금제인 Pro plan을 무료로 사용하는 것이 가능합니다. 2주가 지나 무료 요금제로 전환되더라도 ZEP Quiz에서 활용할 수 있는 기능에는 다소 제약이 있지만 핵심적인 기능들은 모두 사용할 수 있습니다.

대시보드

ZEP Quiz에 로그인을 하면 다양한 메뉴들을 이용할 수 있습니다.

❶ [둘러보기]에서는 다른 사람이 만든 문제를 체험하거나 복사할 수 있습니다.
❷ [가격 안내]에서는 ZEP Quiz의 요금 정책에 대해 알 수 있습니다.
❸ [활용 사례]에서는 블로그, 후기, 우수 사례 등을 확인할 수 있습니다.
❹ [고객 지원]에서는 공지 사항, 업데이트 소식, 이용 가이드, 자주 묻는 질문에 대해 알 수 있습니다.
❺ [이름]을 클릭하면 내가 만든 퀴즈를 확인하고 나의 이름을 변경할 수 있습니다.
❻ [코드로 입장]에서는 이미 제작된 퀴즈의 코드를 입력하여 해당 맵에 접속할 수 있습니다.
❼ [+퀴즈 만들기]를 클릭하면 직접 퀴즈를 제작할 수 있습니다.
❽ [?]를 클릭하면 ZEP Quiz와 관련하여 운영진과 상담을 할 수 있습니다.

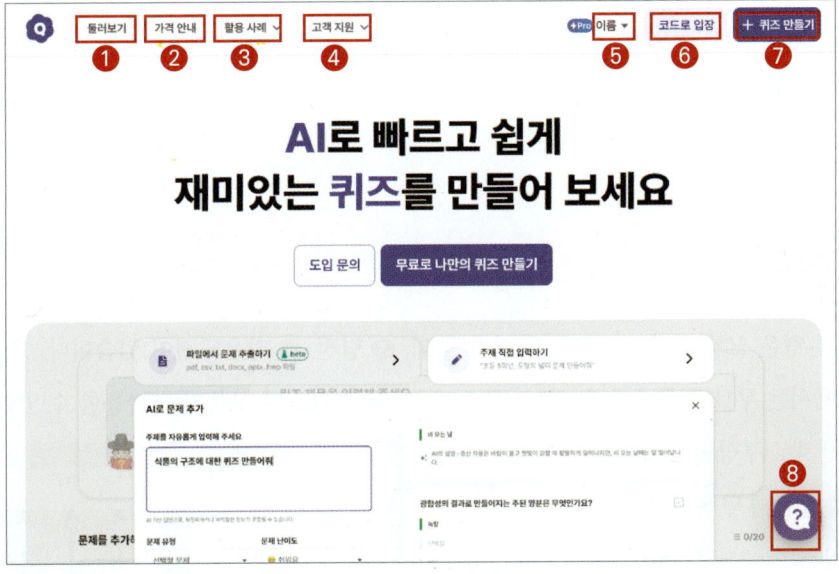

② ZEP Quiz 퀴즈 제작

ZEP Quiz에서 퀴즈 활동은 "맵"이라는 공간 위에서 진행되며, 맵의 종류에 따라 퀴즈의 진행 방식이 달라집니다. 따라서 퀴즈를 제작하기 전에 어떤 맵을 선택할지 결정하는 것이 매우 중요합니다. 맵을 선택한 후, ZEP Quiz에서 퀴즈를 제작하는 방법은 크게 두 가지입니다. 첫째, 문제를 직접 새로 만드는 방법이고, 둘째는 다른 사용자가 만든 문제를 복사해 수정하는 방법입니다. 이제 본격적인 제작에 앞서, ZEP Quiz의 핵심 요소 중 하나인 맵의 종류부터 살펴보겠습니다.

맵의 종류

맵의 유형은 크게 ❶ 순서 풀이, ❷ 자유 풀이, ❸ 팀전, ❹ 라운드전이 있습니다. 그리고 각 유형 내에서는 무료로 사용할 수 있는 "무료 맵"과 유료 요금제 구독자만 사용할 수 있는 "유료 맵" 두 가지로 구성되어 있습니다. 유료 요금제 구독자만 사용할 수 있는 맵에는 "⚡PRO" 표시가 되어 있습니다.

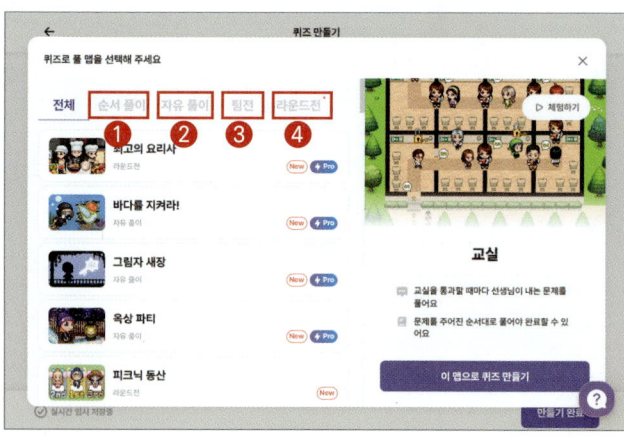

순서 풀이

순서 풀이 맵은 참여자가 정해진 순서에 따라 문제를 하나씩 순차적으로 풀어야 하는 유형입니다.

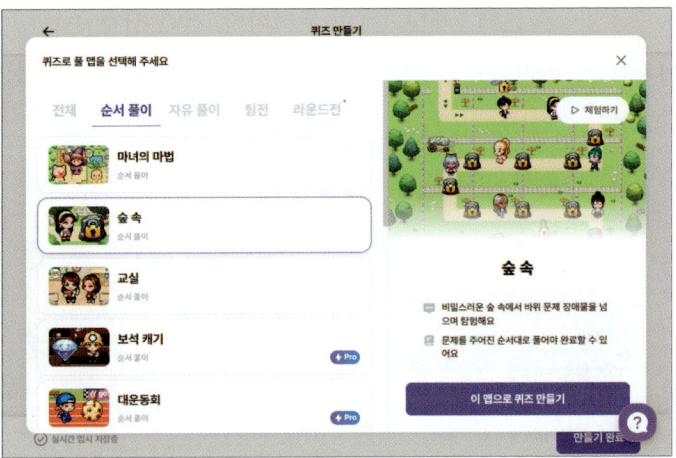

자유 풀이

자유 풀이 맵은 문제 번호에 상관없이 참여자가 맵 내에서 자유롭게 이동하며 원하는 순서대로 문항을 풀 수 있도록 설정된 유형입니다.

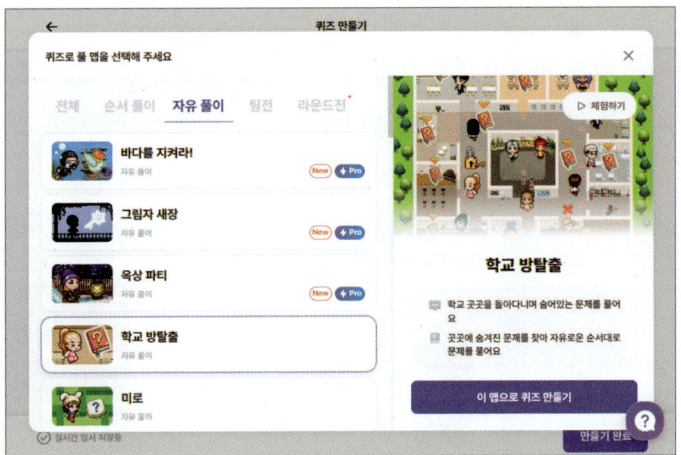

팀전

팀전 맵 유형은 참여자들이 두 팀으로 나뉘어 제한 시간 내에 더 많은 문제를 푸는 팀이 승리하는 방식입니다. 총 3인 이상이 참여해야 하며, 퀴즈 제작자가 직접 참여해 퀴즈를 시작해야 합니다. 기본적으로 문제 1개당 1점이 부여되며, 제한 시간 종료 후 보너스 시간을 제공할 수 있습니다. 이 시간 동안 푼 문제는 1~5점의 다양한 점수가 부여되어 참여자의 동기를 더욱 높여줍니다.

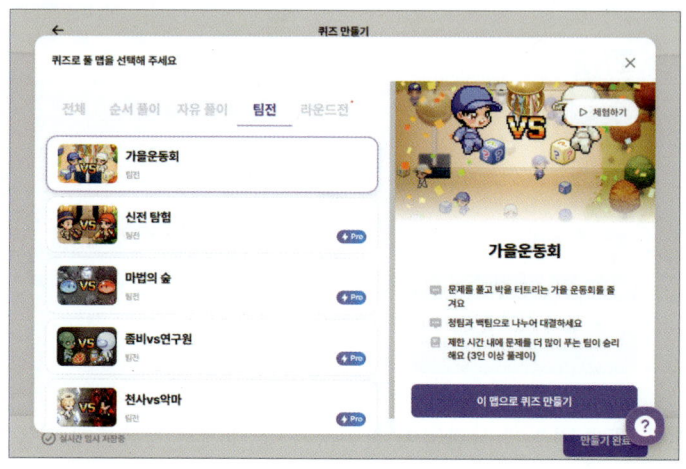

라운드전

라운드전 유형은 모든 참여자가 동시에 같은 문제를 풀도록 설정되어 있습니다. 정답을 빠르게 맞힐수록 높은 점수를 얻을 수 있습니다. 팀전처럼 퀴즈 제작자가 직접 참여해서 퀴즈를 시작해야 합니다. 라운드마다 문제의 정답이 공개되고, 참여자들은 자신의 점수를 확인할 수 있습니다.

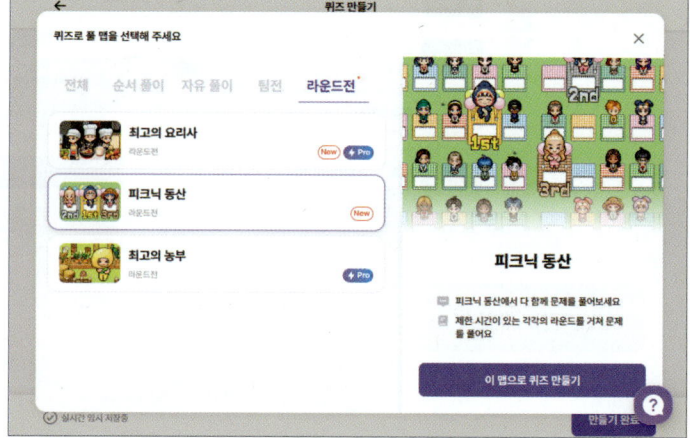

직접 제작

ZEP Quiz에서 퀴즈를 제작하기 위해 꼭 알아야 하는 기능을 먼저 알아본 후, 아래 과정을 통해 문제를 직접 제작해 보도록 하겠습니다.

❶ [맵 선택하기]에서는 체험 유형에 따라 "순서 풀이", "자유 풀이", "팀전", "라운드전" 중 적절한 맵을 선택할 수 있습니다.

❷ [학교급]에서는 체험에 적합한 "체험 대상"을 설정합니다. 이 항목은 체험 대상 설정을 위한 것으로, 문제 제작이나 체험에는 영향을 주지 않지만, 다른 사용자가 퀴즈를 검색할 때 참고 기준이 됩니다.

❸ [학습 자료+]를 통해 참여 대상이 퀴즈를 풀기 전 미리 학습 자료를 통해 학습을 할 수 있도록 퀴즈를 설계할 수 있습니다. 퀴즈를 풀기 전 뿐만 아니라 퀴즈를 풀고 있는 도중에도 자료를 확인할 수 있도록 설정할 수 있습니다. "pdf"만 업로드할 수 있으며 "20MB"의 용량 제한이 있습니다.

❹ [선택형 문제+]를 클릭하여 "선택형 문제"를 제작할 수 있습니다. 수학 문제에 필요한 "수식"을 입력할 수 있고, 퀴즈 풀이에 도움이 되는 "이미지"나 "힌트"를 추가하는 것도 가능합니다. "하나의 정답"만 설정하는 것이 아니라, "복수의 정답"을 지정할 수도 있습니다. 또한 유료 요금제에서는 문제를 입력하면 자동으로 보기 항목(선택지)을 생성해 주는 기능도 사용할 수 있어 문제 제작 시간을 줄일 수 있습니다.

❺ [단답형 문제+]를 클릭하여 "단답형 문제"를 제작할 수 있습니다. 단답형 문제는 선택형 문제와 제작 방식은 거의 같지만, 참여자가 정답을 선택하는 대신 직접 입력해야 한다는 점이 다릅니다. 따라서 "정답"을 잘 설정해야 하는데 오타나 표현 차이를 고려해 "유사 정답"도 함께 등록할 수 있습니다. 문제 풀이 방식은 간단하지만, 개념을 정확히 이해했는지 확인하는 데 효과적인 평가 유형입니다. 또한 유료 요금제를 이용하면 문제를 입력하는 것만으로 정답과 유사 정답이 자동 생성되는 기능도 사용할 수 있습니다.

❻ [OX 문제+]를 클릭하여 OX 문제를 제작할 수 있습니다. O/X 문제는 선택형 문제와 제작 방식은 거의 같지만, 정답 보기를 "O"와 "X" 중에서만 선택할 수 있다는 점이 가장 큰 차이입니다. AI가 자동으로 선택지를 생성해 주는 기능은 제공되지 않으며, 문제와 정답은 사용자가 직접 입력해야 합니다. 간단한 개념 확인이나 빠른 형성 평가에 효과적인 문제 유형입니다.

❼ [파일에서 문제 추출하기]에서는 AI가 내가 올린 파일을 기반으로 문제를 제작해 줍니다. 유료 요금제에서만 사용할 수 있습니다. 파일 형식은 "pdf", "csv", "docx", "pptx", "hwp"가 가능하며 크기는 "30MB"의 용량 제한이 있습니다. "출력 언어"를 설정하여 한국어 외의 언어를 사용하는 참여자들도 문제를 풀 수 있도록 설계할 수 있습니다. 출력 언어는 한국어를 포함하여 "14개 언어"를 선택할 수 있습니다. 한국어, 영어, 일본어, 인도네시아어, 태국어, 필리핀어, 베트남어, 말레이어, 우즈베크어, 프랑스어, 크메르어, 러시아어, 중국어(번체), 중국어(간체)가 사용이 가능합니다. "문제 유형(선택형, 단답형, OX)" 및 "문제 난이도(5단계)", "생성 문제수(5, 10, 20, 30개)"를 출제자가 직접 설정할 수 있습니다. "유료 요금제"에서만 사용할 수 있는 기능입니다.

❽ [주제 직접 입력하기] 또한 AI가 문제를 제작해 주는 기능입니다. [파일에서 문제 추출하기]와 다른 점은 자료를 올리는 것이 아니라 출제자가 퀴즈 주제를 직접 입력한다는 점입니다. 나머지 문제 설정은 [파일에서 문제 추출하기]와 같습니다. "유료 요금제"에서만 사용할 수 있는 기능입니다.

전쌤의 꿀팁 유료 요금제를 사용하면 AI를 활용해 양질의 문제를 효율적으로 제작할 수 있어 시간 절약에 도움이 됩니다. 하지만 유료 요금제 사용이 어렵거나 퀴즈 활동에 필요한 문제를 모두 직접 만들 시간이 부족하다면 다른 사용자가 만든 문제를 검색해 활용하는 것을 추천합니다. 이 방법은 [2-3. 참조 제작] 단계에서 자세히 안내하겠습니다.

AI로 문제를 만들 때 가능한 출력 언어로는 현재 한국어, 영어, 일본어, 인도네시아어, 태국어, 필리핀어, 베트남어, 말레이어, 우즈베크어, 프랑스어, 크메르어, 러시아어, 중국어(번체), 중국어(간체)가 가능합니다.

❶ [오답 허용]에서는 문제의 정답을 맞히지 못했을 때, 다음 문제로 넘어갈 수 있도록 할지 여부를 선택할 수 있습니다. 즉, 오답일 경우에도 다음 문제로 이동하게 설정할 수 있고, 정답을 맞혀야만 다음 문제로 진행되도록 제한하는 것도 가능합니다. 학습 목적이나 활동 유형에 따라 유연하게 설명하면 됩니다.

❷ [정답 표시]에서는 학습자가 문제를 틀렸을 경우, 정답을 바로 확인할 수 있도록 설정할 수 있습니다. 피드백 중심의 학습 활동에 적합하며, 오답 원인을 스스로 점검하도록 도와줍니다.

❸ [퀴즈 이어하기]에서는 퀴즈를 모두 푼 후, 자동으로 다음 퀴즈로 이어서 이동할 수 있는 기능입니다. 여러 퀴즈를 연속적인 흐름으로 구성하고자 할 때 효과적입니다. "유료 요금제"에서만 사용할 수 있는 기능입니다.

❹ [비공개 설정]에서는 퀴즈가 "둘러보기" 목록에 노출되지 않고, 공유받은 사용자만 입장할 수 있도록 설정할 수 있습니다. 공개를 원하지 않는 퀴즈나 제한된 대상에게만 제공하고 싶을 때 유용한 옵션입니다. 무료 사용자의 경우 제작한 모든 문제가 검색이 가능하도록 공개 처리됩니다. 비공개 설정은 "유료 요금제"에서만 사용할 수 있는 기능입니다.

❺ [문제 언어 번역(AI)]는 퀴즈를 풀 때 원하는 언어로 문제를 번역해 주는 기능을 제공해 줍니다. 한국어를 포함해 영어, 베트남어, 중국어 등 22개 언어로 번역이 가능합니다. "유료 요금제"에서만 활성화할 수 있는 기능입니다.

◆ 소스 파일 : joo.is/zepquiz

01 ❶ [+퀴즈 만들기] 버튼을 클릭합니다. ❷ [퀴즈 제목을 입력해 주세요]란에 "ZEP Quiz 알아보기"를 입력합니다. ❸ [학교급_미선택] 버튼을 클릭한 뒤 "초등-6학년-1학기"를 선택합니다.

02 ❶ [과목_미선택] 버튼을 클릭한 뒤 "기타"를 선택합니다. ❷ [학습 분야_미선택]과 ❸ [교과서 출판사_미선택]을 각각 클릭하여 "선택 안함"을 선택합니다. ❹ [맵 선택하기] 버튼을 클릭합니다.

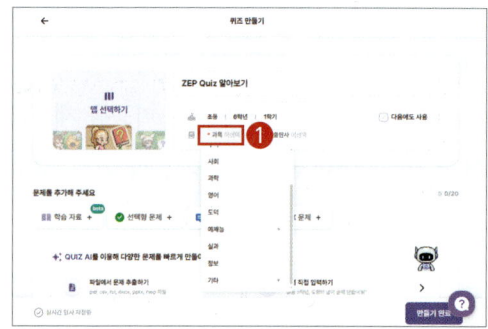 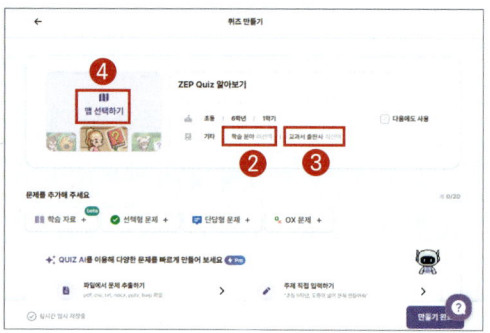

03 ❶ [자유 풀이] 버튼을 클릭한 뒤 "학교 방탈출 맵"을 선택합니다. ❷ [이 맵으로 퀴즈 만들기] 버튼을 클릭합니다. ❸ [학습 자료+]를 클릭합니다.

 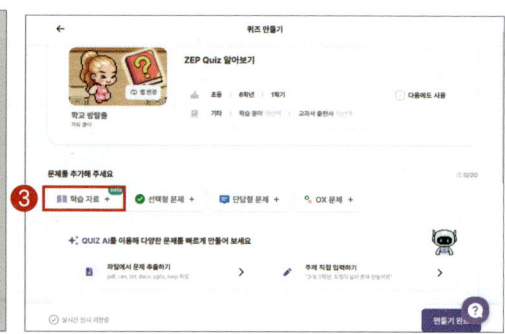

04 ❶ [파일 업로드] 버튼을 클릭하여 "2-2_ZEP QUIZ FAQ"실습 파일을 업로드합니다. ❷ [문제 푸는 중에도 학습자료 보기]를 클릭하여 활성화합니다. ❸ [저장하기] 버튼을 클릭합니다. ❹ [선택형 문제+]를 클릭합니다.

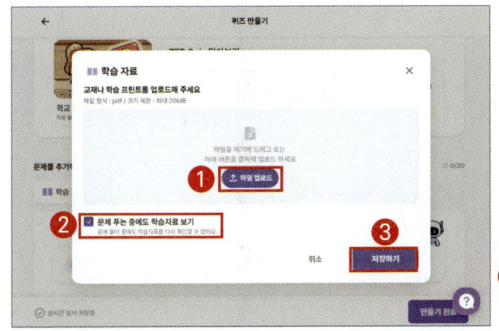 

전쌤의 꿀팁 학습 자료는 퀴즈를 풀기 전에는 물론, 퀴즈 진행 중에도 확인할 수 있도록 설정할 수 있습니다. 문제 난이도가 높거나 퀴즈 활동 자체가 학습을 위한 목적이라면, 학습 자료를 항상 볼 수 있도록 설정하는 것이 좋습니다. 반대로 평가가 목적이라면, 학습 자료를 퀴즈 시작 전에만 확인할 수 있도록 제한하는 것이 바람직합니다.

05 ❶ [질문을 입력해 주세요]란에 "다음 중 ZEP Quiz에 대한 설명 중 틀린 것은 무엇일까요?"를 입력합니다. ❷ [보기를 입력해 주세요]란에 순서대로"ZEP Quiz 맵은 크게 4가지 유형이 있습니다.", "ZEP Quiz에서는 3가지 문제 유형이 있습니다.", "ZEP Quiz의 모든 기능은 무료입니다.", "ZEP Quiz에 처음 가입했을 때 한 달간의 Pro Plan 체험 혜택이 제공됩니다."를 입력합니다. 3번째와 4번째 보기 문항 옆에 있는 ❸ [V정답] 버튼을 각각 활성화합니다. ❹ [힌트 추가+] 버튼을 클릭합니다. ❺ [텍스트]를 클릭한 뒤 "ZEP Quiz는 2가지의 플랜이 있습니다."를 입력합니다. ❻ [저장하기] 버튼을 클릭하여 문제 제작을 마무리합니다.

 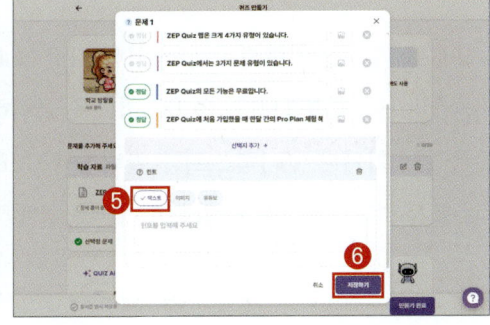

06 ❶ [단답형 문제+] 버튼을 클릭합니다. ❷ [질문을 입력해 주세요]란에 "ZEP Quiz의 퀴즈맵에는 최대 몇 명까지 접속이 가능할까요?"를 입력합니다. ❸ [정답을 입력해 주세요]란에 "100명"을 입력하고 ❹ [+유사 정답] 버튼을 클릭한 뒤 같은 방법으로 "100"을 입력합니다. ❺ [힌트 추가+] 버튼을 클릭합니다.

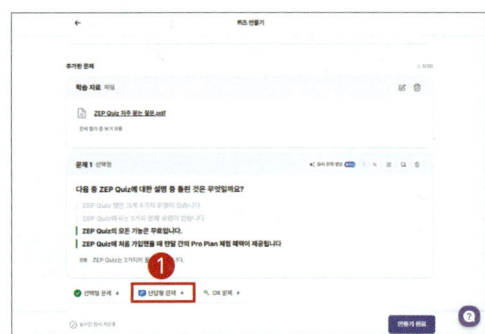 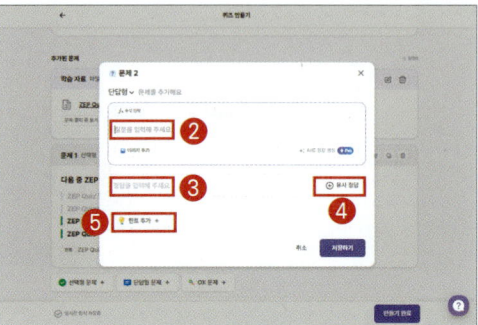

07 ❶ [텍스트]를 클릭한 뒤 ❷ [힌트를 입력해 주세요]란에 "50~150"을 입력합니다. ❸ [저장하기] 버튼을 클릭하여 단답형 문제 제작을 마무리합니다. ❹ [OX문제+]를 클릭합니다.

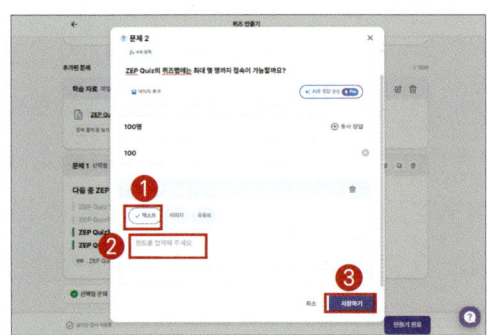 

08 ❶ [질문을 입력해 주세요]란에 "ZEP Quiz는 로그인을 하지 않은 상태에서 퀴즈맵 제작이 가능하다."를 입력합니다. ❷ [X] 버튼을 클릭하여 정답을 활성화합니다. ❸ [힌트 추가+] 버튼을 클릭합니다. ❹ [텍스트]를 클릭한 뒤 "ZEP Quiz 단순 참여자는 로그인하지 않아도 됩니다."를 입력합니다. ❺ [저장하기] 버튼을 클릭하여 OX문제 제작을 마무리합니다.

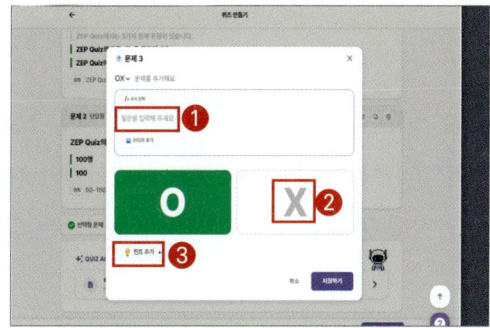 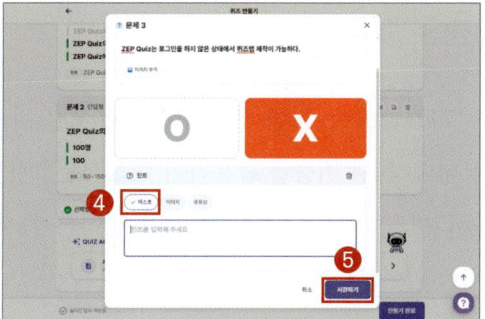

09 ❶ [오답 허용]을 클릭하여 활성화합니다. ❷ [정답 표시]를 클릭하여 활성화합니다. ❸ [만들기 완료] 버튼을 클릭하여 퀴즈 제작을 마무리합니다. ❹ [입장]을 클릭하여 문제가 잘 만들어졌는지 확인합니다. 수정이 필요한 경우에는 ❺ [수정]을 클릭합니다.

 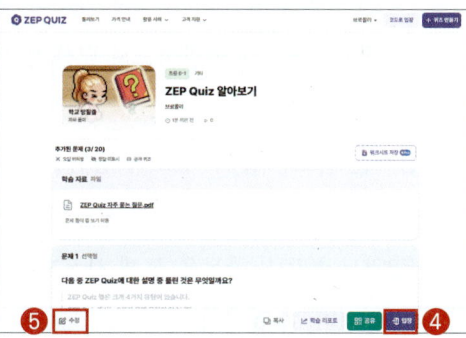

전쌤의 꿀팁 오답 허용과 정답 표시는 상황에 맞게 선택하시면 됩니다. 오답을 허용하지 않았을 때는 참여자들이 정답을 맞힐 때까지 틀린 문제를 계속 다시 풀어야 하므로 정답 표시 기능이 의미가 없어지므로 자동으로 비활성화됩니다. 오답을 허용할 경우에는 상황에 따라 정답을 알려주는 것이 좋을지 또는 알려주지 않는 것이 좋을지 판단하여 활성화 여부를 선택하면 됩니다.

Chapter 4 학생 몰입을 이끄는 가상 공간 퀴즈 ZEP QUIZ

참조 제작

ZEP Quiz는 다른 사람이 만든 문제를 검색하여 복사한 뒤 수정하여 활용하는 것이 가능합니다. 해당 기능을 활용하기 위해서는 [메인 페이지]-[둘러보기] 메뉴에 접속하여야 하는데 [둘러보기] 메뉴의 핵심 기능들을 알아본 뒤 아래 과정을 통해 문제를 복사하여 수정하는 방법을 알아보도록 하겠습니다.

❶ [초등∨]를 클릭하여 초등, 중등, 고등, 유치원, 대학 등 다양한 학습 대상에 따라 퀴즈를 분류하여 탐색할 수 있습니다.

❷ [공식 퀴즈만 보기]를 클릭하여 활성화하면 ZEP Quiz 선도 교사단이 제작한 검증된 문제들만 선별하여 확인할 수 있습니다.

❸ [학년] 항목을 통해 사용자는 퀴즈의 대상 학년을 구체적으로 설정할 수 있습니다. 특정 학년에 맞는 퀴즈만 선별적으로 탐색이 가능합니다.

❹ [학기] 항목을 활용하면 1학기 또는 2학기 중 하나를 선택하여, 해당 시기의 교육과정에 부합하는 퀴즈만 볼 수 있도록 범위를 좁힐 수 있습니다.

❺ [과목] 항목을 클릭하면 다른 사람이 만든 문제를 과목별로 분류하여 검색할 수 있습니다.

❻ [교과서 출판사] 항목을 통해 사용자는 교육부 인정 교과서의 출판사별로 퀴즈를 분류할 수 있습니다. 수업에서 사용 중인 교과서와 동일한 자료를 기반으로 한 퀴즈를 찾는 데 효과적입니다.

❼ [퀴즈맵 유형] 항목을 통해 순서 풀이, 자유 풀이, 팀전, 라운드전 중 하나를 선택하여 퀴즈의 진행 방식이나 구조에 따라 퀴즈를 분류할 수 있습니다. 수업의 목적이나 활동 성격에 맞는 유형을 선택하면 더 효과적인 퀴즈 운영이 가능합니다.

❽ [문제 개수] 항목을 통해 퀴즈에 포함된 문항 수를 기준으로 검색 범위를 조절할 수 있습니다. 시간에 맞는 적정 분량의 퀴즈를 선택하거나 제작할 때 참고하기 좋습니다. 1~5문제, 6~10문제, 11~15문제, 16~20문제로 분류되어 있습니다.

❾ [인기 퀴즈] 기능은 사용자들이 많이 이용하거나 반응이 좋은 퀴즈를 조회 수나 체험 수를 기준으로 정렬하여 보여주는 기능입니다. 이를 통해 검증된 콘텐츠를 우선적으로 확인할 수 있으며, 다른 교사들이 실제 수업에서 활용한 사례를 참고하거나 퀴즈 아이디어를 얻는 데 유용합니다.

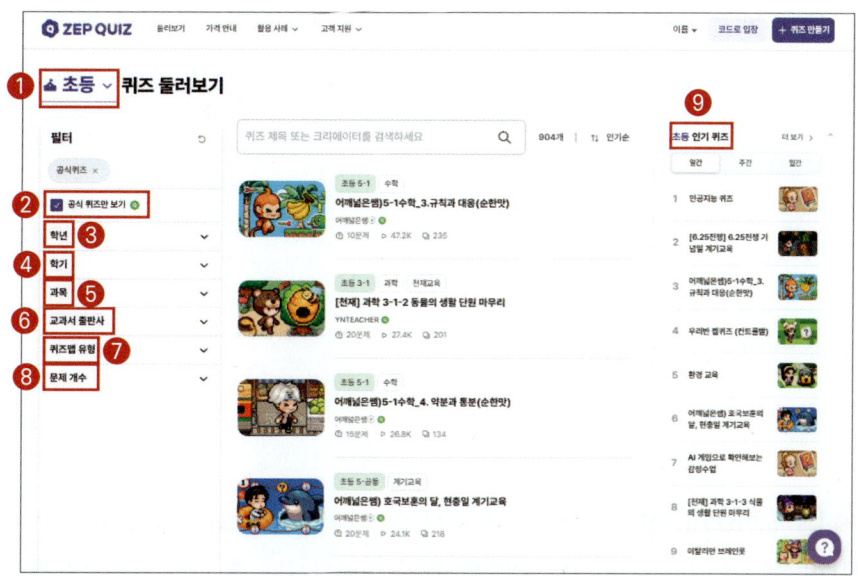

01 ❶ [전체∨]를 클릭하여 "초등"을 선택합니다. ❷ [퀴즈 제목 또는 크리에이터를 검색하세요]란에 "ZEP Quiz 알아보기"를 입력하고 ❸ [돋보기] 버튼을 클릭합니다. 검색 결과 중에서 "ZEP Quiz 알아보기(0629)"를 선택합니다.

Chapter 4 학생 몰입을 이끄는 가상 공간 퀴즈 ZEP QUIZ 101

02 ❶ [복사] 버튼을 클릭합니다. ❷ [맵 선택하기] 버튼을 클릭하여 "자유 풀이-미로 맵"을 선택합니다. ❸ [학교급_미선택] 버튼을 클릭한 뒤 "초등-6학년-1학기"를 선택합니다.

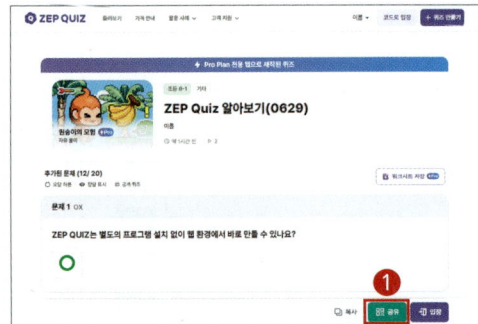 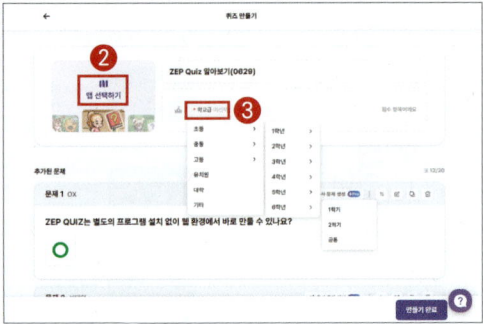

03 ❶ [과목_미선택] 버튼을 클릭한 뒤 "기타"를 선택합니다. ❷ [학습 분야_미선택], [교과서 출판사_미선택]을 각각 클릭하여 "선택 안 함"을 선택합니다. ❸ [쓰레기통] 버튼을 클릭하여 "문제 1"을 삭제합니다. ❹ [OX문제+] 버튼을 클릭합니다.

 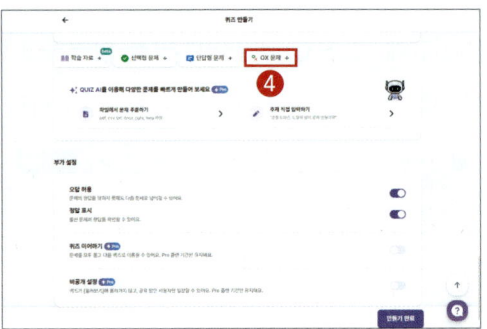

04 ❶ [질문을 입력해 주세요]란에 "ZEP Quiz는 초등학생들이 퀴즈를 직접 만들 수 있을 정도로 제작 난이도가 쉬운 편이다."를 입력합니다. ❷ [O] 버튼을 클릭하여 활성화합니다. ❸ [저장하기] 버튼을 클릭합니다. ❹ [오답 허용]을 클릭하여 활성화합니다. ❺ [정답 표시]를 클릭하여 활성화합니다. ❻ [만들기 완료] 버튼을 클릭하여 퀴즈 제작을 마무리합니다.

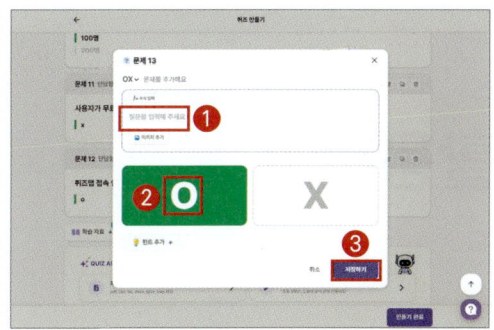

05 ❶ [입장]을 클릭합니다. 캐릭터를 움직여서 ❷ [?]에 다가갔을 때 열리는 문제에 이상이 없는지 확인합니다. 수정이 필요한 경우에는 ❸ [수정]을 클릭합니다.

③ ZEP Quiz 수업 활용하기

ZEP Quiz는 수업에서 다양한 방식으로 활용할 수 있는 인터랙티브 퀴즈 플랫폼입니다. 교사는 직접 문제를 제작하거나 다른 사용자의 문제를 활용해 퀴즈를 준비할 수 있으며, 학생들은 별도의 회원가입 없이도 손쉽게 참여할 수 있습니다. 이번 목차에서는 퀴즈 접속 방법, 학생 참여 방식, 기본 조작법, 게스트와 제작자로 접속할 때의 기능 차이에 대해 안내하겠습니다.

교사 퀴즈 접속 방법

ZEP Quiz에서는 회원가입 여부와 상관없이 퀴즈에 접속할 수 있습니다. 다른 사람이 만든 퀴즈에 게스트로 참여하거나, 내가 만든 퀴즈에 제작자로 접속하여 학생들과 공유하는 방법이 있습니다. 아래에서 두 가지 경우를 자세히 알아보겠습니다.

다른 사람이 만든 퀴즈 접속 및 공유하기

ZEP Quiz에서는 꼭 직접 퀴즈를 만들지 않아도, 다른 사용자가 제작한 퀴즈에 참여할 수 있습니다. 다양한 주제와 형식의 퀴즈들이 공유되어 있어 수업이나 활동에 적절한 문제를 쉽게 찾을 수 있습니다. 또한 이 기능은 회원가입 없이도 활용할 수 있다는 점에서 접근성이 좋습니다.

01 ❶ [둘러보기]를 클릭합니다. ❷ [퀴즈 제목 또는 크리에이터를 검색하세요]란에 "ZEP Quiz 알아보기"를 입력하고 ❸ [돋보기] 버튼을 클릭합니다. 검색 결과 중에서 "ZEP Quiz 알아보기(0629)"를 선택합니다.

02 검색 결과 중에서 "ZEP Quiz 알아보기(0629)"를 선택합니다. 제작된 문제들을 쭉 검토한 뒤 학생들이 풀기에 적합한 내용일 경우 ❶ [공유] 버튼을 클릭합니다. ❷ [입장코드]나 ❸ [QR코드]를 학생들에게 보여주거나 ❹ [링크 복사]를 클릭한 뒤 키보드로 Ctrl + V 를 눌러 "링크 주소"를 생성한 뒤 이를 학생들에게 전달하여 교사가 찾은 퀴즈 맵 "ZEP Quiz 알아보기(0629)"에 접속하도록 합니다.

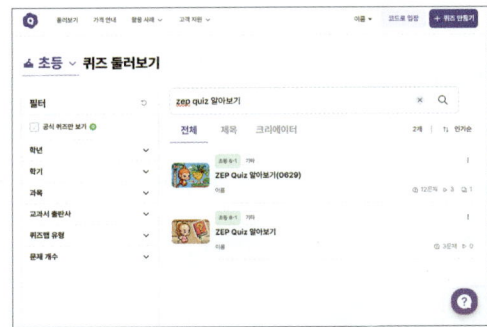 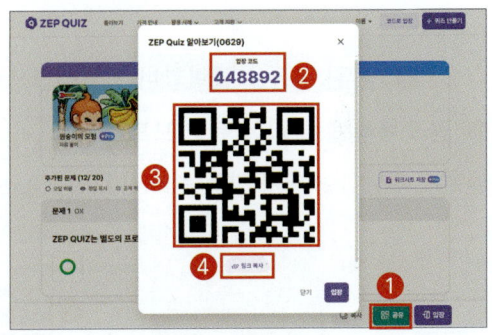

전쌤의 꿀팁 무료 요금제 사용자는 유료 맵을 만들지 못합니다. 다만 무료 요금제를 사용하고 있어도 다른 사람이 유료 요금제 기능을 이용하여 만든 맵에는 게스트로 참여하는 것이 가능합니다.

전쌤의 꿀팁 다른 사용자가 만든 문제 중 일부를 수정하거나 삭제·추가해야 할 경우에는 [복사] 버튼을 클릭하여 나만의 퀴즈로 편집할 수 있습니다. 단, 유료 요금제로 제작된 맵을 복사할 경우, 무료 요금제를 사용하는 상태에서는 퀴즈 내용은 그대로 사용할 수 있지만, 해당 유료 맵은 무료 맵으로 변경해야 합니다.

내가 만든 퀴즈 접속 및 공유하기

ZEP Quiz에서 직접 만든 퀴즈는 언제든지 다시 접속하거나 다른 사람과 쉽게 공유할 수 있습니다. 이전에 제작한 퀴즈들은 한눈에 정리되어 있어 원하는 퀴즈를 선택해 직접 들어가 볼 수 있고, 필요에 따라 링크 주소, 입장 코드, QR코드 등의 다양한 방법으로 학생들과 쉽게 공유할 수 있습니다. 아래 과정을 통해 내가 만든 퀴즈에 접속하거나 공유하는 방법을 알아봅시다.

01 ❶ [이름]을 클릭하고 ❷ [내 퀴즈]를 클릭합니다. 내가 만든 퀴즈인 ❸ [ZEP Quiz 알아보기]를 클릭합니다.

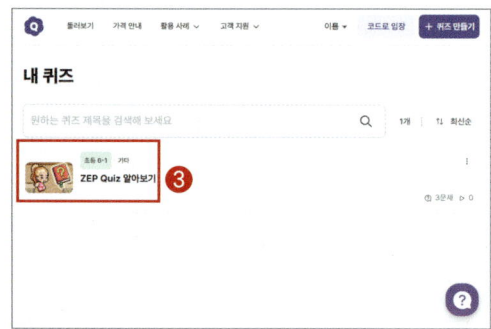

02 ❶ [공유] 버튼을 클릭합니다. ❷ [입장코드]나 ❸ [QR코드]를 학생들에게 보여주거나 ❹ [링크 복사]를 클릭한 뒤 키보드로 Ctrl + V 를 눌러 "링크 주소"를 생성한 뒤 이를 학생들에게 전달하여 내가 만든 퀴즈인 [ZEP Quiz 알아보기]에 접속하도록 합니다.

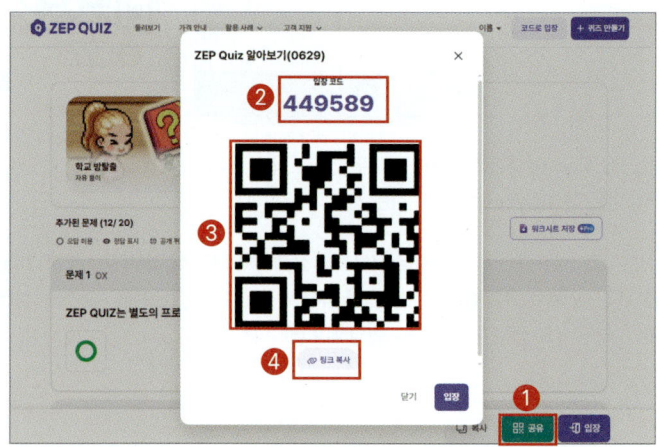

학생 퀴즈 접속 방법

게스트로 퀴즈에 접속하기 위해선 ❶ [코드로 입장]을 클릭한 뒤 ❷ [입장 코드를 입력해 주세요.]란에 "입장 코드"를 입력하여 접속할 수 있습니다. 다른 방법으로는 접속하고자 하는 퀴즈맵의 "QR코드"를 인식하거나 해당 맵의 "링크 주소"클릭하여 접속하면 됩니다.

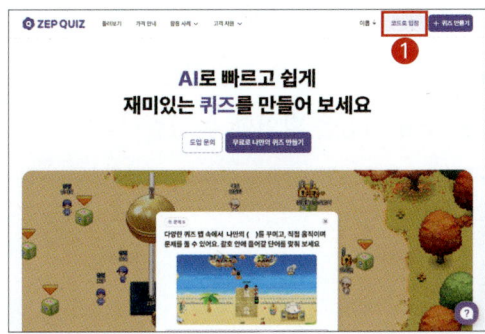 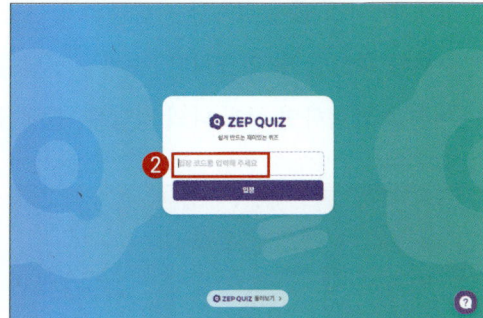

기본 조작법 및 활동 방법

퀴즈 맵에 접속하게 되면 키보드의 "방향키"를 눌러 상하좌우로 이동할 수 있습니다. "Space"를 누르면 캐릭터가 제자리에서 점프를 합니다. "1~5"를 눌러 이모티콘을 표현할 수 있으며 키보드 "X"를 클릭하여 앉을 수도 있습니다. 캐릭터가 퀴즈에 가까이 다가가게 되면 자동으로 문제가 나타납니다. 선택형 문제와 OX 문제는 정답이라고 생각하는 "보기 문항"을 클릭하면 되고, 단답형 문제는 정답이라고 생각하는 "단어나 문장"을 입력하면 됩니다.

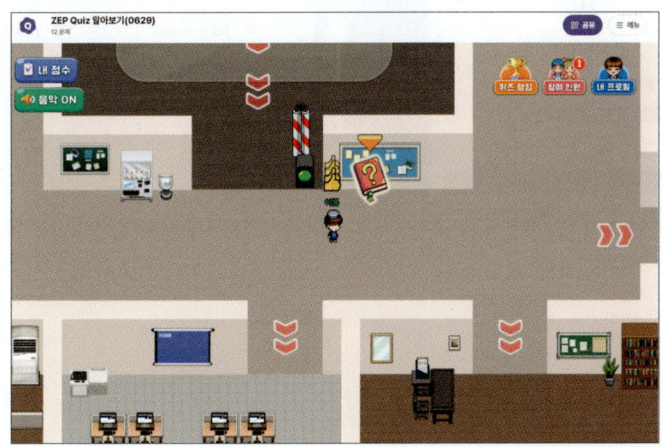

게스트 모드 기능

게스트로 접속하게 되면 [내 점수], [음악 ON], [퀴즈 랭킹], [참여 인원], [내 프로필] 기능을 사용할 수 있습니다. ❶ [음악 ON]을 클릭하면 배경음악을 켜거나 끌 수 있습니다. ❷ [내 프로필]을 클릭하면 내 캐릭터의 이름과 생김새를 바꿀 수 있습니다. ❸ [참여 인원]을 클릭하면 현재 이 퀴즈 맵에 접속한 사람들의 명단을 볼 수 있습니다. ❹ [퀴즈 랭킹]을 클릭하면 나의 순위를 확인할 수 있습니다. 순위는 정답률과 문제를 푼 시간으로 정해집니다. ❺ [내 점수] 버튼을 클릭하면 현재 나의 정답률, 진행률, 총 소요 시간을 확인할 수 있습니다.

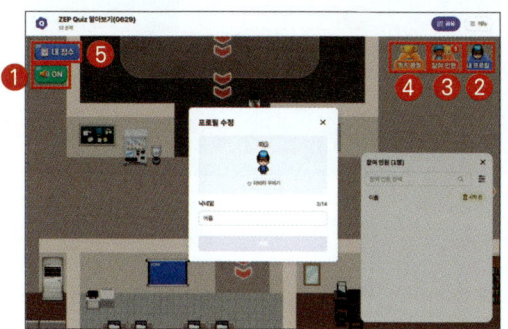
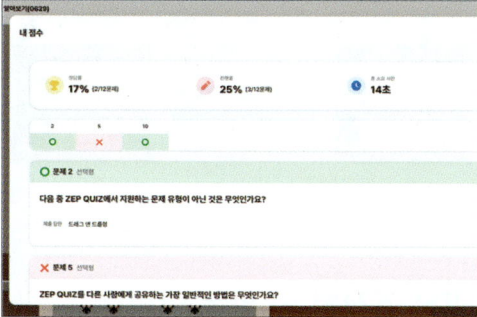

문제를 다 풀었으면 맞은 문제 수와 걸린 시간, 내 순위가 발표됩니다. ❶ [상세 기록 확인]을 클릭하면 내가 어느 문제를 맞고 틀렸는지 확인할 수 있습니다. ❷ [다시 풀기]를 클릭하면 내가 풀었던 문제를 다시 풀 수 있습니다.

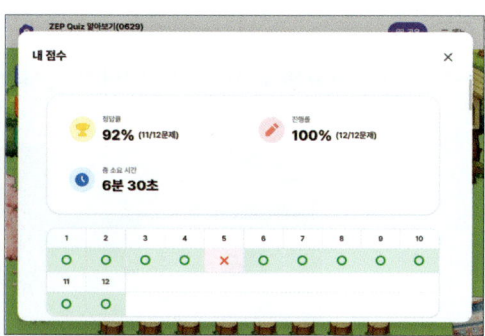

제작자 전용 기능

자신이 만든 맵에 접속하게 되면 자동으로 제작자 역할을 맡게 됩니다. 게스트가 사용할 수 있는 기능인 [내 점수], [음악 ON], [퀴즈 랭킹], [참여 인원], [내 프로필] 외에도 제작자만의 기능인 [다 함께 시작], [대기실 닫기], [이동], [학습 리포트] 기능을 사용할 수 있습니다.

❶ [다 함께 시작] 버튼을 클릭하면 모든 사용자를 시작 위치로 모을 수 있습니다. 이때 현황판 및 랭킹 데이터가 초기화됩니다. ❷ [대기실 닫기] 버튼을 클릭하면 대기실에 있는 사용자들이 나가지 못하도록 할 수 있습니다. 퀴즈를 동시에 풀어야 할 때 대기실을 닫아둔 뒤 모든 학생이 접속할 동안 기다렸다가 대기실을 다시 열어주시면 됩니다. 대기실을 닫기 전 이미 바깥으로 나간 학생들이 있다면 ❷ [대기실 닫기]를 먼저 클릭한 뒤 ❶ [다 함께 시작]을 클릭하여 학생들을 대기실로 모으면 됩니다. ❸ [이동] 버튼을 클릭하면 맵 제작자가 맵의 시작 지점(대기실)과 마지막 지점(시상대)까지 순식간에 이동할 수 있습니다.

❹ [학습 리포트] 버튼을 클릭하면 제작자가 제작한 맵 활동 결과를 확인할 수 있습니다.

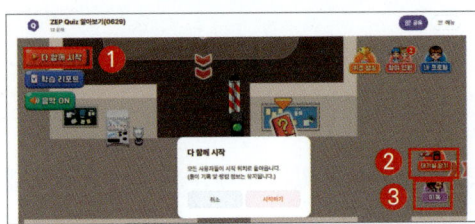 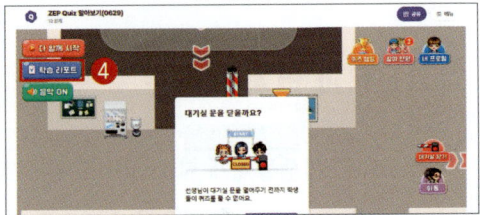

❶ [학생별 통계]를 클릭하면 각 학생의 정답률, 소요시간, 정답 여부를 확인할 수 있습니다. 학생별로 제출순, 정답률순, 소요 시간순으로 정렬할 수 있습니다. ❷ [학습 현황]을 클릭하면 개별 정답률, 진행률, 소요 시간을 확인할 수 있습니다. 학생들이 제출한 답안도 확인이 가능합니다.

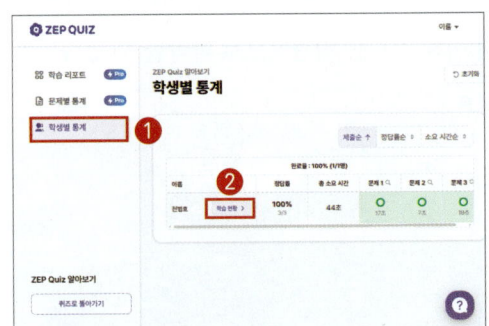 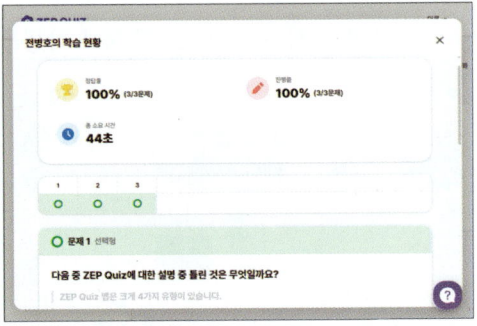

전쌤의 꿀팁 유료 요금제를 사용할 경우 학습 리포트를 통해 평균 정답률, 평균 진행률, 평균 소요 시간, 오답률이 높은 문제, 정답률이 높은 문제, 오답률이 높은 학생, 정답률이 높은 학생을 조회할 수 있습니다. 문제별 통계를 통해 정답률 분포 그래프 및 각 문제별 정답률과 평균 소요 시간을 확인할 수 있습니다.

4 ZEP Quiz 수업 사례

ZEP Quiz는 단순한 퀴즈 도구를 넘어, 학생 중심의 참여형 수업 도구로 활용될 수 있습니다. 다음은 ZEP Quiz를 활용한 실제 수업 사례로, 계기 교육, 단원 정리, 자기 주도적 학습 등 다양한 방식으로 학생들의 학습 참여와 이해도를 높일 수 있었던 활동들입니다.

계기교육과 연계한 퀴즈 활동

계기교육은 학생들에게 다소 낯설고 추상적으로 느껴질 수 있는 주제를 다루는 경우가 많습니다. 이때 ZEP Quiz를 활용하면 퀴즈를 푸는 활동 자체에 흥미를 느끼며 자연스럽게 주제에 접근할 수 있습니다. 캐릭터를 움직이며 문제를 찾아가는 방식은 학생들의 참여를 유도하고, 문제를 풀면서 주요 개념을 반복적으로 확인하게 하여 학습 내용을 효과적으로 각인시킬 수 있습니다. 학생들은 친구들과 함께 참여하는 과정을 통해 주제에 대한 흥미와 몰입도를 높일 수 있으며, 교사는 대시 보드를 통해 학생들의 이해 정도를 직관적으로 파악할 수 있습니다.

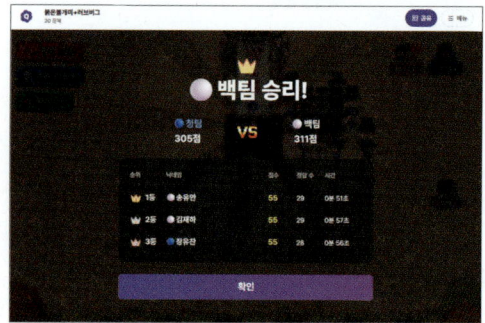

단원 마무리 및 복습 활동

ZEP Quiz는 단원 정리나 형성 평가를 위한 복습 활동에서 특히 효과적으로 활용할 수 있습니다. 이때 단순히 문제를 푸는 데 그치지 않고, '학습자료' 기능을 함께 활용하면 학습 효과가 더욱 높아집니다. 퀴즈 시작 전에 관련 개념이나 핵심 정리를 학습자료로 먼저 제공하고, 학생들이 이를 참고하며 문제를 풀 수 있도록 구성하면, 퀴즈 활동 자체가 학습의 연장선이 됩니다. 학생들은 자료를 보며 필요한 정보를 다시 확인하고, 그 내용을 문제에 적용하는 과정을 통해 자연스럽게 복습하게 됩니다. 특히 ZEP Quiz는 학습자료를 퀴즈 도중에도 열람할 수 있도록 설정할 수 있어, 문제 풀이 중에도 다시 자료를 찾아보며 학습 흐름을 유지할 수 있습니다.

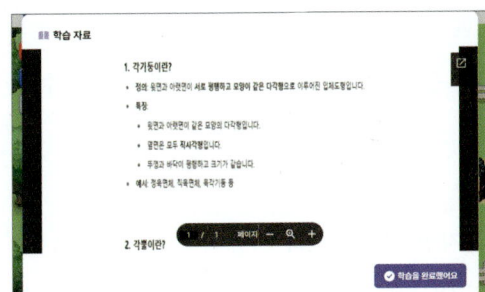 

학생 참여형 퀴즈 제작 활동

학생이 직접 문제를 만드는 활동은 단순한 퀴즈 참여를 넘어서 깊이 있는 학습으로 이어집니다. ZEP Quiz에서는 학생들이 간단하게 문제를 제작하고 공유할 수 있기 때문에, 수업 후 자신이 배운 내용을 바탕으로 문제를 만들도록 하면 자연스럽게 복습이 이루어집니다. 친구들이 서로 만든 문제를 풀어보며 '문제의 관점'과 '풀이의 관점' 모두를 경험하게 되고, 수업 내용을 더 입체적으로 이해하는 데 도움이 됩니다. 이러한 형태의 활동은 자기 주도적, 협력적 학습을 유도할 수 있습니다.

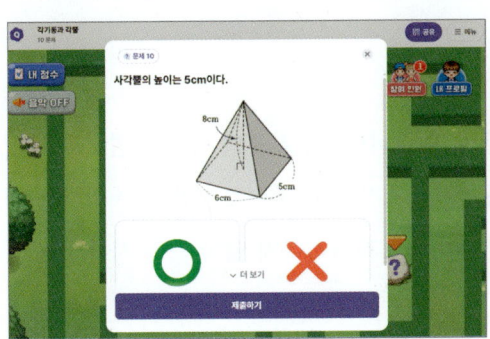 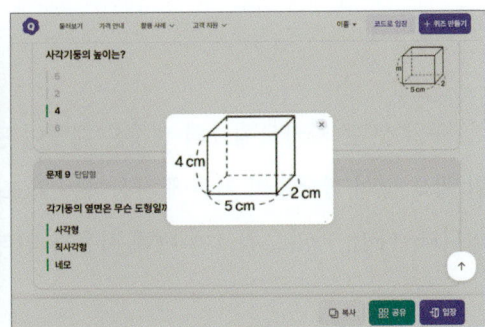

Zep Quiz 실전비법.zip _ 채팅 앱을 활용한 학생 간 디지털 소통 강화 전략

ZEP Quiz를 수업에 활용할 때 가장 효과적이었던 방식은 [4-3. 학생 참여형 퀴즈 제작 활동]이었습니다. 그 이유는 다른 퀴즈 플랫폼에 비해 ZEP Quiz가 문제를 만들고 참여하는 과정이 제일 간편하기 때문입니다. 이 활동에서는 학생들에게 ZEP Quiz 제작 방법을 안내한 후, 학습한 내용을 바탕으로 직접 퀴즈 맵을 만들도록 합니다. 이렇게 완성된 맵은 친구들과 공유하며 상호 피드백을 주고받는 방식으로 진행됩니다. 이때 학생들 간에 퀴즈 맵을 원활하게 공유하려면 디지털 기기 간 소통이 가능한 플랫폼이 필요합니다. 개인적으로는 "카카오워크"와 "구글 챗"을 추천합니다. 이러한 메신저 앱을 활용하면 교사와 학생 간, 또는 학생 상호 간 채팅은 물론, 링크 주소·이미지·영상 등 다양한 자료를 손쉽게 주고받을 수 있어 활동의 효율성을 높일 수 있습니다.

"카카오워크"는 업무용 메신저로, 개인용 메신저인 카카오톡과 기능이 거의 비슷합니다. 하지만 교육 현장에서 사용할 때는 다음 두 가지 이유로 카카오워크가 카카오톡보다 더 적합합니다.

첫째, 가입 방식의 차이입니다. 카카오톡은 휴대폰 번호 인증이 필수이지만, 카카오워크는 이메일 주소만 있으면 가입할 수 있어 휴대폰이 없는 학생들도 쉽게 가입하여 활용할 수 있습니다.

둘째, 개인정보 보호 측면에서 장점이 있습니다. 카카오톡은 개인적인 용도로 사용하는 경우가 많아 학교 디지털 기기에 로그인할 경우 사생활 노출의 위험이 있습니다. 반면 카카오워크는 주로 업무나 수업 용도로 사용되기 때문에 이러한 우려가 적습니다.

이러한 이유로 학생 간 자료 공유와 소통을 위한 플랫폼으로 카카오워크를 우선 순위로 추천합니다.

"구글 챗"은 카카오워크의 괜찮은 대안이 될 수 있습니다. 구글 챗의 장점은 별도로 가입할 필요 없이 학생들이 기존에 사용하는 학교용 구글 계정으로 바로 로그인할 수 있다는 점입니다. 다만, 카카오워크에 비해 사용자 인터페이스가 직관적이지 않아 처음 사용하는 학생들에게는 다소 불편할 수 있습니다. 또한 카카오워크는 학생 개인 휴대전화와 디지털 기기를 동일한 계정으로 로그인해 두면, 휴대전화에 저장된 자료를 학교 디지털 기기로 손쉽게 전송할 수 있습니다. 하지만 구글 챗은 학생들이 자신의 휴대전화에 학교용 구글 아이디가 아닌 학생용 구글 아이디를 로그인해 두는 경우가 일반적이라 혼선이 발생할 가능성이 큽니다. 이러한 점에서 볼 때, 인터페이스와 기기 간 자료 호환성 면에서 카카오워크가 구글 챗보다 더 안정적이고 활용도가 높습니다.

학급 상황에 맞게 카카오워크나 구글 챗 중 하나를 선택하여 학생들의 디지털 기기와 교사 사용 컴퓨터에 설치해 두면 퀴즈 플랫폼을 활용한 수업은 물론 대부분의 디지털 수업에서도 효과적으로 활용할 수 있습니다.

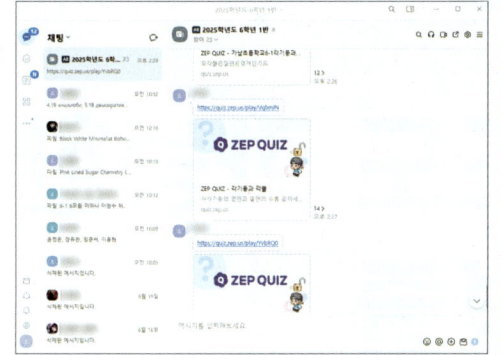 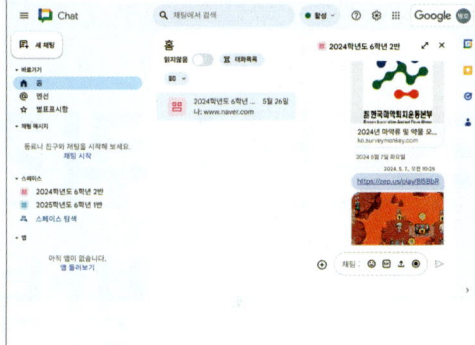

5

주관식 퀴즈도 가능한 밤부즐

밤부즐(Bamboozle)은 팀을 나누어 주관식 문제를 풀며 경쟁하는 게임형 퀴즈 플랫폼입니다. 문제를 맞히면 점수를 얻지만, 랜덤 점수판 때문에 운도 중요하게 작용합니다. 정답은 학생이 말로 답하고, 교사가 직접 판단하여 점수를 부여합니다. 협동과 경쟁이 함께 이루어지며, 단답형·서술형 문제에 적합합니다.

1 밤부즐 살펴보기

일반적인 퀴즈 플랫폼은 객관식이나 단답형 중심으로 구성되어 있어, 학생들이 각자의 기기에서 정해진 정답을 선택하거나 입력하면 자동으로 채점됩니다. 이 때문에 정답이 고정되지 않은 서술형이나 열린 답이 있는 문항을 출제하고 활용하기에는 한계가 있습니다. 하지만 밤부즐은 학생 개인의 스마트기기를 따로 사용하지 않고, 교사 주도로 진행되며, 정답이 열려 있는 질문도 자유롭게 만들 수 있는 플랫폼입니다. 다양한 사고를 이끌어내는 문항 구성과 말하기 중심의 참여가 가능해 수업에 깊이를 더할 수 있습니다.

회원가입

밤부즐 회원가입은 기존의 이메일 계정을 통해 이메일 주소와 패스워드만 입력하면 간단하게 회원가입이 완료됩니다.

01 밤부즐에 접속한 뒤 ❶ [join for free]을 클릭합니다. ❷ [이메일 주소]와 ❸ [패스워드], ❹ [Username]을 입력하고 ❺ [Join for free]를 클릭합니다.

- 밤부즐: baamboozle.com

02 이메일에 접속한 뒤 ❶ [Confirm Account]를 클릭합니다. 밤부즐 [기본 화면]으로 넘어가며, 회원가입이 완료됩니다.

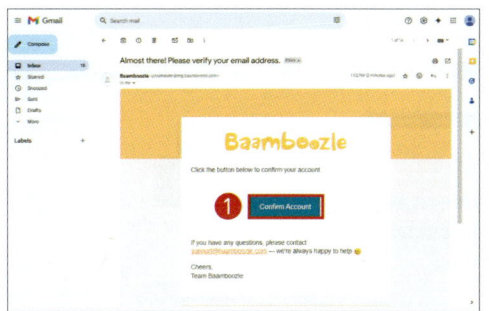

My library

밤부즐 library에서는 내가 만든 퀴즈와 like를 체크한 퀴즈나 Following한 선생님을 확인할 수 있습니다. 밤부즐은 해외 플랫폼으로 아직 한국에서 활용하는 선생님이 많지 않아 한국어로 된 퀴즈는 많지 않습니다.

[My library Gameas]에 접속하면 내가 만든 퀴즈 목록을 확인할 수 있습니다. 퀴즈를 클릭하면 퀴즈 안의 문제 목록을 확인할 수 있습니다. 문항 왼쪽 아래에는 각 문항의 점수가 표시됩니다.

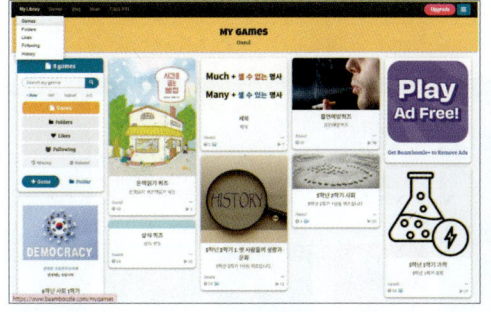
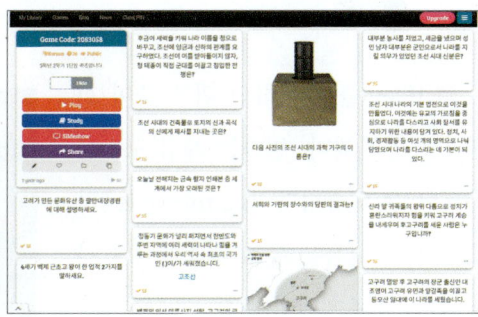

❶ 각 문항을 클릭하면 문항의 답을 볼 수 있으며 화면 왼쪽의 ❷ Hide를 Show로 바꾸면 모든 문제의 답을 볼 수 있습니다. ❸ Study 탭에서는 게임을 진행하기 전에 학생들과 함께 문제를 풀어볼 수 있습니다.

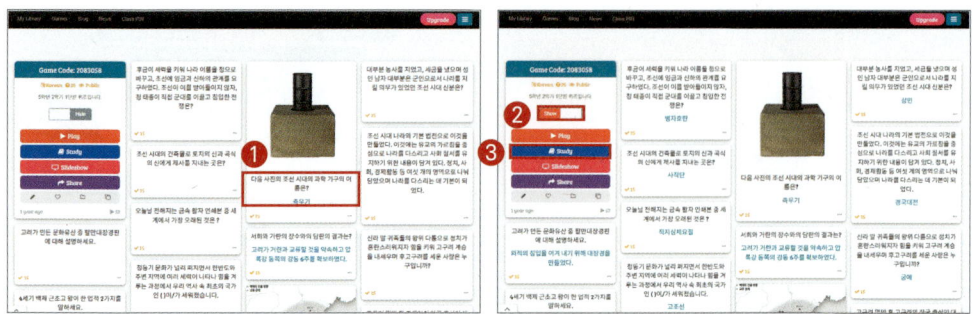

학생들과 교사 화면을 보고 문제를 함께 푼 뒤 ❶ 돋보기를 눌러 ❷ Oops(오답)와 Okay(정답)을 선택할 수 있으며, ❸ 오답, ❹ 해결한 문제의 수, ❺ 정답의 개수와 ❻ 정답률이 왼쪽 상단에 표시됩니다.

❶ [Play]를 클릭하면 퀴즈 풀이 화면으로 전환되며, 원하는 게임 모드를 선택할 수 있습니다. Baambuzzle+라고 표시된 항목은 유료 계정에서만 사용할 수 있는 게임입니다.

박쌤의 꿀팁 밤부즐은 게임의 특징 상 필요한 수업 상황에 활용하면 효과적인 플랫폼이지만, 일반적인 퀴즈 플랫폼보다 사용 빈도는 낮은 편입니다. 따라서 유료 결제보다는 무료 버전의 기본 게임을 활용하는 것을 추천합니다. 무료 버전만으로도 밤부즐 고유의 재미 요소를 충분히 경험하며 수업을 진행할 수 있습니다.

Folders에서는 많은 퀴즈들을 폴더로 정리해 둘 수 있는 탭입니다. Games에 많은 퀴즈를 만들어 놓은 경우에 퀴즈를 찾기 힘들기 때문에 과목이나 학년별로 퀴즈를 정리할 수 있습니다. Folder에서 제목과 설명을 입력하고 퀴즈를 선택하여 폴더를 만들 수 있습니다. 단 Folders는 유료 계정인 Baamboozle+에서 사용할 수 있습니다.

 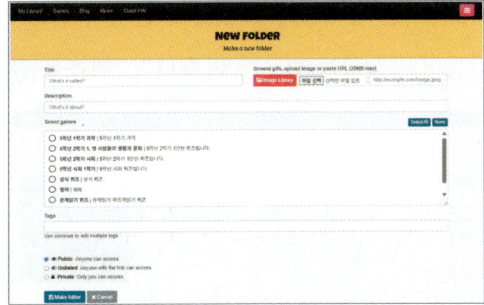

Likes 탭에서는 like로 체크한 퀴즈들을 볼 수 있습니다. like로 체크해 둔 퀴즈는 원할 때 학생들과 함께 학습하거나 게임에 활용할 수 있습니다.

Following에는 또한 좋은 퀴즈를 많이 가지고 계신 선생님을 팔로우하여 팔로우한 선생님의 퀴즈들을 활용할 수도 있습니다.

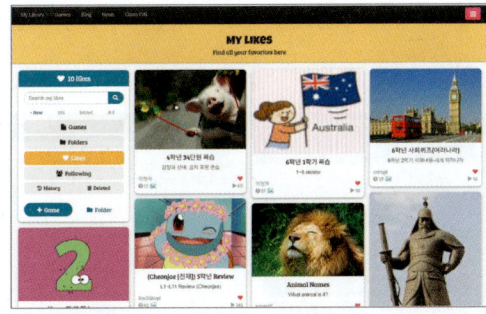 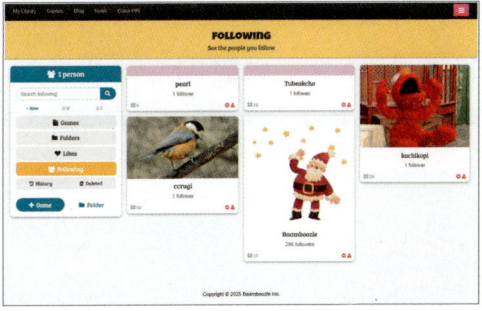

박쌤의 꿀팁 대부분의 선생님들께서 사용하시는 무료 계정의 경우 의무적으로 퀴즈를 공개해야하기 때문에 비슷한 학년이나 과목을 가르치는 선생님을 찾을 경우 해당 선생님을 팔로우하여 퀴즈를 활용할 수 있습니다.

Games

Games에서는 퀴즈를 검색하여 바로 수업에 활용하거나 Like로 체크해둘 수 있습니다. ❶ 언어, ❷ 다양한 형태(인기순, A to Z), ❸ 만든 날짜 범위를 제한하여 검색할 수 있습니다. 하지만 앞서 말씀드렸듯이 한국어 퀴즈가 많지 않기 때문에 밤부즐에서는 직접 퀴즈를 만들어 제작하는 경우가 많습니다. 퀴즈를 클릭하면 퀴즈의 문항들을 확인할 수 있습니다.

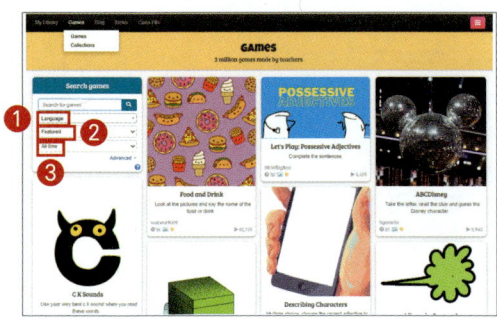 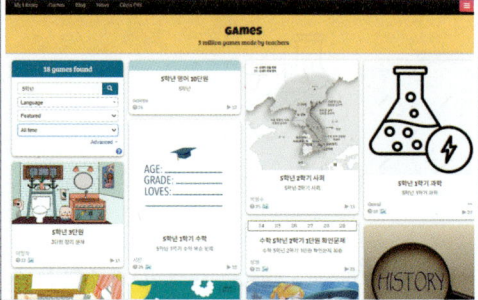

퀴즈를 클릭하면 내가 문제를 만든 것처럼 퀴즈를 ❶ 플레이하거나 ❷ Study 또는 ❸ Share할 수 있습니다. ❹ 하트 모양을 클릭하면 My library의 Like에서 퀴즈를 확인할 수 있으며 유료 계정에서는 ❺ 폴더에 저장하거나 ❻ 복사하여 Games로 가져온 뒤에 퀴즈를 수정하여 활용할 수 있습니다.

② 밤부즐 퀴즈 제작

밤부즐 퀴즈를 직접 제작해보도록 하겠습니다.

기본 설정

01 ❶ [My library] 탭을 클릭하고 ❷ [+ Game]을 클릭합니다. ❸ [Title]에 "퀴즈 만들기"라고 입력하고 [Description]에도 "퀴즈 만들기"라고 입력해보겠습니다. ❹ [Language]는 "Korean"을 선택하고, ❺ [Tags]에는 "quiz",와 "make"를 입력합니다.

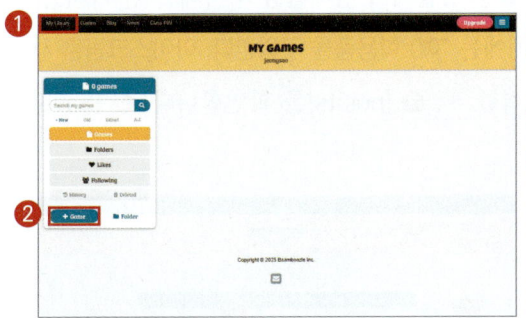 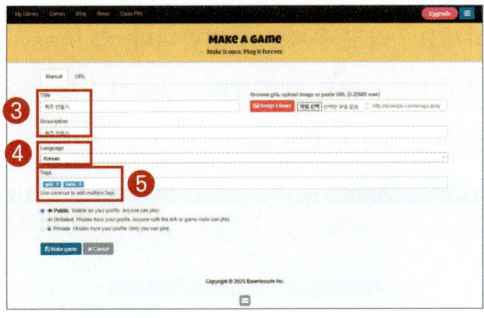

박쌤의 꿀팁 밤부즐에서 언어를 반드시 선택하고 복수의 태그를 입력해야 문제가 만들어집니다. 태그는 알파벳만 입력할 수 있는데, 빠른 퀴즈 제작을 위해 문제와 관련된 단어를 입력하거나 간단한 알파벳을 입력하셔도 됩니다.

02 ❶ [네이버 검색창]에 "quiz"라고 입력하고, ❷ [원하는 이미지 위에 마우스]를 올려 놓은 뒤, [우클릭]합니다. ❸ [이미지 주소 복사]를 클릭하고, ❹ [URL 입력창]에 붙여넣기하고, ❺ [Make game]을 클릭하여 기본 설정을 마칩니다.

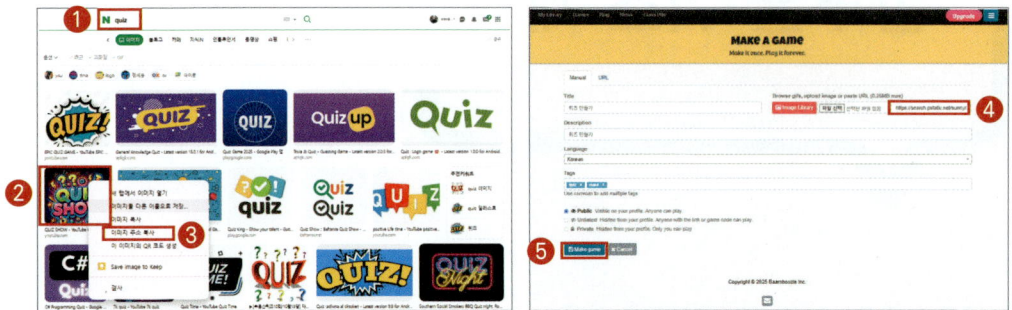

🍯 박쌤의 꿀팁 퀴즈 설정에서 이미지를 업로드 하는 방법은 Image Library에서 검색하는 방법, 내가 가지고 있는 이미지를 업로드하는 방법, 이미지 URL을 입력하는 세 가지 방법이 있습니다. 하지만 밤부즐의 Image library의 이미지 검색은 유료 계정에서 사용할 수 있으므로, 주로 이미지 검색을 통한 URL 입력으로 이미지를 삽입합니다. 이 과정이 번거로운 경우 퀴즈 설정에서의 이미지 업로드는 건너 띄셔도 됩니다.

퀴즈 제작

01 기본 설정을 마친 후 ❶ [Question]에 "일상 생활에서 경제활동의 사례를 한 가지 말하세요." 라고 문제를 입력합니다. ❷ [Answer]에는 "예) 학용품을 구입한다. 아이스크림을 사먹는다. 집안일을 돕고 용돈을 받는다." 라고 입력한 후, ❸ [points]를 확인합니다. ❹ [Save]를 클릭하여 문제를 완성합니다.

🍯 박쌤의 꿀팁 밤부즐의 포인트를 뺏거나 잃는 등의 게임적 요소가 효과적으로 작용하려면, 점수 설정은 기본 점수인 15점 정도가 적절합니다. 게임 요소의 효과를 크게 하려면 점수를 낮게, 게임 요소의 효과를 작게 하려면 점수를 높에 합니다.

❶ [완성된 문제]를 확인합니다.

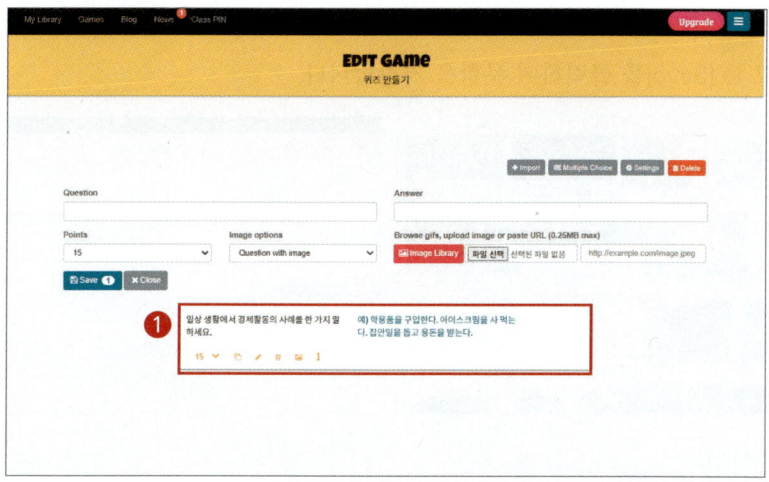

이미지 활용

01 ❶ [Question]에 "조선 세종 때 만들어진 혼천의의 용도를 말하세요." 라고 문제를 입력합니다. ❷ [Answer]에는 "천체의 위치와 움직임을 측정했다." 라고 입력하고, ❸ [points]를 "20"으로 수정합니다. ❹ [Images options]는 "Answer with image"를 선택합니다.

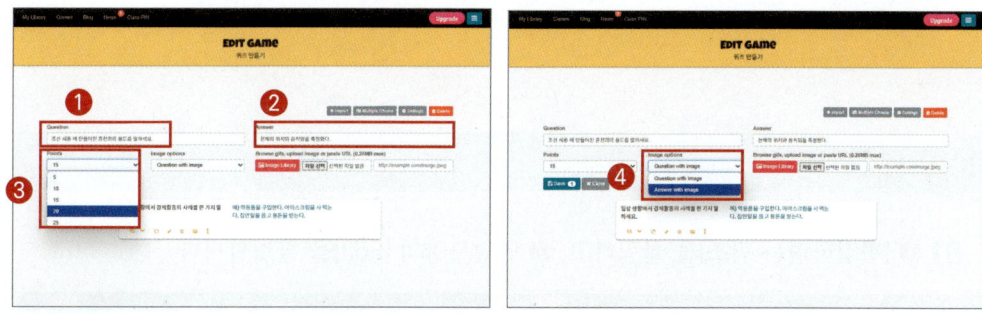

박쌤의 꿀팁 이미지 옵션은 문제를 해결할 때 이미지를 학생에게 제공해야 할 경우 Question with image를 선택하고, 문제를 해결한 후 답과 함께 이미지를 제공할 때는 Answer with image를 선택합니다.

Chapter 5 주관식 퀴즈도 가능한 밤부즐 **123**

02 ❶ [네이버 이미지 검색창]에서 "혼천의"를 입력하고, ❷ [원하는 이미지] 위에 마우스를 올려놓고 마우스를 우클릭합니다. ❸ [이미지 주소 복사]를 클릭한 뒤 ❹ [URL 입력창]에 붙여넣기 하고 ❺ [Save]를 클릭하여 문항을 저장합니다.

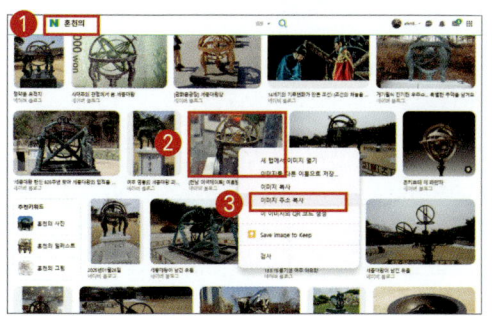

03 ❶ [My library]에서 완성된 퀴즈을 확인합니다.

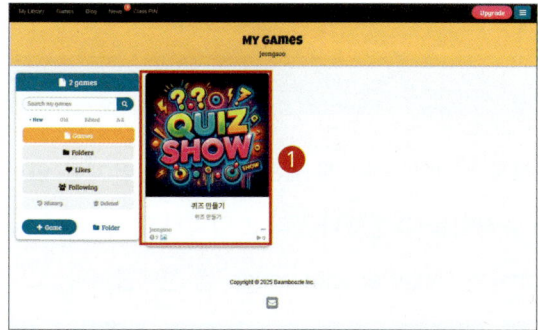

박쌤의 꿀팁 밤부즐 문항을 제작할 경우 퀴즈가 자동 저장되기 때문에 퀴즈 제작이 완료되면 바로 MY library에서 문항을 확인하면 됩니다.

문항 편집

01 ❶ [편집하려는 퀴즈]을 클릭하고, ❷ 연필모양의 [Edit]을 클릭합니다.

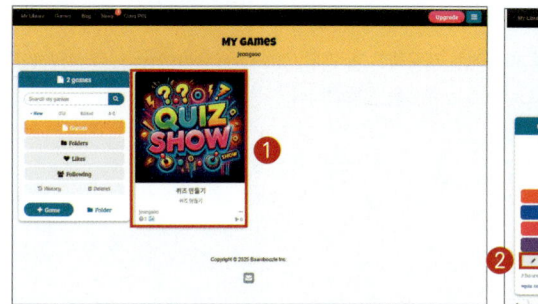
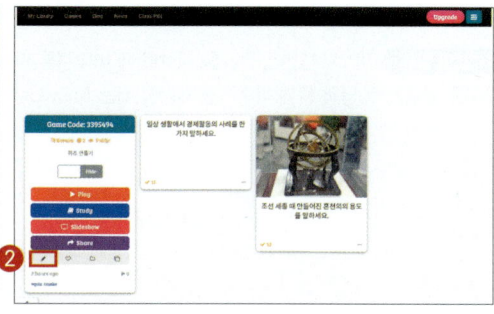

02 문항을 추가하고 싶다면 ❶ [Question]과 ❷ [Answer]를 입력하고 ❸ [Save]를 클릭합니다. 기존 문항을 편집하고 싶다면 기존 문항의 연필모양의 ❹ [Edit]을 클릭하여 문항 편집화면에서 문항을 편집하고 ❺ [Save]를 클릭합니다.

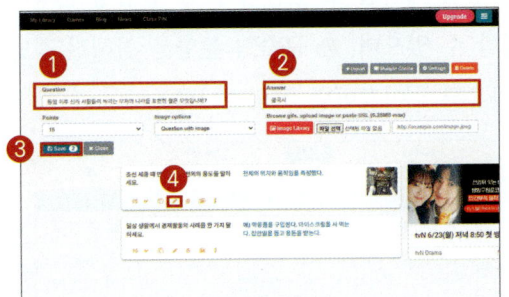 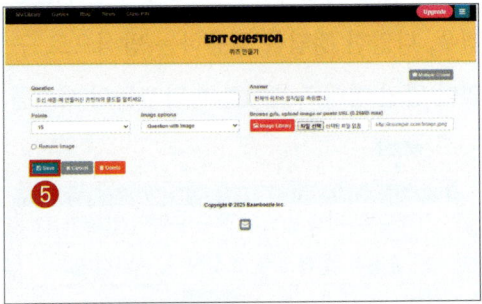

03 퀴즈 설정을 바꾸고 싶다면 ❶ [settings]를 클릭하여 설정을 바꾼 뒤, ❷ [Save]를 클릭합니다.

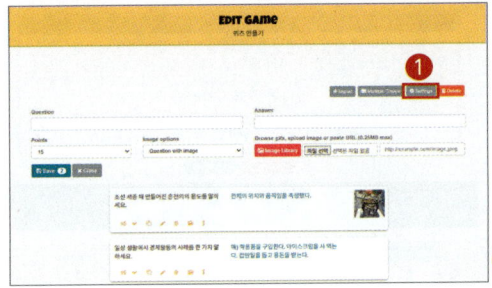 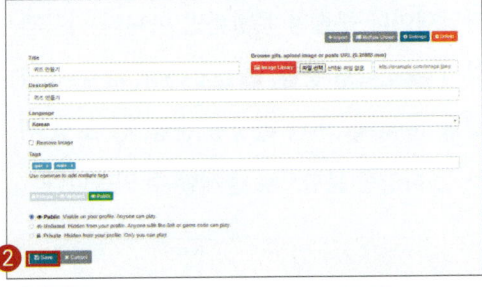

밤부즐 실전비법.zip_ 다양한 밤부즐 문항 제작

밤부즐은 기본적으로 단답형이나 구술형 문항을 제작할 수 있습니다. ❶ 단답형 문항의 경우, 다양한 정답을 허용하는 방식으로 구성할 수 있으며, ❷ 구술형 문항은 정해진 정답 없이 열린 형태로 출제하여 학생들의 사고를 자유롭게 이끌어낼 수 있습니다.

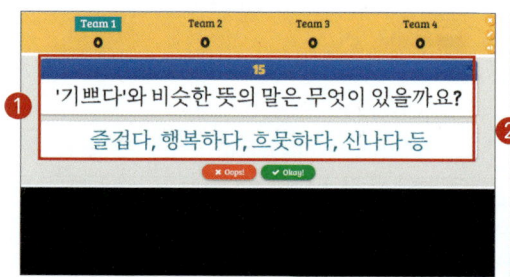
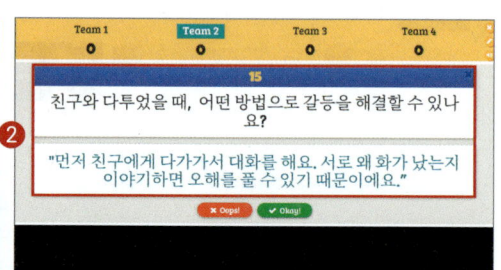

하지만 문항을 어떻게 제작하느냐에 따라 단답형이나 구술형 문항뿐만 아니라 다음과 같이 ❸ 선다형 문항, ❹ OX 문항, ❺ 순서 완성형 문항, ❻ 빈칸 완성형 문항, ❼ 초성 퀴즈 등 다양한 문항으로 출제할 수 있습니다.

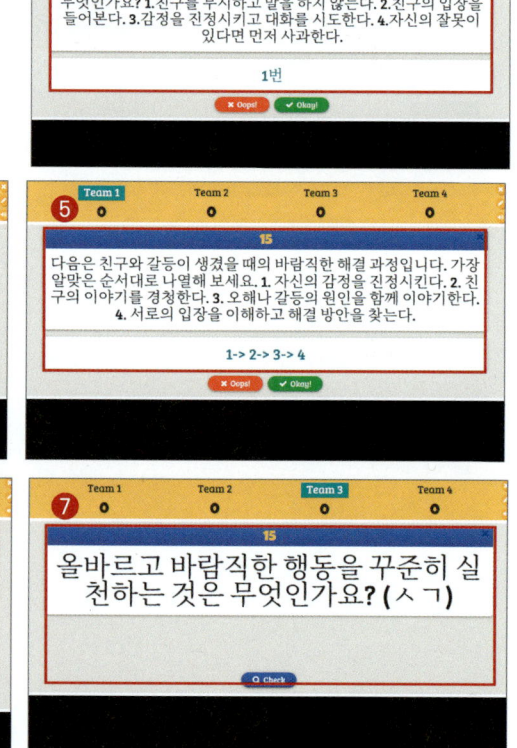
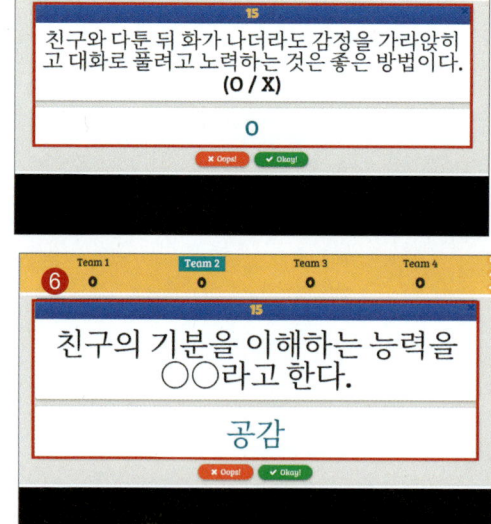

③ 밤부즐 수업 진행하기

　밤부즐 수업은 교사의 화면으로 진행합니다. 학생들은 팀을 나눈 후 차례대로 문제를 선택하며 진행합니다. 학생은 문제에 대해 말로 답하고, 교사가 정답 여부를 판단합니다.

　각 문제에는 점수 획득 외에도 '다른 팀에게 점수 뺏기', '1등으로 이동하기', '50포인트 얻기', '다른 팀에게 점수 주기' 같은 랜덤 이벤트가 있어 긴장감과 재미를 더합니다.

　밤부즐은 수업 도입, 정리, 복습활동에 적합하며 특히 말하기 중심 활동이나 서술형 문항에 효과적입니다.

밤부즐 퀴즈 설정

01 ❶ [My library]에서 원하는 퀴즈를 클릭하고, ❷ [Play]를 클릭합니다.

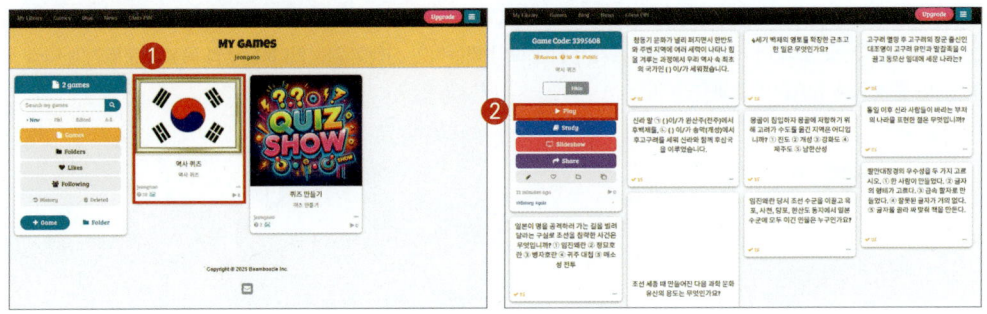

Chapter 5 주관식 퀴즈도 가능한 밤부즐　127

02 무료 계정에서도 활용할 수 있는 기본 ❶ [Baamboozle] 게임을 선택하고, ❷ [팀 수]를 선택합니다.

 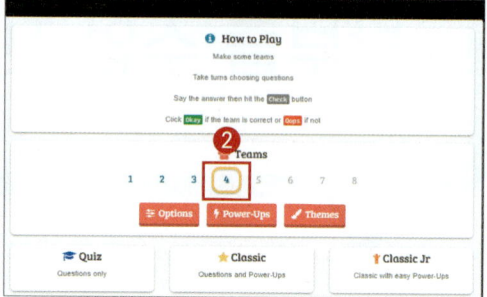

박쌤의 꿀팁 무료 계정에서는 아쉽게도 팀 수가 최대 4팀으로 제한됩니다. 이 제한을 극복하기 위해 반 학생들의 모둠을 4모둠으로 구성하거나, 3모둠씩 두 번에 나누어 활동을 진행하는 방식으로 운영할 수 있습니다.

03 ❶ [Power-Ups]를 선택하여 상황에 맞게 옵션을 조절합니다. ❷ Quiz, Classic, Classic Jr 중 [Classic]을 선택합니다.

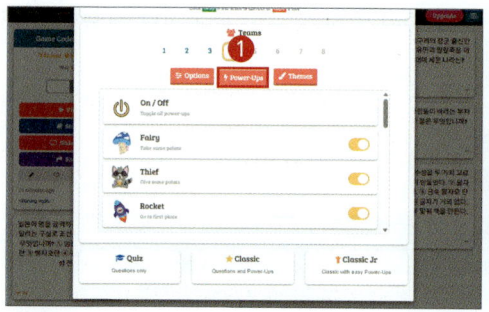 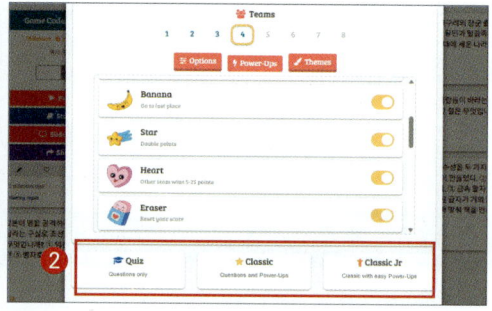

박쌤의 꿀팁 밤부즐에서는 퀴즈 진행 방식으로 세 가지 옵션을 제공합니다. Quiz 모드는 게임 요소 없이 문제를 맞히면 점수를 얻는 단순한 방식으로 운영됩니다. 반면, Classic과 Classic Jr 모드는 다양한 게임 요소가 포함되어 있으며, 특히 Classic Jr는 Classic보다 더 자주 게임 이벤트가 등장해 보다 역동적인 진행이 가능합니다. 수업 목적과 분위기에 따라 적절한 모드를 선택해 활용하면 효과적입니다.

밤부즐 수업 진행

01 ❶ [Team1]에게 퀴즈 번호를 선택하도록 하고, ❷ 2번 문항을 선택했다면 [2번 문항]을 클릭하여 문제 화면을 보여줍니다. Team1에게 답을 듣고 ❸ [Check]를 클릭합니다.

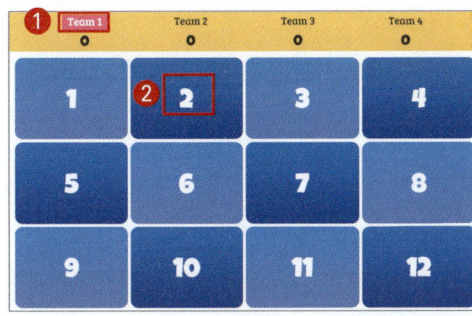 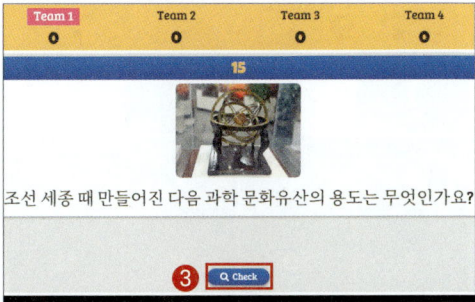

02 답이 맞았다면 ❶ [Okay]를 클릭합니다. ❷ [Team1의 점수]가 올라간 것을 확인합니다. Team2의 순서로 넘어가서 다시 문제의 번호를 선택하도록 합니다. ❸ 4번을 선택했다면 [4번 문항]을 클릭합니다.

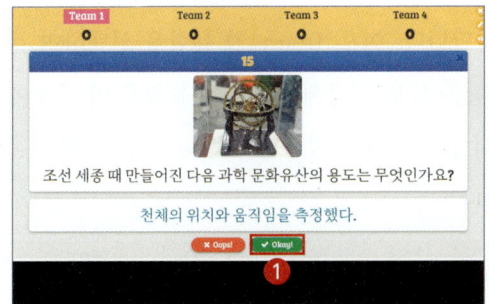 

03 문항을 확인하고 Team2에게 답을 듣습니다. ❶ [Check]를 클릭하고, 문항이 틀렸다면 ❷ [Oops]를 클릭합니다.

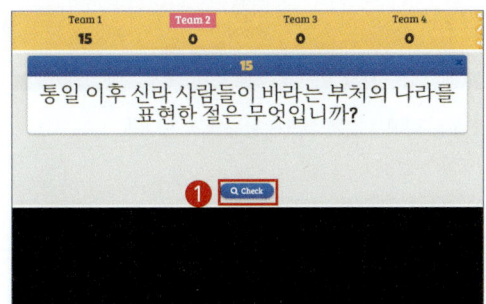 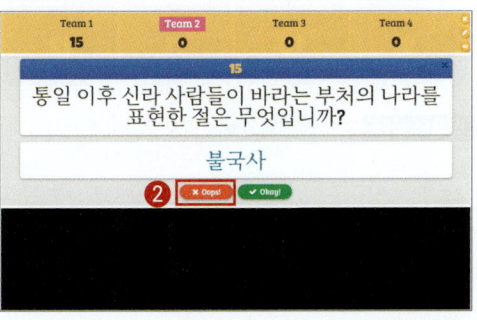

04 ❶ [Team2의 점수]는 그대로 0점인 것을 확인합니다. 마찬가지로 Team3에게 문항을 선택하도록 합니다. 7번문항을 선택하였다면 ❷ [7번 문항]을 클릭합니다. Team1에게 가져오고 싶은 점수를 선택하도록 하고, ❸ 20점을 선택했다면 [20]을 클릭하여 Team1의 점수를 가져옵니다.

박쌤의 꿀팁 밤부즐 게임 요소에는 1등으로 바로 갈 수 있는 요소나, 점수를 바꾸는 요소 등이 있기 때문에 점수를 뺏기더라도 끝까지 게임에 열심히 참여할 수 있도록 학생들을 독려시켜주세요. 또한 퀴즈 플랫폼을 통해 학습하는 이유는 단순히 게임에서 이기기 위해서가 아니라 즐겁게 '학습'하는 것이라는 것을 인식시켜주시면 경쟁보다는 즐겁게 배우는 분위기로 게임을 진행할 수 있습니다.

05 ❶ [Team1]과 ❷[Team3]의 점수를 확인합니다. 이후 Team4가 문항을 선택하여 문항을 해결하고, 다시 Team1부터 순서대로 문항을 모두 해결해나갑니다. 문항을 마친 후에는 ❸ [최종 우승팀]이 확정됩니다. 게임을 다시 플레이하고 싶다면 ❹ [Restart]를, 문제를 함께 복습하고 싶다면 ❺ [Review]를 클릭합니다.

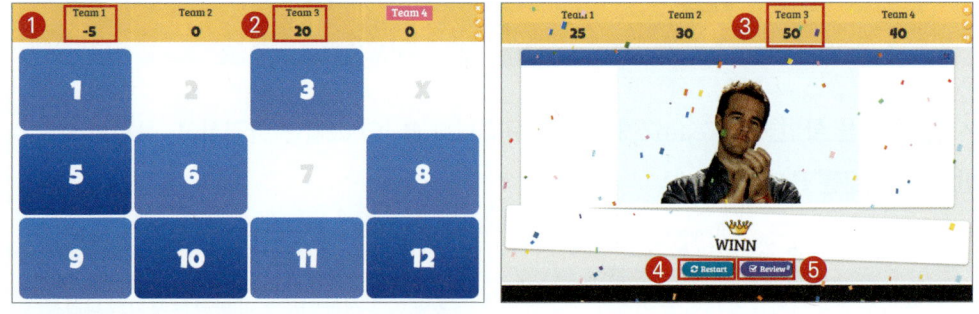

박쌤의 꿀팁 밤부즐은 팀의 배수만큼 문항이 출제되기 때문에 모든 팀에서 같은 수의 문항을 풀게 됩니다.

밤부즐 과제

밤부즐로 게임을 진행하기 전 학생들에게 밤부즐 퀴즈 내용을 공유하여 사전에 학습을 하도록 할 수 있고, 또는 게임 이후 복습을 할 수 있도록 안내할 수 있습니다.

01 ❶ [My library]에서 원하는 퀴즈를 클릭하고, ❷ [Share]를 클릭합니다.

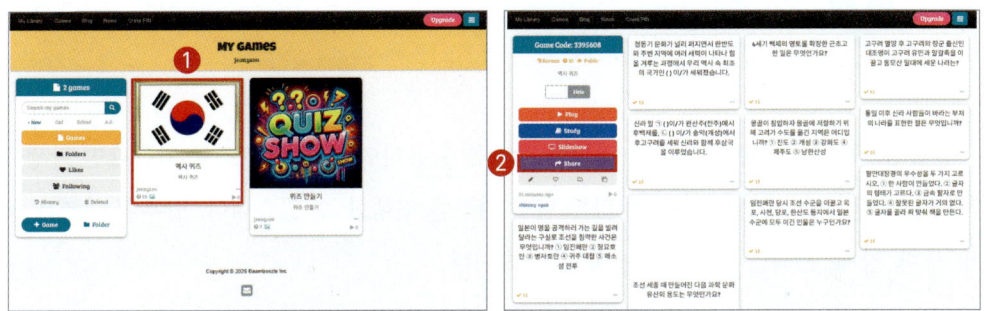

02 ❶ [복사버튼]을 클릭하여 주소를 복사하고 학급 LMS 등을 통해 공유합니다.

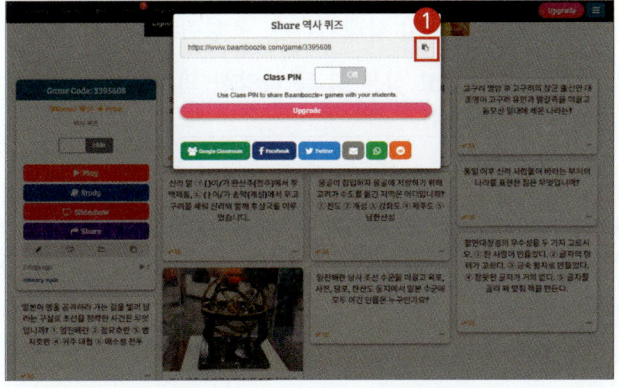

Chapter 5 주관식 퀴즈도 가능한 밤부즐   131

4 밤부즐 수업 사례

단답형, 구술형 문항의 퀴즈에 적합한 주제를 활용하여 밤부즐 퀴즈를 만든다면 학생들의 다양한 생각을 정답으로 할 수 있는 팀별 퀴즈를 진행할 수 있습니다. 밤부즐 퀴즈는 국어, 사회, 창체, 온책읽기 등에 적용할 수 있습니다.

국어 온책읽기 수업 사례

다음은 국어 온책읽기 밤부즐 수업 사례입니다. 초성퀴즈, 단답형, 선다형 문제뿐만 아니라 주인공의 감정, 학생들이 만들고 싶은 빵 등 다양한 의견을 물을 수 있는 문항들을 제작하여 수업에 적용하였습니다.

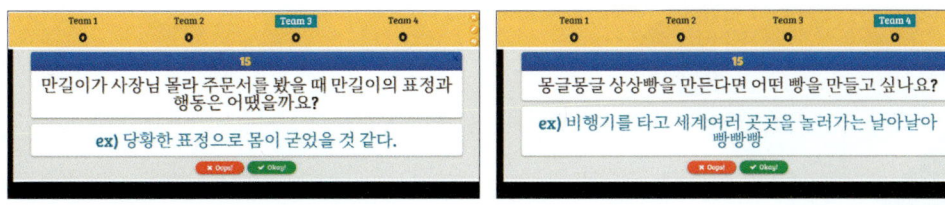

사회 수업 사례

다음은 4학년 1학기 사회 3. 경제활동과 지역 간 교류 (1) 경제활동과 합리적 선택 밤부즐 수업 사례입니다. 마찬가지로 선다형 문항, 초성 퀴즈뿐만 아니라 경제활동 중 선택의 문제를 겪었던 경험, 주변에서 볼 수 있는 소비 활동 등 학생들의 다양한 답을 유도할 수 있는 질문들로 수업을 진행하였습니다.

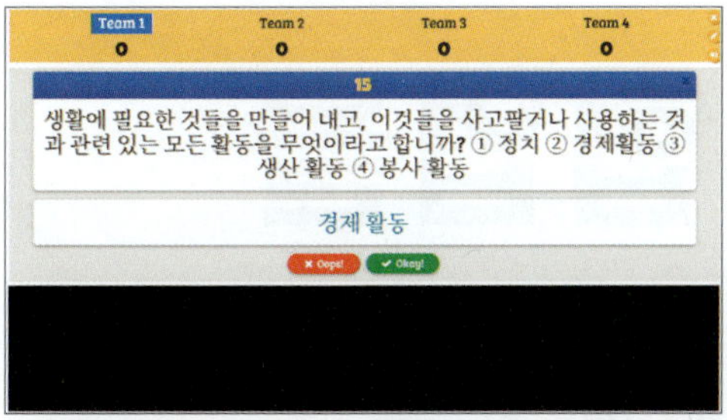

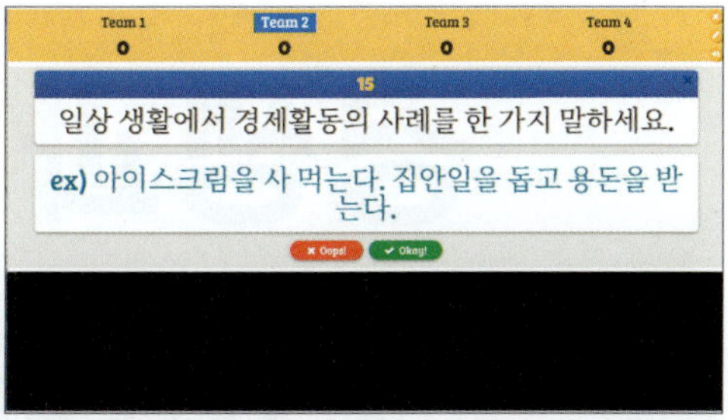

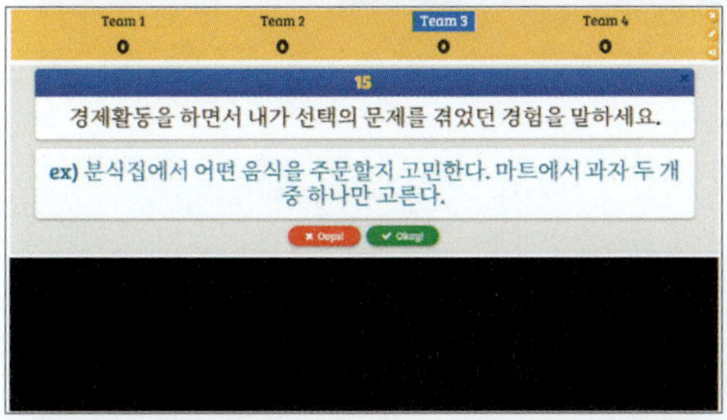

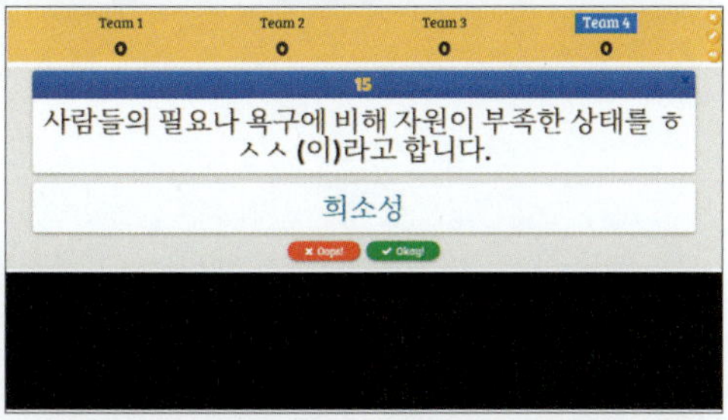

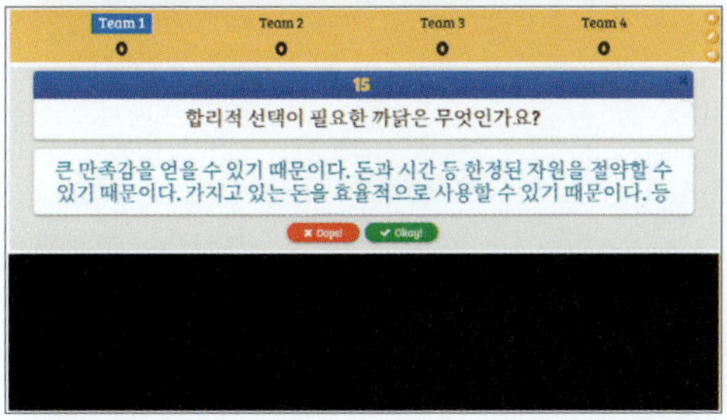

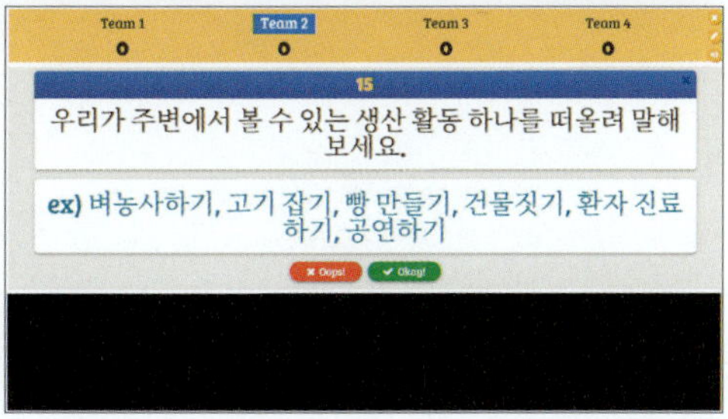

ch

경쟁과 협업을
동시에 카훗

카훗은 퀴즈 플랫폼을 대표할 수 있는 게임 기반 학습 플랫폼입니다. 퀴즈를 빨리 맞힐수록 점수가 높아지는 방식으로 경쟁을 유도하면서도, '카훗토피아' 기능을 통해 학급 단위의 협력을 동시에 촉진합니다. 카훗은 퀴즈뿐만 아니라 다양한 블록 구성을 통해 수업에 활용할 수 있는 스토리, 동영상, 문서, 카훗 평가를 통합하여 수업에 활용할 수 있는 코스의 활용도 가능합니다.

1 카훗 살펴보기

카훗은 선다형, 진위형(참/거짓), 단답형, 슬라이더, 핀 고정형, 순서 완성형의 퀴즈 형식과 설문조사, 규모, 드롭 핀의 의견 수집 형식으로 학생들의 흥미를 끌 수 있습니다. 물론 유료 계정에서는 다양한 퀴즈를 사용할 수 있지만, 무료 계정에서는 선다형과 진위형(참/거짓)만 사용할 수 있다는 점이 조금 아쉽습니다. 하지만 무료 계정에서도 40명까지의 학생을 참여시킬 수 있기 때문에 카훗 안의 다양한 요소를 활용한다면 무료 계정으로도 한 학급 학생들과 충분히 재미있는 수업을 만들 수 있는 수업 도구입니다.

회원가입

01 카훗 사이트에 접속한 뒤 ❶ [Accept all cookies(모든 쿠키를 허용)]을 클릭합니다. ❷ [Sign up FREE]를 클릭하여 회원가입 창으로 넘어가겠습니다.

- 카훗 사이트 : kahoot.com

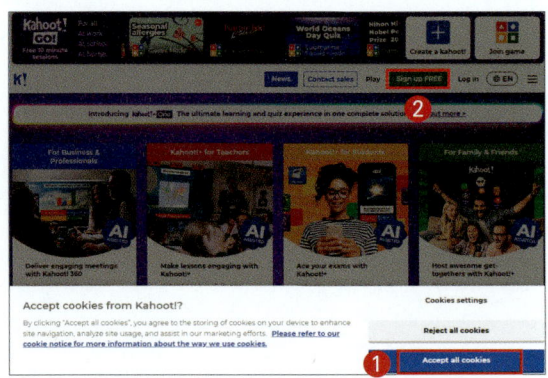

02 ❶ 다시 한번 [Accept all cookies(모든 쿠키를 허용)]을 클릭한 뒤, ❷ [교사]와 ❸ [학교]를 선택합니다.

 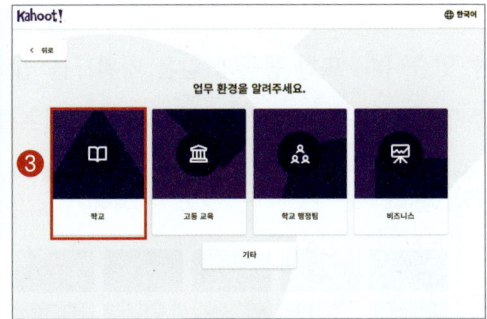

03 일반적인 방법인 구글 계정을 통한 가입을 위해 ❶ 필수 사항인 [개인정보의 수집 및 이용에 관한 동의] 에 체크한 뒤 ❷ [Google]을 클릭합니다.

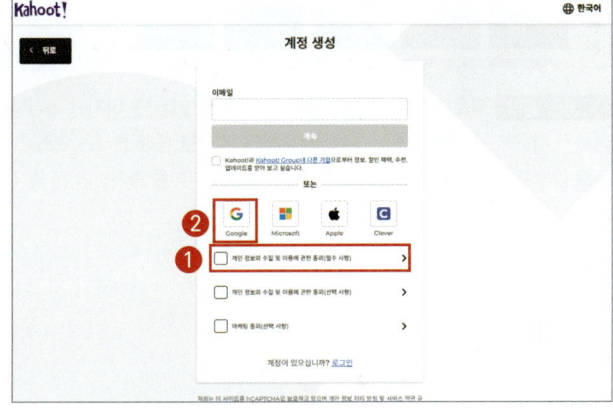

04 ❶ [이메일 주소]를 입력하고, ❷ [다음]을 클릭합니다. ❸ [비밀번호]를 입력하고, ❹ [다음]을 클릭하여 회원가입을 완료합니다.

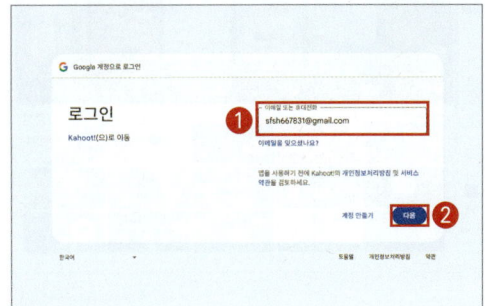 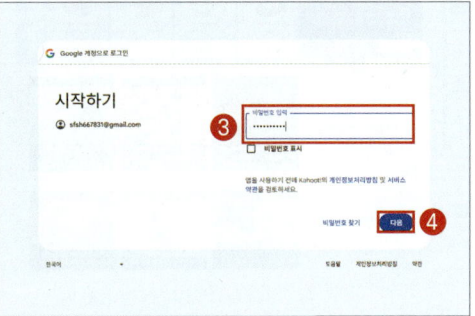

박쌤의 꿀팁 회원가입을 한 뒤 결제 페이지가 나타나지만 무료 계정으로도 충분히 활용하실 수 있기 때문에 결제 안내 페이지를 닫고 카훗을 활용하셔도 됩니다. 유료 계정 구매 시에는 월별로 결제된다는 점을 알아두셔야 합니다.

콘텐츠 검색

상단의 공개용 콘텐츠 검색의 검색창을 클릭하면 다양한 카테고리의 카훗 퀴즈를 확인할 수 있습니다. 또한 동물과 같은 키워드를 입력하여 검색할 수 있으며, 필터를 선택할 경우 주제, 학년, 작성자, 언어를 선택하여 콘텐츠를 검색할 수 있습니다.

박쌤의 꿀팁 카훗에 있는 퀴즈는 영어 기반 퀴즈가 대부분이지만 과거부터 카훗은 우리나라 선생님들께서도 많이 활용하시기 때문에 공개용 콘텐츠 검색에서 키워드 검색을 통해 원하는 퀴즈를 찾아 활용할 수 있습니다. 학년, 단원명 등을 키워드로 넣으시면 원하는 퀴즈를 찾기 쉽고, 원하는 퀴즈를 즐겨찾기 해 둘 수도 있습니다.

탐색

왼쪽 사이드 바에 있는 탐색에서는 디즈니, 헬로 키티 등의 파트너 컬렉션이나 카훗 인증 크리에이터들의 퀴즈등 다양한 퀴즈를 찾아볼 수 있습니다.

라이브러리

라이브러리에서는 내가 만들거나 저장해 둔 퀴즈를 확인할 수 있습니다. 만들다가 완성하지 않은 퀴즈는 초안에 자동 저장되며 탐색에서 즐겨찾기 해둔 퀴즈는 즐겨찾기 탭에서 확인할 수 있습니다. 또한 퀴즈가 많은 경우에는 과목 또는 학년별 폴더를 만들어 퀴즈를 정리할 수 있습니다.

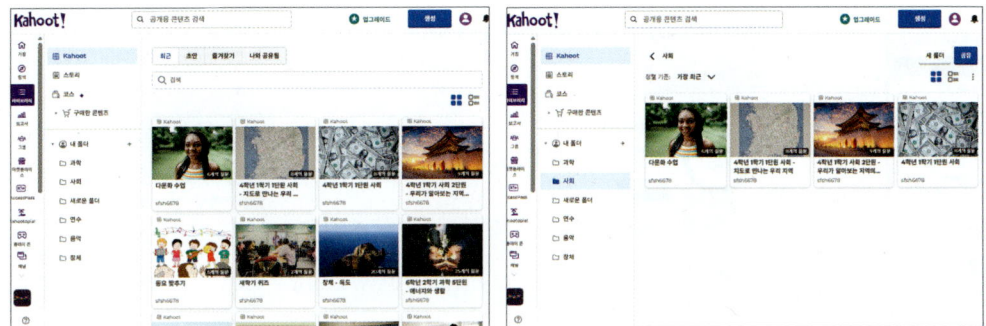

보고서

보고서 탭에서는 학생들과 진행한 수업의 결과를 확인할 수 있습니다. 진행한 퀴즈의 제목과 날짜 그리고 참여한 학생 수를 확인할 수 있으며 제목을 클릭하면 자세한 퀴즈 정보를 확인할 수 있습니다.

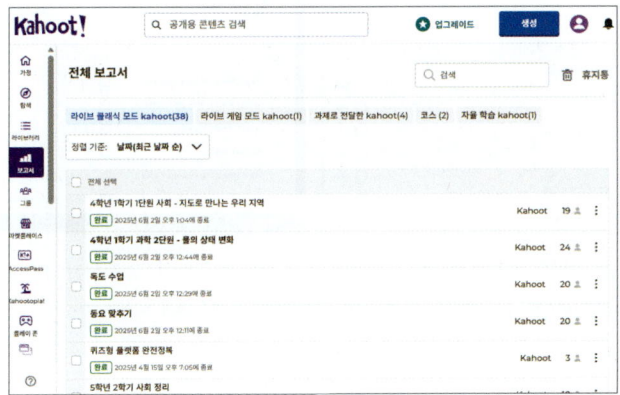

보고서의 요약에서는 전체 학생들의 정답률을 확인할 수 있습니다. 또한 참가자와 질문의 개수와 퀴즈를 진행한 학생들과 진행한 수업의 결과를 확인할 수 있습니다. 어려운 질문에는 정답률이 35% 미만인 문제를, 도움 필요에는 정답률이 35% 미만인 도움의 학생들을 확인할 수 있습니다. 또한 시간 내에 질문을 완료하지 않았거나, 학생의 접속이 끊겨 풀지 못한 문제는 미완료에서 확인할 수 있습니다.

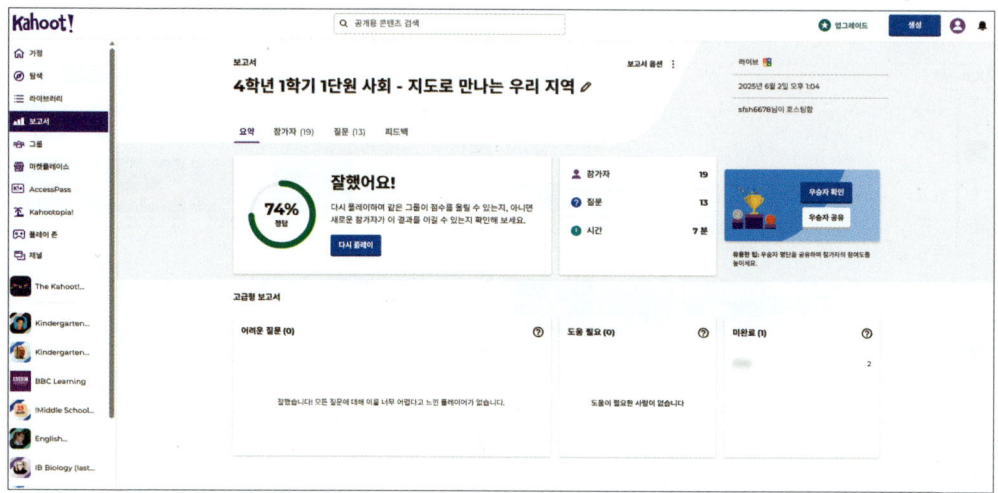

참가자를 클릭하면 순위별로 학생들의 정답률을 확인할 수 있으며, 학생의 이름을 클릭하면 각 질문마다 학생들이 어떻게 답변했는지와 오답 여부를 확인할 수 있습니다.

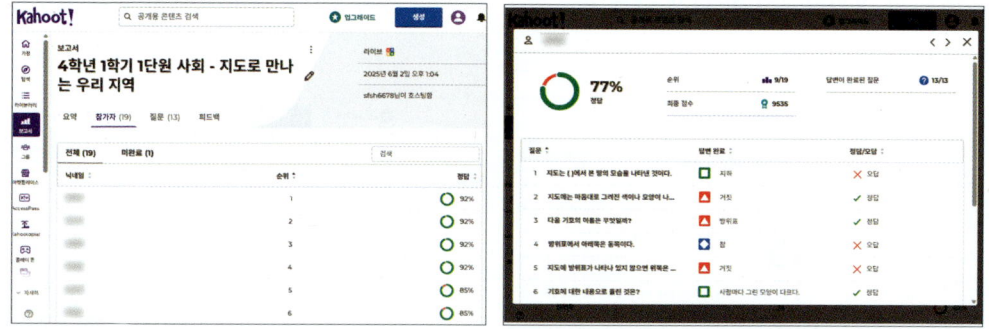

박쌤의 꿀팁 카훗에서는 정답을 빠르게 선택할수록 더 높은 점수를 얻는 방식으로 진행됩니다. 따라서 같은 개수의 문제를 맞히더라도 정답 속도에 따라 순위가 달라질 수 있으며, 이로 인해 자연스럽게 학생들의 집중력과 몰입도가 높아집니다.

질문 탭에서는 질문마다 학생들의 정답률을 확인할 수 있습니다. 개별 질문을 선택하면 각 보기에 몇 명의 학생들이 선택했는지와 학생들이 문제를 푸는데 걸린 시간을 확인할 수 있습니다.

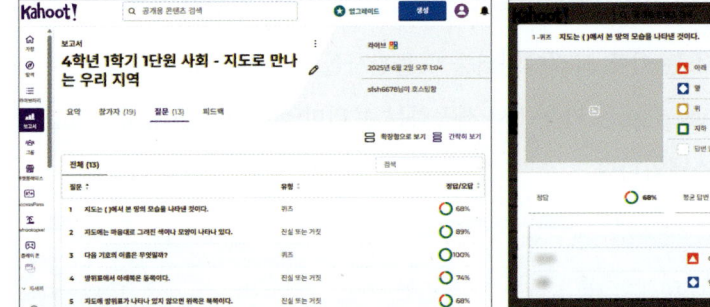
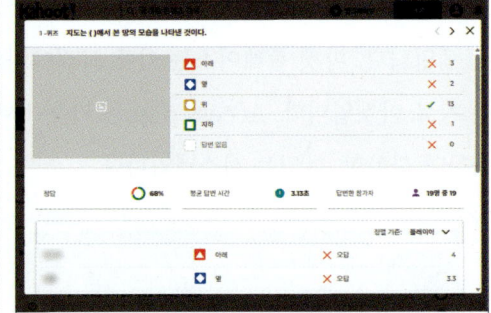

박쌤의 꿀팁 학생이 문제를 푼 시간이 너무 빠르면 학생이 문제를 찍고 있다는 것을 의심할 수 있습니다. 점수를 높이기 위해 문제를 빨리 푸는 것보다 정확하게 푸는 것이 더 중요한 전략임을 학생들에게 알려주세요.

피드백 탭에서는 게임 후 학생들이 게임을 평가한 결과와 학습이 되었는지, 추천하는지, 만족도는 어떤지에 대한 답을 확인할 수 있습니다. 이는 추후 교사가 퀴즈를 제작하는데 훌륭한 자료가 될 수 있습니다.

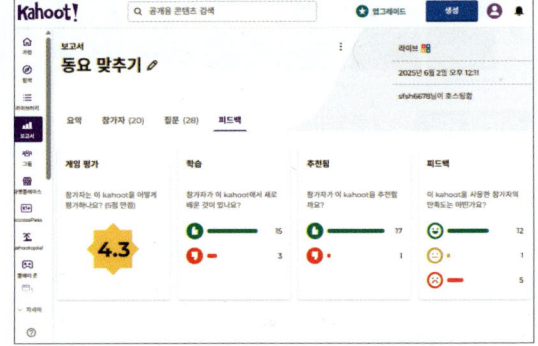

그룹

그룹에서는 동학년 또는 같은 과목 선생님들과 그룹을 만든 후에 서로 만든 카훗을 공유할 수 있습니다.

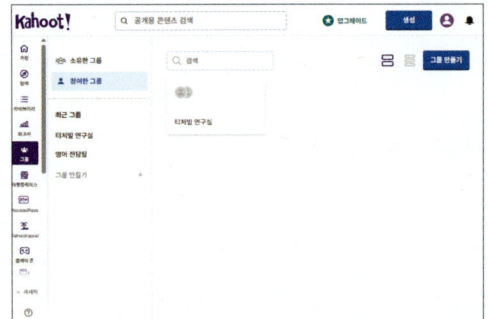
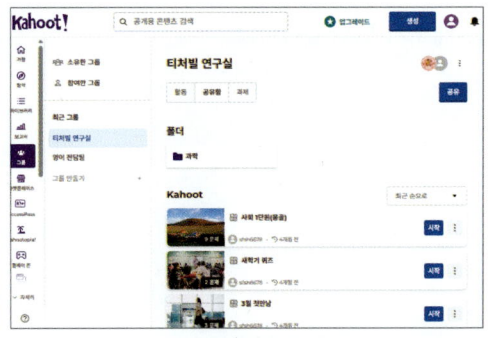

Chapter 6 경쟁과 협업을 동시에 카훗 141

마켓 플레이스 & Access pass

마켓 플레이스와 Access pass는 카훗 퀴즈나 수업자료인 코스를 구입하여 활용할 수 있는 탭입니다. 마켓 플레이스는 카훗 크리에이터들과 출판사들이 만든 자료를 구입할 수 있는 자료 마켓입니다. Access pass는 카훗에서 제공하는 프리미엄 콘텐츠를 유튜브처럼 구독하여 사용할 수 있는 시스템입니다.

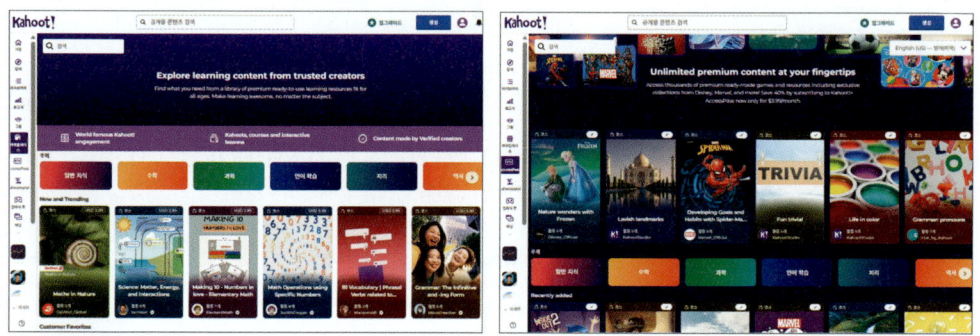

박쌤의 꿀팁 마켓 플레이스와 Access Pass에 좋은 자료들이 많지만 대부분 영어 기반 문제이기 때문에 한국어 기반 수업에서 활용할 수 있는 자료는 많지 않습니다. 한국의 훌륭하신 선생님들께서 만든 퀴즈를 검색을 통해 활용하시는 것을 더 추천드립니다.

카훗토피아

기존의 카훗이 개인 간의 경쟁을 중심으로 구성되어 있었다면, 최근 업데이트된 카훗토피아는 학급 전체의 협력과 성취를 축하할 수 있도록 설계된 모드입니다.

카훗토피아에서는 학급별로 고유한 섬을 생성할 수 있으며, 무료 계정으로는 최대 2개의 섬을 생성할 수 있으며 유료 계정(브론즈, 실버, 골드 등)은 계정에 따라 섬을 생성할 수 있는 개수가 달라집니다.

❶ [Kahootopia 시작하기]를 클릭한 뒤 ❷ 학급 이름과 ❸ 학급 학년을 선택하고, ❹ [섬 생성]을 클릭하여 섬을 생성합니다.

 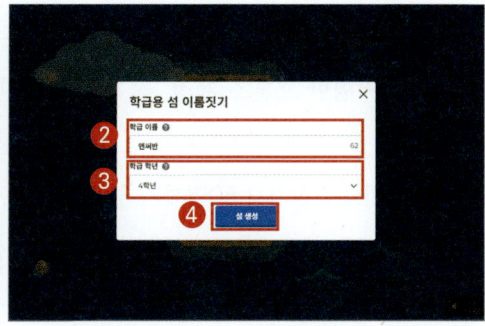

퀴즈를 풀고 정답률이 높을수록 섬에는 더욱 멋진 건물이 세워집니다. 반대로 정답률이 낮으면 기본적인 구조물만이 생성되어 학생들이 자연스럽게 협력하도록 유도하는 구조를 갖고 있습니다. 게임처럼 누적 성과가 시각적으로 표현되기 때문에 학생들의 몰입도는 물론, 학급 공동체의 소속감 또한 높일 수 있습니다.

카훗토피아는 중위권이나 하위권 학생들이 소외되지 않도록, 개인 순위 대신 공동의 결과에 따라 보상이 주어지는 방식으로 퀴즈 활동의 참여율과 만족도를 높이는 도구입니다.

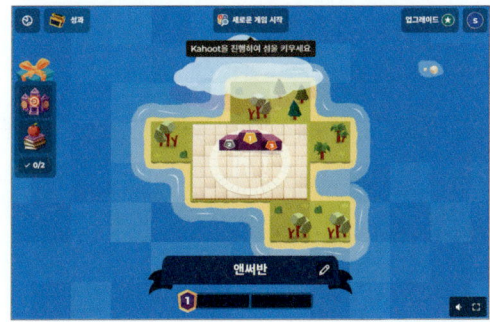 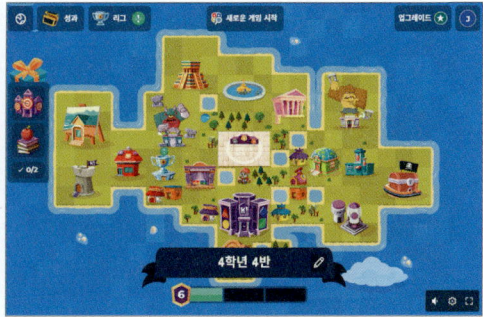

카훗 실전비법.zip_ 카훗 유료 계정의 종류와 활용

카훗의 유료 계정은 매우 다양합니다. 카훗은 연간 청구되며 개인 계정은 크게 월 3.99달러로 가장 저렴한 브론즈 계정, 월 7.99달러인 실버 계정, 월 12.99달러인 골드 계정으로 구분됩니다.

브론즈 계정은 참가자 50명까지 늘어납니다. 브론즈 계정 이상부터는 다양한 슬라이드 레이아웃을 사용할 수 있으며, AI 질문 생성기를 사용할 수 있습니다. 다만 브론즈 계정은 PDF를 통한 카훗 생성에서는 PDF를 한 장만 업로드할 수 있습니다. 하지만 URL을 카훗으로 변환하는 기능은 사용이 가능합니다. 또한 브론즈 계정부터는 질문에 오디오를 입력할 수 있으며 답을 여러 개 설정할 수 있습니다.

실버 계정은 참가자 수가 100명까지 확대되며, 브론즈 계정에서 제공되지 않았던 학생의 의견 수집(설문조사, 규모, 드롭 핀)을 할 수 있습니다. PDF 여러 페이지 업로드가 가능하며, 기존의 슬라이드(PPT, 구글 슬라이드 등)를 가져와 퀴즈 사이에 학습 내용을 설명하는 슬라이드형 자료로 구성할 수 있습니다.

골드 계정은 참가자가 200명으로 늘어나며 단답형, 슬라이더, 핀 답변 질문 유형을 활용할 수 있어 다양한 퀴즈 유형을 활용하고 싶으신 선생님께 적합한 계정입니다. 또한 PDF, 슬라이드, URL, 위키백과 등 다양한 자료 기반의 AI 생성 퀴즈 제작이 가능합니다.

카훗은 유료 계정의 종류가 다양하게 제공되기 때문에, 각 계정의 기능과 제한을 비교해 보고 수업 목적에 맞는 플랜을 적절히 선택하는 것이 중요합니다.

유료 계정에 대한 자세한 내용은 다음 링크에서 확인하시기 바랍니다.

https://kahoot.com/schools/plans

 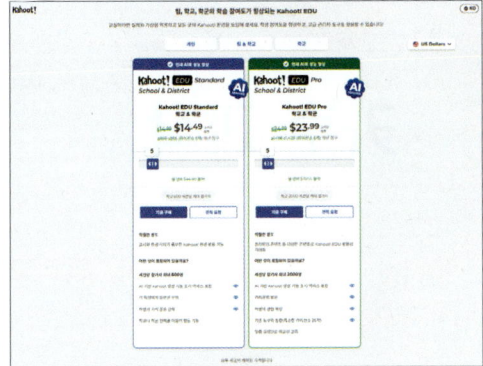

또한 유료 계정을 구입하는 경우 체더스나 에듀테크몰에서 카훗 계정을 구입하면 원화로 연단위 계정을 구입할 수 있습니다.

2 카훗 제작

카훗은 교사가 직접 문항을 제작할 수 있을 뿐만 아니라 다른 선생님들의 자료를 복사하여 편집할 수 있습니다. 또한 유료 계정을 사용한다면 AI를 통해 교사의 PDF 자료, 백과사전, URL에 있는 자료로 문항을 간편하게 제작할 수 있습니다.

퀴즈 복사 및 편집

01 ❶ [검색창]에 "사회 4학년 1학기 1단원"이라고 입력하고 ❷ [돋보기 모양]을 클릭하여 문항을 검색합니다. ❸ 원하는 [퀴즈]를 선택합니다. 문항 편집 없이 바로 학생들과 문제를 풀고 싶다면 ❹ [라이브 진행]을 선택합니다.

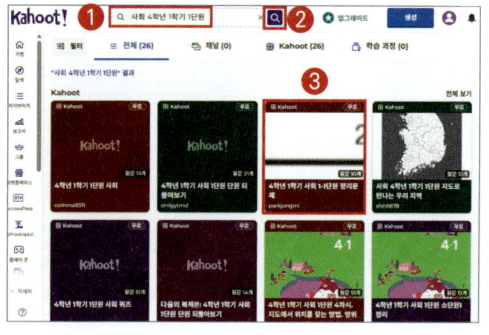
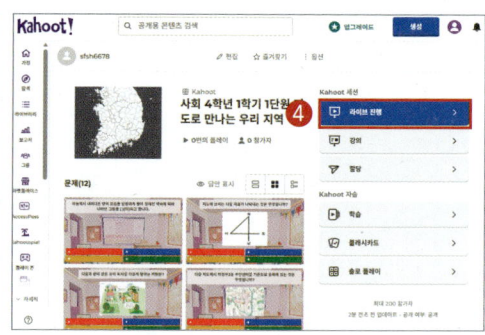

02 문항을 복사 및 편집하고 싶다면 ❶ [옵션]을 클릭하고, ❷ [복사]를 선택합니다. ❸ [라이브러리]에서 복사된 문항을 확인하고 ❹ [삼점]을 클릭한 뒤, ❺ [편집]을 클릭하여 문항을 수정할 수 있습니다.

퀴즈 제작하기

카훗에서는 다양한 학습 활동을 제공하지만, 우리가 흔히 말하는 '퀴즈'는 이 플랫폼 안에서 '카훗(Kahoot)'이라는 이름의 활동 단위로 불립니다. 이제 카훗을 직접 제작해보도록 하겠습니다.

퀴즈 만들기

01 홈 화면에서 ❶ [생성], ❷ [Kahoot]을 클릭합니다. ❸ [빈 캔버스]로 카훗 문제 만들기를 시작합니다.

기본 설정

01 테마를 바꾸고 싶다면 ❶ [원하는 테마]를 선택합니다. ❷ [설정]을 클릭하여 ❸ [제목]란에는 ❹ [설명]을 입력하고, ❺ 공개 여부를 선택합니다. 표지 이미지를 변경하고 싶다면 ❻ [+]를 클릭합니다.

> **박쌤의 꿀팁** 내가 만든 퀴즈를 나만 활용하고 싶다면 비공개를, 내가 모르는 다른 사람들이 검색을 하여 내가 만든 문제를 그대로 사용하거나 편집하도록 허용하고 싶다면 공개를, 동학년 선생님이나 동교과 선생님들과 링크 공유를 통해 문제를 공유하고 싶다면 목록에 없음을 선택합니다.

02 ❶ [검색창]에 "quiz"라고 입력하고 이미지를 검색합니다. ❷ 원하는 이미지를 [클릭]하여 이미지를 추가합니다. 폴더에 저장하고 싶다면 ❸ [변경]을 클릭하여 ❹ [원하는 폴더]를 선택한 후, ❺ [옮기기]를 클릭합니다.

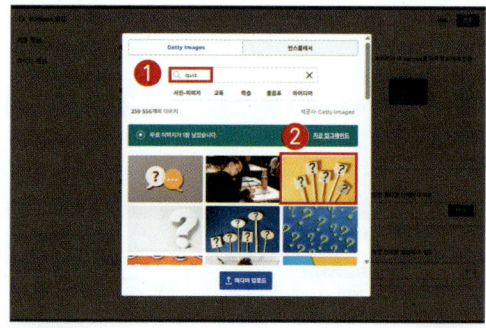 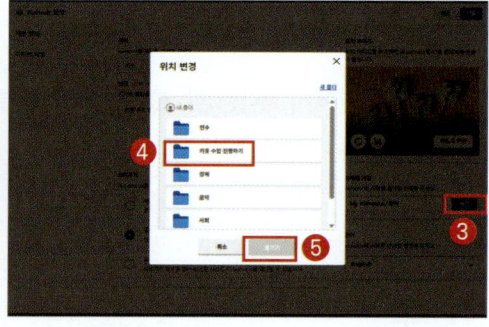

> **박쌤의 꿀팁** 카훗의 이미지는 게티 이미지와 언스플래시 이미지를 활용할 수 있습니다. 무료 계정에서는 게티 이미지를 한 퀴즈 당 1개만 사용할 수 있지만 언스플래시 이미지는 무료 계정에서도 개수 제한 없이 활용할 수 있습니다. 한글 검색으로 이미지 검색이 안 된다면 영어로 검색할 때 다양한 이미지를 검색할 수 있습니다.

03 ❶ 언어를 [한국어]로 선택하고, ❷ [완료]를 [클릭]하여 퀴즈 설정을 완료합니다.

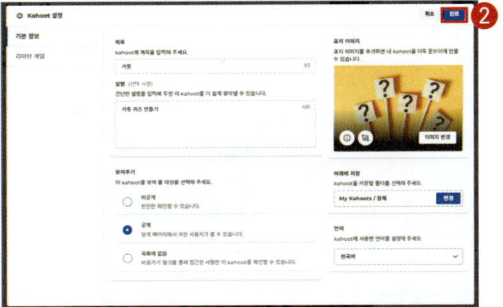

박쌤의 꿀팁 언어를 설정하는 이유는 다른 사용자가 문항 검색 시 언어를 한국어로 설정하여 검색할 수 있도록 하는데 목적이 있습니다. 따라서 비공개로 설정할 경우나 빠르게 문항 설정을 해야 할 경우 언어를 반드시 변경하지 않아도 됩니다.

퀴즈 생성하거나 편집을 선택하면 다음 기본 화면을 확인할 수 있습니다. 화면 가운데에는 '질문'과 '미디어', '보기와 답'을 확인할 수 있습니다. 화면 왼쪽에서는 '생성한 문제'를 확인할 수 있으며, 오른쪽 화면에서는 '질문 유형', '시간제한', '포인트', '답변 옵션'을 선택할 수 있습니다.

'질문 유형'에는 선다형 문제인 '퀴즈', '진실 혹은 거짓', 단답형인 '답변 입력', 학생이 숫자 막대를 움직여 정답에 가까운 값을 선택하는 문제 유형인 '슬라이더'가 있습니다. 또한 이미지나 지도 위에 특정 위치를 핀을 꽂아 정답을 지정하는 '핀 고정형 문제'와 제시된 보기를 올바른 순서로 배열해 정답을 완성하는 '퍼즐' 등 다양한 퀴즈 유형을 확인할 수 있습니다.

'의견 수집'에는 정답 없이 학생들의 의견을 수집하는 '설문조사', 1-5점의 리커트 척도 등을 사용해 생각이나 태도를 수치로 표현하는 '규모', 여러 선택지 중 자신에게 해당하는 곳에 핀을 떨어뜨려 의견을 시각적으로 표현하는 '드롭핀'이 있습니다.

'슬라이드'는 학습 내용을 설명하거나 보충 자료를 제시할 수 있는 유형으로, 퀴즈 사이에 개념을 정리하거나 추가 정보를 전달할 때 효과적으로 활용됩니다.

박쌤의 꿀팁 질문 유형 등에 있는 별표는 유료 계정에서 사용할 수 있는 기능입니다. 하지만 출제하는 대부분의 문항 유형이 선다형인 퀴즈와 진실 혹은 거짓이기 때문에 무료 계정으로 충분히 카훗을 활용하실 수 있습니다.

'시간 제한'의 기본값은 '20초'로 되어 있으며 '5초'부터 '4분'까지 설정할 수 있습니다. 문항의 길이에 따라 시간을 조정하고 퀴즈 활동에서 모든 학생들이 문제를 해결하면 제한 시간에 도달하지 않더라도 자동으로 문제가 마무리되므로 시간을 여유롭게 설정하는 것이 좋습니다.

'포인트'는 기본인 '표준'과 '점수 2배', '포인트 없음'을 선택할 수 있습니다. 연습 문제는 '포인트 없음'으로 설정하는 것이 좋으며, 어려운 문제나 마지막 퀴즈에 '점수 2배'로 포인트 설정을 하면 끝까지 학생들의 집중을 이끌어 낼 수 있습니다.

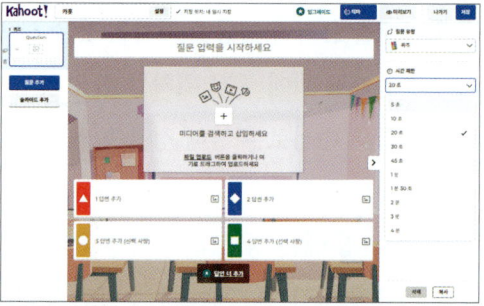

'답변 옵션'은 하나의 답변을 선택할 수 있는 '정답형 질문'과 답변 여러 개를 선택할 수 있는 '여러 개 선택'이 있지만 무료 계정에서는 '정답형 질문'만 활용할 수 있습니다.

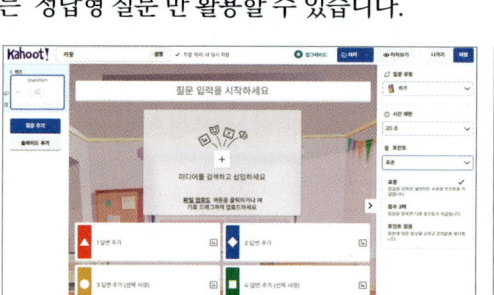 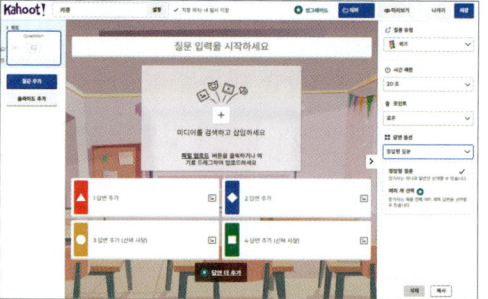

선다형 문항 제작

01 문항 입력란에 ❶ "한글을 창제한 조선의 왕은?"이라고 문제를 입력합니다. ❷ [보기]에 "태조", "정종", "태종", "세종"을 입력하고, 답인 "세종" 옆 ❸ [동그라미]를 체크합니다. ❹ 사진 추가를 위해 화면 가운데 [+]를 클릭합니다.

> **박쌤의 꿀팁** 선대형 문항은 퀴즈는 보기를 2개에서 4개까지 제시할 수 있으며, 유료 계정에서는 최대 6개까지 설정할 수 있습니다.

02 ❶ [검색창]에 "세종대왕"을 입력하고, ❷ [원하는 이미지]를 클릭합니다. ❸ [이미지 자르기 편집]을 클릭합니다.

03 ❶ [이미지의 모양]을 수정하거나, ❷ [확대]하거나, ❸ [축소]하여 원하는 이미지로 편집한 뒤, ❹ [저장]합니다.

> **박쌤의 꿀팁** 미디어 삽입에서는 게티 이미지와 언스플래시의 이미지, 움직이는 그림인 GIF, 유튜브와 Vimeo를 통한 영상, 텍스트 입력 후 음성으로 변환할 수 있는 오디오(유료 계정 사용 가능)를 삽입할 수 있습니다.

선다형 문항 제작2

카훗 퀴즈에서는 보기에 글 대신 이미지나 GIF를 삽입할 수 있습니다. 이러한 기능을 활용하여 저학년 학생들도 이미지를 보고 답을 체크하여 문제를 풀 수 있는 쉬운 퀴즈를 제작할 수 있습니다

01 ❶ [질문 추가]를 클릭하고, ❷ [퀴즈]를 선택합니다. ❸ [질문]에 "과일이 아닌 것을 고르세요." 라고 입력합니다. ❹ 보기에는 [답 대신 이미지 추가]를 클릭합니다.

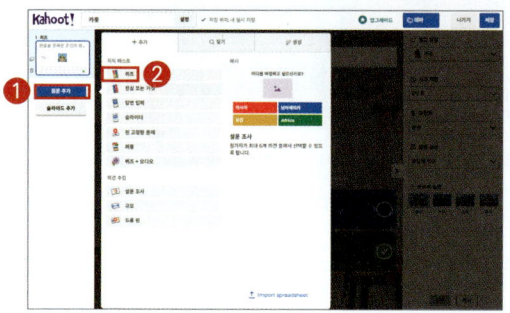 

02 ❶ [검색창]에 "포도" 를 입력하고 ❷ [원하는 이미지]를 선택합니다. 같은 방법으로 다른 보기에 이미지를 삽입합니다. ❸ 당근 옆 [동그라미]에 체크합니다.

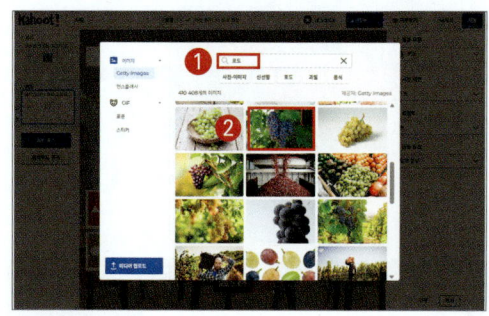 

참 거짓 문항 제작

01 ❶ [질문 추가]를 클릭하고 ❷ [진실 혹은 거짓]을 선택합니다. ❸ [문항]에 "고래는 포유류이다."라고 입력하고, ❹ [참]에 체크합니다.

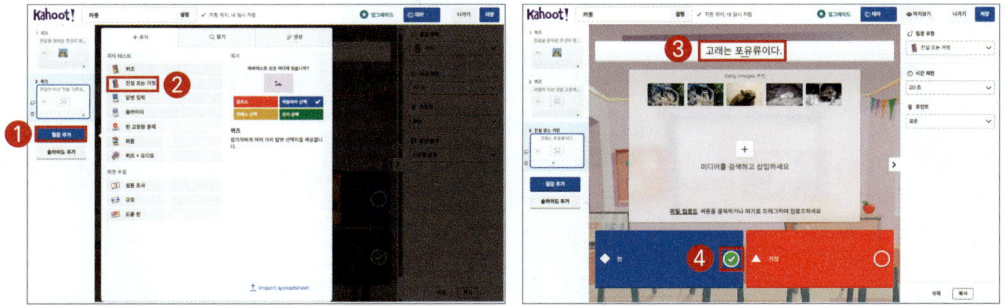

슬라이드 제작

카훗의 슬라이드를 활용하면 문제를 푼 후 퀴즈와 관련된 개념을 설명하거나 보충할 수 있습니다. 슬라이드 안에는 이미지나 유튜브 영상 등 다양한 미디어를 삽입할 수 있어, 단순히 퀴즈를 풀고 끝나는 것이 아니라 학습 내용을 이해하며 퀴즈에 참여하는 흐름을 만들 수 있습니다. 유튜브 영상은 광고 없이 재생되며, 전체 영상을 활용할 수도 있고, 원하는 구간만 설정하여 보여줄 수도 있습니다.

01 ❶ [슬라이드를 추가]를 클릭한 뒤, ❷ 슬라이드 유형 중 [클래식]을 선택합니다. ❸ [제목]에는 "고래가 물고기가 아닌 포유류라고?"라고 입력하고, ❹ [내용]에는 "고래는 폐로 호흡하고 새끼를 낳아 젖을 먹이며, 일정한 체온을 유지하는 온혈동물이라서 포유류입니다."라고 입력합니다. ❺ 미디어 삽입을 위해 [+]를 클릭합니다.

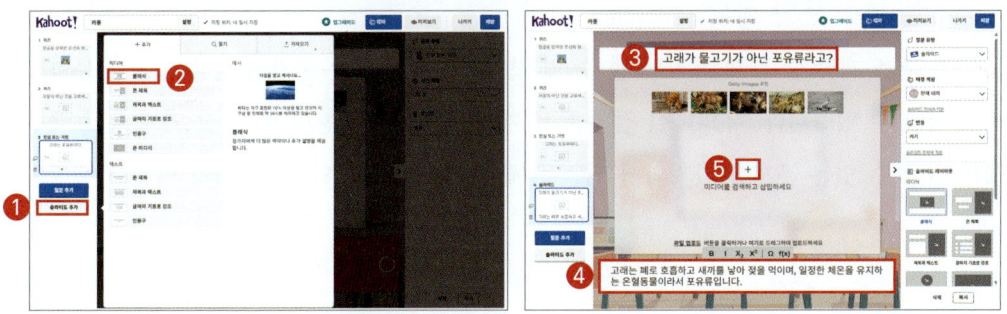

02 ❶ [유튜브]를 클릭합니다. ❷ [키워드]를 입력하거나, 관련 영상의 [링크]를 붙여넣습니다. ❸ [영상]을 클릭합니다. ❹ [동영상 시작 시간]을 입력하고 ❺ [설정]을 클릭합니다. 마찬가지로 ❻ [동영상 종료 시간]을 입력하고, ❼ [설정]을 클릭합니다. ❽ [추가]를 클릭하여 유튜브 영상을 삽입합니다.

03 슬라이드쇼에 설정한 구간대로 [영상]이 삽입된 것을 확인할 수 있습니다. 퀴즈를 만드는 중 실제 출제 화면이 궁금하다면 ❶ [미리보기]를 선택합니다. 문제 확인을 마쳤으면 ❷ [미리보기 나가기]를 클릭하여 다시 문제 출제 화면으로 돌아갑니다.

검색을 통한 문항 제작

카훗 퀴즈 제작 중 문제를 직접 낼 수 있지만 퀴즈를 만드는 중간에 검색을 통해 문항별로 추가할 수 있습니다. 유의하실 점은 무료 계정이라면 선다형과 참/거짓 외에 유료 계정에서 만들 수 있는 문제를 가져와서 퀴즈를 제작하더라도 퀴즈가 저장되지 않는다는 점입니다.

01 ❶ [질문 추가]를 클릭하고 ❷ [찾기] 탭을 선택합니다. ❸ [검색창]에 "역사"를 검색해 보겠습니다. ❹ [아래 화살표]를 클릭하여 보기를 확인하고, ❺ [추가]를 클릭합니다.

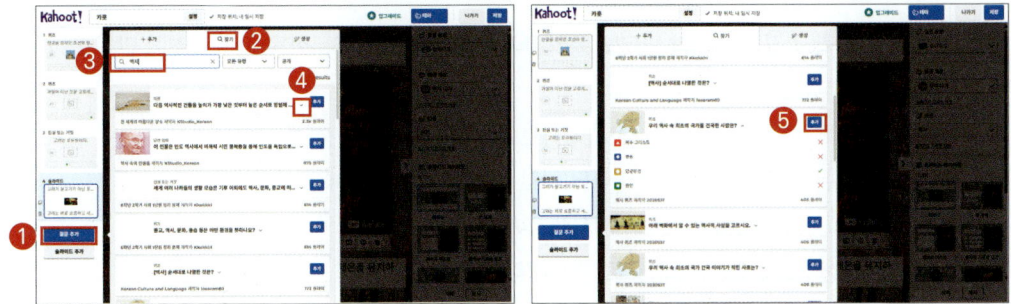

02 [추가된 문항]을 확인합니다. 문항 추가는 한 번에 여러 개도 할 수 있습니다.

ChatGPT 활용을 통한 문항 제작

문항을 하나씩 제작하다 보면 시간이 오래 걸릴 수 있습니다. 이럴 때는 스프레드시트를 활용해 여러 문항을 한꺼번에 입력하고 업로드하는 방식을 사용하면 제작 시간을 효과적으로 단축할 수 있습니다. 또한 입력할 문항들을 ChatGPT를 활용해 제작하면, 기존 자료를 기반으로 보다 빠르고 손쉽게 대량의 문항을 생성할 수 있습니다.

01 ❶ [질문 추가]를 클릭한 뒤 ❷ [Import spreadsheet]를 선택하고, ❸ [당사 템플릿을 다운로드합니다.]를 클릭하여 양식을 다운받습니다.

Chapter 6 경쟁과 협업을 동시에 카훗 **155**

02 ❶ 질문과 보기, 시간 제한, 답을 대량으로 입력할 수 있는 카훗 템플릿을 확인할 수 있습니다. ❷ ChatGPT에 [소스 파일]을 업로드하고, ❸ 다음과 같은 [프롬프트]를 입력합니다.

> [프롬프트]: "초등학교 고학년 대상 인터넷 윤리 주제의 객관식 문제 5문항을 아래 규격에 맞춰 TSV 형식으로 작성해 주세요.
> - 출력 순서: [문제] [보기 A] [보기 B] [보기 C] [보기 D] [시간 제한] [정답]
> - 출력 시 열 제목은 포함하지 말고 첫 줄부터 바로 문항 내용을 시작해 주세요.
> - 보기는 번호(①②③④) 없이 텍스트만 제시해 주세요.
> - 시간 제한은 항상 20(초 표기 생략)으로 기입해 주세요.
> - 정답은 보기의 위치를 나타내는 숫자(1~4)만 기입해 주세요.
> - 보기는 1~4번 위치를 고르게 사용해 주세요.
> - 결과는 탭으로 구분해 스프레드시트에 바로 붙여넣을 수 있도록 출력해 주세요."

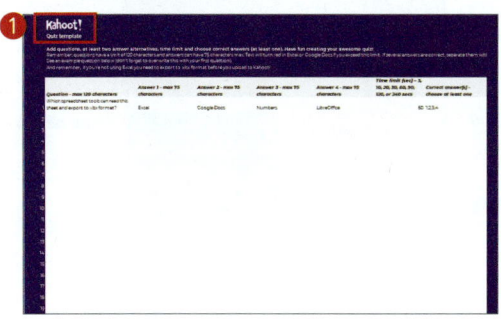
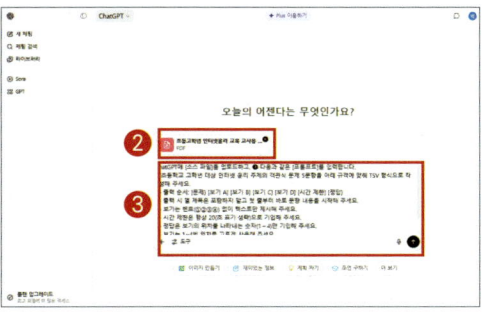

◆ 소스 파일 : joo.is/kahoot퀴즈

03 ❶ [ChatGPT의 결과]를 복사하여, ❷ [Kahoot 템플릿]에 붙여넣기하고, [저장]합니다.

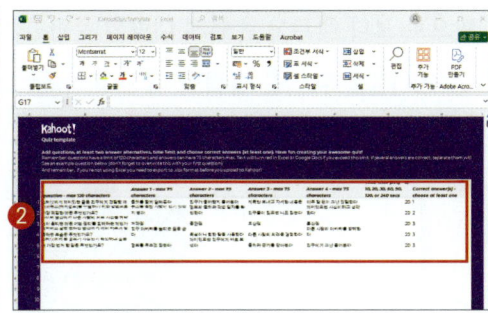

04 ❶ [파일 선택]을 클릭하여 생성한 파일을 선택하거나 파일을 드래그하여 끌어다 놓고 ❷ [업로드]를 클릭합니다. ❸ [5개의 질문을 가져온 것을 확인하고, ❹ [질문 추가]를 클릭합니다.

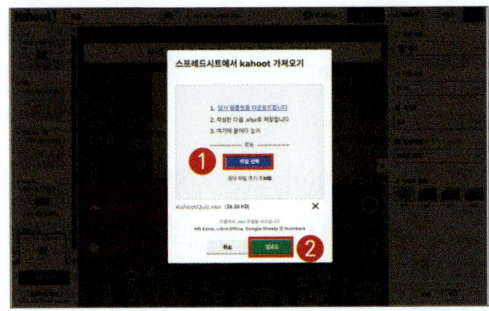

05 ChatGPT에서 생성하여 스프레드시트에 붙여넣기한 문제들이 한 번에 업로드된 것을 확인할 수 있습니다.

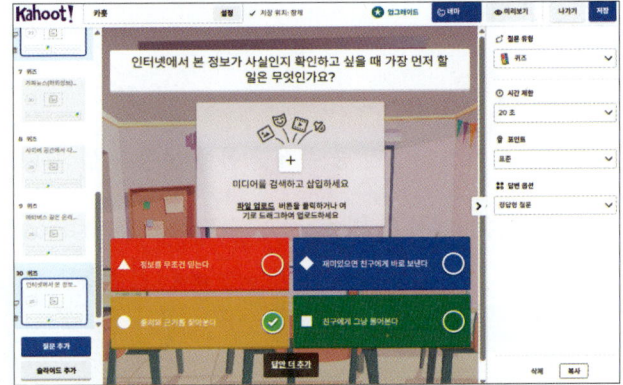

06 퀴즈가 완성되면 저장을 선택하여 문항을 저장합니다. ❶ [완료]를 선택하여 최종적으로 저장하면, 저장한 퀴즈는 라이브러리에서 확인할 수 있습니다. 카훗의 장점은 퀴즈의 문항, 보기를 입력하지 않았거나 답을 체크하지 않았다면 저장 시 자동으로 체크를 해준다는 점입니다. ❷ [수정]을 클릭하여 다시 카훗 제작 화면으로 돌아가서 편집할 수도 있지만, 수정해야할 내용을 남겨둔채 ❸ [변경 사항 유지]로 그대로 저장할 수도 있습니다.

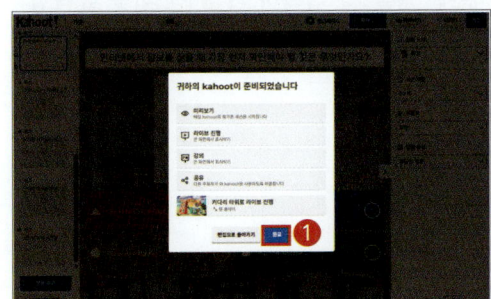
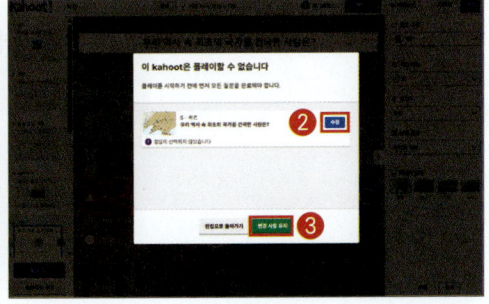

AI 활용 퀴즈 제작

카훗에서는 AI 기능이 탑재된 카훗 생성기를 통해 간편하게 퀴즈를 자동 생성할 수 있습니다. 이 기능을 활용해 주제, URL, 위키백과를 기반으로 문제를 생성할 수 있으며 문항을 빠르게 제작할 수 있습니다.

또한 PDF와 슬라이드를 기반으로 카훗 퀴즈를 제작할 수 있어, 기존 수업 자료를 활용해 문항을 손쉽게 만들 수 있습니다. 단, PDF 기반 카훗 퀴즈 생성과 슬라이드 불러오기 기능은 브론즈 계정 이상의 유료 사용자에게만 제공되기 때문에, 무료 계정을 사용하는 경우에는 ChatGPT를 활용해 문항을 제작한 뒤, 스프레드시트로 업로드하는 방식을 통해 문항을 제작하면 됩니다.

Kahoot 생성기 - 주제

Kahoot 퀴즈 생성기 중 주제를 통한 문항을 생성해보겠습니다.

01 ❶ [생성]에서 ❷ [Kahoot]을 클릭하고, ❸ [Kahoot 생성기]를 클릭합니다.

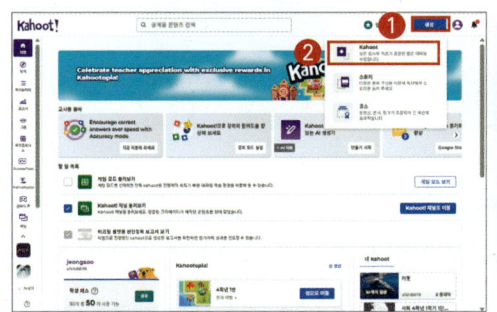 

02 ❶ [형식]을 확인하고, ❷ [언어]를 한국어로 설정하고, ❸ [실력 수준]과 ❹ [문체], ❺ [Kahoot 길이(문항 수)]를 선택합니다. ❻ [주제]에 "동물"을 입력하고 ❼ [생성]을 클릭합니다. [원하는 퀴즈를 선택]하거나 ❽ [모두 추가]를 클릭하고 ❾ [완료]를 클릭하여 문항 생성을 완성합니다.

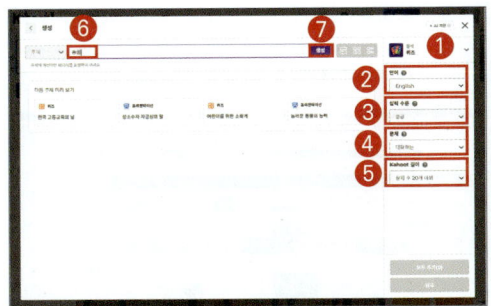 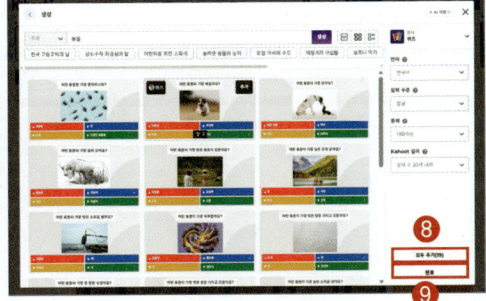

> **박쌤의 꿀팁** AI 생성기를 통해 만들어진 퀴즈는 문항과 이미지가 자동으로 삽입되지만, 내용과 관련이 없거나 부적절할 수 있으므로 문항과 이미지 모두 꼼꼼히 확인하고 수정하는 과정이 반드시 필요합니다.

Kahoot 생성기 - PDF 업로드

Kahoot 퀴즈 생성기의 PDF 업로드 기능을 통해 문항을 제작해보겠습니다. PDF를 카훗 퀴즈로 제작하는 방법은 두 가지가 있습니다. PDF를 Kahoot 탭을 직접 선택하거나, Kahoot 생성기 내에서 PDF 옵션을 선택해도 동일한 기능을 사용할 수 있습니다.

01 ❶ [생성]에서 ❷ [Kahoot]을 클릭하고, ❸ [PDF를 Kahoot으로]를 선택합니다.

02 ❶ [파일 업로드]를 클릭하여 파일을 업로드하고, ❷ [원하는 페이지]를 선택한 뒤, ❸ [생성]을 클릭합니다.

◆ 소스 파일 : joo.is/kahoot퀴즈

03 ❶ [문제 생성]을 클릭하여 문항을 생성한 후, 원하는 문제를 [추가]하거나 ❷ [모두 추가]를 클릭합니다. ❸ [완료]를 클릭합니다.

 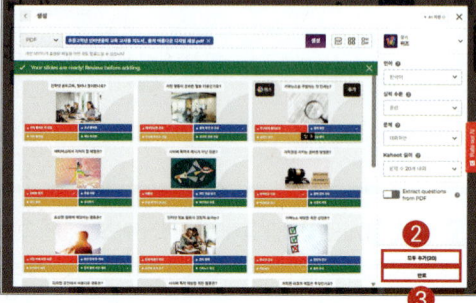

`박쌤의 꿀팁` PDF 안에 퀴즈가 있어 PDF 파일에 있는 퀴즈를 카훗으로 만들고 싶다면 Extract questions을, PDF에 퀴즈는 없지만 PDF 내용으로 퀴즈를 만들고 싶다면 문제 생성을 선택합니다.

04 언어, 실력 수준, 문체, Kahoot 길이를 수정하고 싶다면 ❶ [설정을 변경]하고, ❷ [새로 고침]을 클릭합니다. ❸ 원하는 문제를 [추가]하거나 [모두 추가]를 클릭한 후 ❹ [완료]를 선택합니다. 퀴즈가 완성되면 [질문 유형, 시간 제한, 답변 옵션] 등을 확인하고 ❺ [저장]합니다.

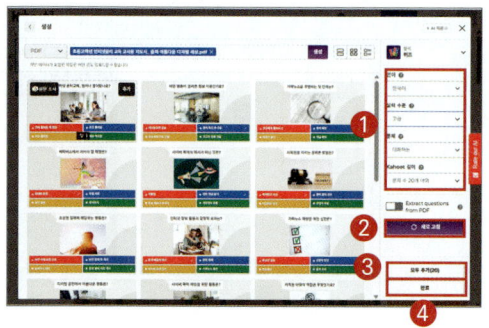 

160 교실에서 바로 쓰는 퀴즈×평가 플랫폼

3 카훗 수업 진행하기

이제 제작한 kahoot 퀴즈를 바탕으로 카훗 수업을 어떻게 진행할 수 있을지 살펴보겠습니다. 카훗은 단순한 퀴즈 진행을 넘어, 학생의 흥미와 몰입을 높일 수 있는 다양한 게임 모드를 제공합니다. 대표적으로는 클래식 모드, 강의 팀모드, 정확도 모드가 있으며, 여기에 더해 로봇 경주, 잃어버린 피라미드, 잠수함 특공대와 같은 게임 모드도 함께 제공됩니다.

이러한 모드를 활용하면 개인전뿐만 아니라 팀 활동을 통한 협력 학습도 가능하며, 학생들은 서로 협력해 퀴즈에 참여하면서 학급의 정답률을 높이고, 최종적으로는 카훗토피아 섬을 발전시키는 성취감을 경험하게 됩니다.

카훗 게임 진행

01 [라이브러리]에서 진행하려는 퀴즈 위에 마우스를 올려놓고 ❶ [라이브 진행]을 클릭합니다. ❷ 카훗토피아에서 [학급]을 선택합니다.

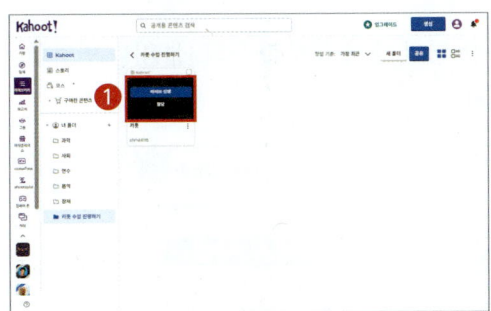 

02 원하는 [모드]를 선택합니다. 학생들은 [QR코드]를 스캔하거나 [Kahoot.it]에 접속해서 게임 pin 번호를 입력하여 접속합니다. QR코드를 클릭하면 QR코드가 확대되어 학생들이 보다 편리하게 접속할 수 있도록 할 수 있습니다.

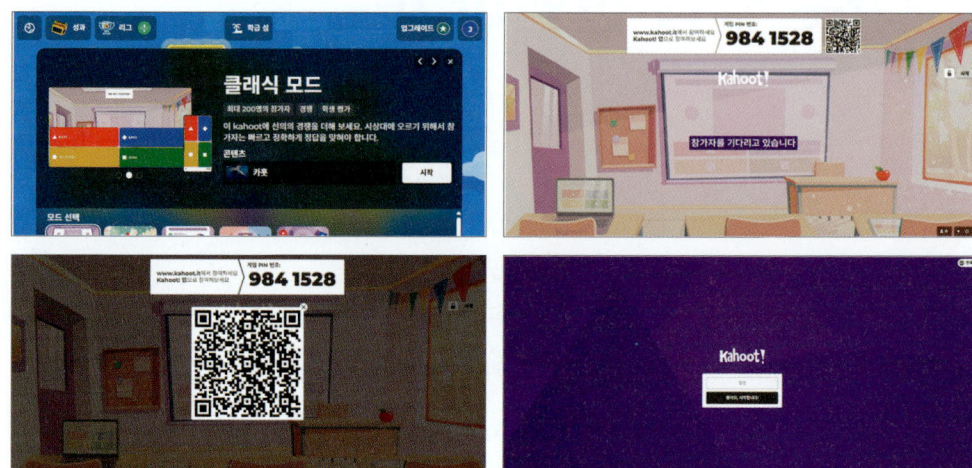

03 ❶ 진행 화면에서 QR코드를 확대하여 학생들이 보다 편리하게 접속할 수 있도록 [QR코드]를 클릭합니다. ❷ 학생들은 [별명]을 입력하고 접속합니다.

박쌤의 꿀팁 학생들이 퀴즈에 접속할 때에는 별명을 입력하는 화면에서 닉네임 대신 자신의 이름을 정확히 입력하도록 안내하는 것이 좋습니다. 이름을 입력해야 게임 도중 순위 변동이나 팀 구성을 확인하기 쉽고, 서로의 결과를 비교하며 더욱 즐겁게 참여할 수 있기 때문입니다.

04 ❶ 필요 시 설정 창에서 질문 답 표시 또는 답안 순서 무작위 등의 [설정]을 변경합니다. ❷ [시작]을 클릭하여 카훗 퀴즈를 시작합니다.

162 교실에서 바로 쓰는 퀴즈×평가 플랫폼

박쌤의 꿀팁 기본 설정에 학생들의 기기에서 질문과 답이 같이 보이게 됩니다. 문제는 교사의 TV 화면을 통해 확인하고, 학생들 기기에서는 답 입력만 하게 하고 싶다면 설정에서 질문 답 표시를 비활성화합니다.

05 ❶ 학생들은 문제를 확인하고 ❷ [정답]을 체크합니다. ❸ 문제를 마칠 때마다 [점수 게시판]에서 점수를 확인할 수 있습니다.

06 ❶ 최종 순위를 확인합니다. ❷ [다시 플레이]를 클릭하여 퀴즈를 한 번 더 진행하거나 ❸ 학생의 [피드백 제공]을 클릭하여 학생들의 피드백을 받습니다.

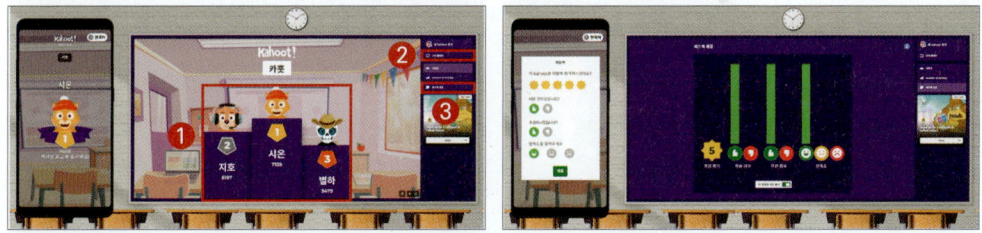

박쌤의 꿀팁 카훗의 점수 게시판은 매 문제마다 점수를 누적하여 실시간으로 순위를 보여주는 방식을 사용합니다. 이로 인해 개인전으로 진행할 경우, 연속으로 오답을 선택하거나 순위가 뒤처진 학생은 게임 도중 흥미를 잃고 포기할 가능성도 있습니다. 따라서 게임 종료 후 보상을 제공할 때에는 1등뿐만 아니라 11등, 21등과 같이 다양한 순위에 보상을 분산하여, 모든 학생이 끝까지 참여할 수 있도록 동기를 부여하는 전략도 효과적입니다.

카훗 게임 종류

클래식 모드는 개인별로 점수를 경쟁하며 진행하며, 문제를 빨리 맞힐수록 높은 점수를 획득하게 됩니다. 강의는 슬라이드가 많을 경우 효율적으로 진행할 수 있는 모드입니다.

팀 모드는 팀이 협업하여 문제를 해결하는 모드입니다. 한 팀당 기기 한 개로 돌아가면서 문제를 풀 수 있고, 참가자 1인당 1대의 기기로 참여할 수도 있습니다. 무료 계정에서는 한 팀당 장치 한 개의 팀 모드만 지원됩니다. 정확도 모드는 빠르게 정답을 맞히면 더 높은 점수를 얻는 클래식 모드와 다르게 답의 정확도만으로 포인트를 얻는 퀴즈 방식입니다.

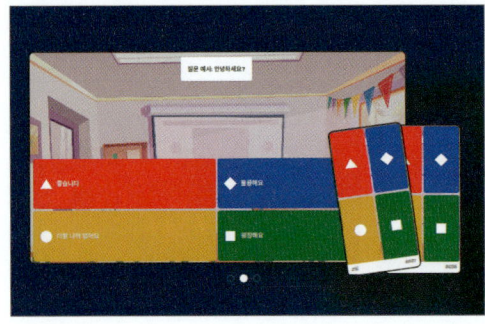 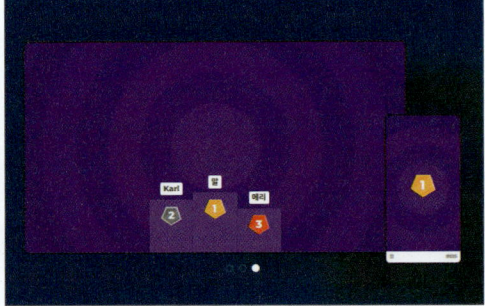

로켓 경주는 새로운 게임으로 성난 로봇이 쫓아오면 문제를 맞히고 부스트를 얻어 도망가는 형식의 퀴즈 모드입니다. 잃어버린 피라미드는 유일하게 원하는 친구들끼리 팀을 이룰 수 있는 모드입니다. 친구들과 함께 토의하여 협력하며 문제를 해결하여 피라미드 정상에 가장 먼저 도착하는 게임입니다.

 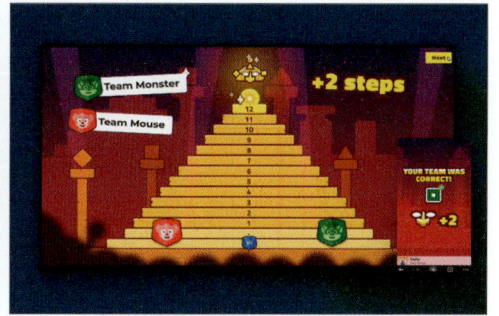

잠수함 특공대는 문제를 맞혀 잠수함에 부스터를 장착하고 탈출하는 게임으로 로봇 경주와 비슷한 형식입니다. 컬러 킹덤은 땅따먹기처럼 팀 친구들이 힘을 모아 더 많은 색을 모으는 게임으로, 다른 팀의 땅을 둘러싸면 우리 팀의 땅이 되므로 팀의 전략도 필요한 게임입니다.

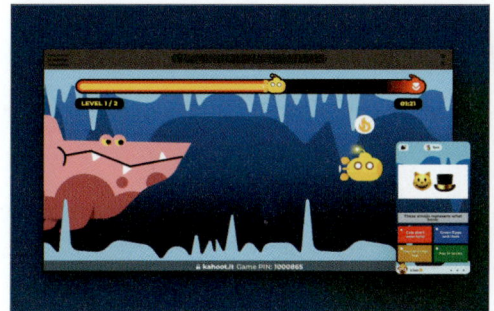 

우주 정복과 키다리 타워는 무작위로 선정된 팀끼리 문제를 풀고 가장 높은 타워를 건설하는 팀이 우승하는 형식입니다.

보물창고는 질문 세 개를 맞히고 보물을 수집하여 점수를 얻는 개인전 형식의 모드입니다. 숨은 명작 찾기는 학생들이 문제를 풀고 정답을 맞혀 그림붓을 수집하고 힘을 합쳐 숨은

명작을 찾아내는 게임으로 학급의 협력을 이끌어낼 수 있는 게임입니다.

카훗 과제

카훗은 실시간으로 학생들과 함께 플레이할 수 있지만 과제로 출제할 수도 있습니다. 라이브러리에서 해당 카훗 퀴즈 위에 마우스를 올려둔 뒤 할당을 선택합니다. 설정을 변경한 뒤 생성을 클릭하면 과제가 생성됩니다.

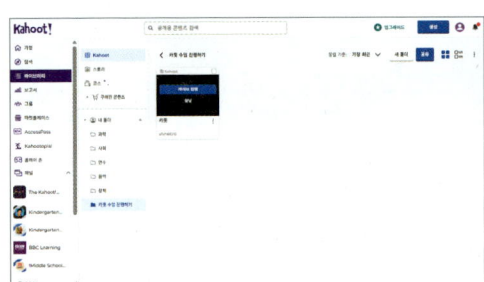 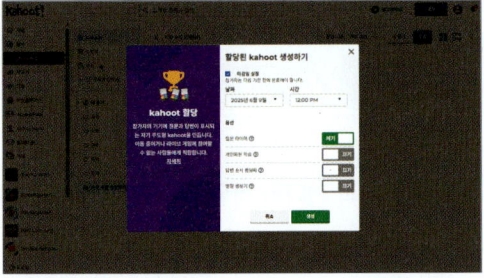

QR 코드 또는 URL을 통해 학생들에게 과제를 제시하고, 학생은 별명을 입력하고 스스로 과제를 해결합니다. 과제 종료 시 라이브 진행과 마찬가지로 보고서가 생성되어 보고서 - 자율학습에서 학생들의 과제 결과를 확인할 수 있습니다.

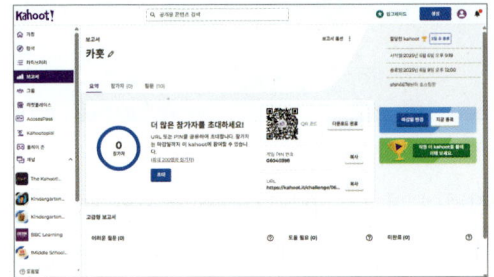 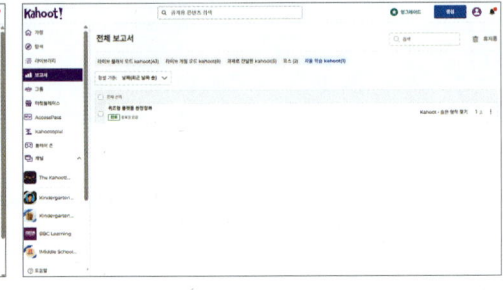

 카훗 수업 사례

카훗은 교사가 퀴즈를 손쉽게 만들 수 있고, 학생들도 재미있게 참여할 수 있어 다양한 교과 수업에 잘 어울리는 학습 도구입니다.

사회, 과학, 영어 등 교과 수업은 물론, 창의적 체험활동에서도 퀴즈 형식으로 다양하게 활용할 수 있으며, 특히 소단원 정리 활동이나 대단원 평가를 대체하거나 보완하는 형식으로 적용하면 학습 내용을 자연스럽게 점검할 수 있습니다.

사회 수업 사례

다음은 6학년 2학기 사회 1단원 세계의 여러 나라 수업 사례입니다. 단답형, 선다형, 핀 고정형 문항을 활용하여 단원 정리 학습에 활용하였습니다.

 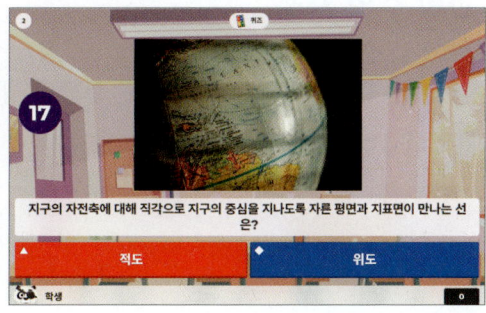

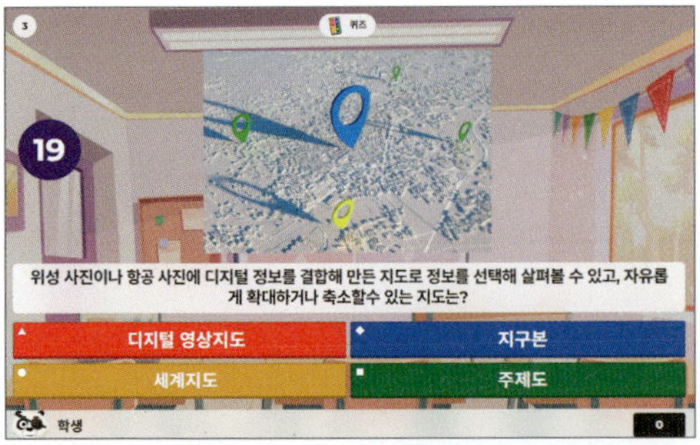

과학 수업 사례

다음은 3학년 1학기 과학 2단원 동물의 생활의 카훗 퀴즈 수업 사례입니다. 참/거짓, 선다형, 단답형 문항으로 단원 내용을 정리할 수 있는 퀴즈를 제작하여 활용하였습니다.

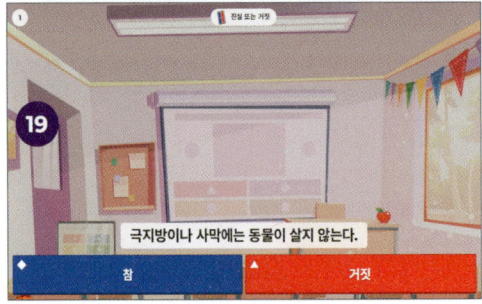

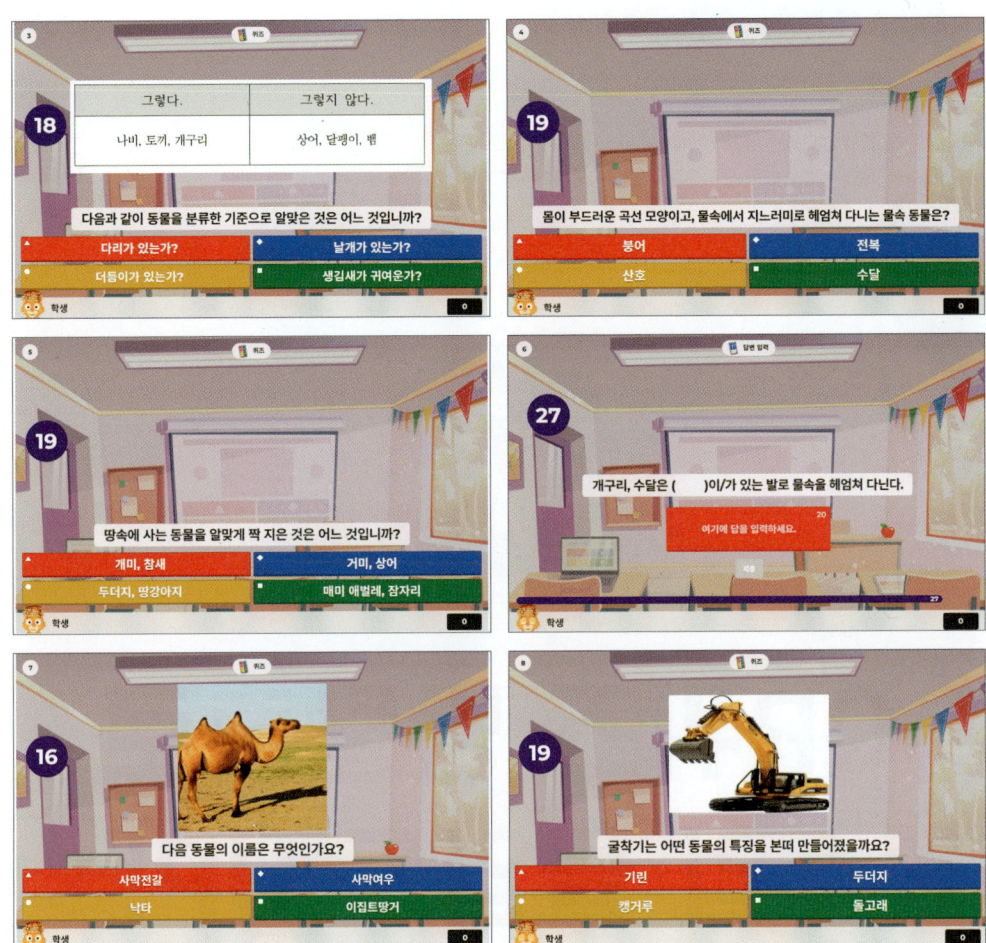

Chapter 6 경쟁과 협업을 동시에 카훗

7

QR퀴즈 방탈출로 수업 몰입도 UP! 라포라포

'라포라포'는 창의적이고 특색 있는 평가 활동을 구현할 수 있는 퀴즈 플랫폼입니다. 특히 QR퀴즈 방탈출 모드를 통해 학생들은 단순히 자리에 앉아 문제를 푸는 것이 아니라 교실 곳곳에 숨겨진 QR코드를 찾아 이동하며 문제를 해결하게 됩니다. QR코드가 부착된 장소와 문제 내용이 연계되어 있으면, 좀 더 몰입감 있는 학습 경험을 체험할 수 있습니다. 또한 학생들은 모둠 단위로 협력하여 미션을 수행하는 과정 속에서 자연스럽게 의사소통 능력, 협동심, 문제 해결력을 기를 수 있습니다.

1 라포라포 살펴보기

라포라포는 단원 마무리 복습 활동, 수업 내용을 정리하는 과정 중심 평가, 프로젝트 수업의 도입 또는 정리 단계에서 효과적으로 활용할 수 있습니다. 특히 활동성과 몰입도가 중요한 시점, 예를 들어 학생들의 집중력이 떨어졌을 때나 수업 분위기를 전환하고자 할 때 유용하게 사용할 수 있습니다. 학생들은 문제 해결을 위해 교실을 이동하고, QR코드를 찾아 탐색하며 팀원들과 협력하는 과정 속에서 자연스럽게 소통 능력과 협동심을 기르게 됩니다.

다른 퀴즈 플랫폼과 비교했을 때 라포라포만의 장점은 확연히 도드라집니다. 예를 들어 Kahoot, Quizizz, Blooket 등은 주로 화면 속 문제를 개인 또는 경쟁 중심으로 해결하는 데 초점이 맞추어져 있습니다. 반면 라포라포의 QR퀴즈 방탈출은 교실 공간을 활용하여 학생들이 직접 움직이며 팀을 이루어 문제를 해결하게 함으로써 더욱 역동적이고 참여 중심적인 학습 환경을 제공합니다. 특히 문제와 QR코드의 위치를 연계할 수 있다는 점은 공간적 맥락 속에서 학습 내용을 더 깊이 있게 이해하도록 도와줍니다. 예를 들어 과학 수업에서는 실험 도구가 놓인 책상에 관련 문제를 부착하거나 사회 수업에서는 특정 지역의 사진 옆에 해당 지역과 관련된 문제를 제시하는 방식으로 활용할 수 있습니다.

회원가입

- 라포라포 사이트: raporapo.com

라포라포는 유료 퀴즈 플랫폼이지만 회원가입 시 2주간 무료 체험이 가능합니다. 회원가입은 새로운 계정을 생성하는 방법이 있고, 카카오계정이나 웨일스페이스 계정 또는 구글 계정으로 연계하여 가입하는 방법이 있습니다. 이 중에서 ❶ 네이버 웨일 스페이스 교원 아이디로 가입 시 한 달간 무료 체험이 가능합니다.

`전쌤의 꿀팁` 네이버 웨일 스페이스 교원 아이디는 교육청에서 발급한 웨일 스페이스 관리자 계정을 통해 생성할 수 있습니다. 웨일 스페이스 관리자 홈페이지 (https://admin.whalespace.io)에 관리자 계정으로 로그인하면 교원 아이디를 만들 수 있습니다.

라포의회

라포의회에는 배틀토론 기능과 국민투표 기능이 있습니다.

배틀토론

배틀토론은 토론 수업에 게임 요소를 접목한 활동으로, 학생들이 주어진 주제에 대해 팀을 나누어 찬반 토론을 펼치고, 논리적으로 자신의 주장을 펼치며 상대방을 설득하는 과정을 경험할 수 있습니다. 이 과정에서 학생들은 자연스럽게 참여와 몰입을 높이고, 협력과 의사소통 능력, 논리적 사고력을 키울 수 있습니다. 찬성과 반대 측 발표자 각 1명이 180초의 발언 시간을 가진 뒤 모든 학생이 투표에 참여하여 해당 라운드에서 어느 쪽 주장이 더 설득력 있었는지 선택합니다. 이렇게 라운드별로 투표 결과를 집계해, 최종적으로 더 많은 표를 얻은 팀이 승리하게 됩니다.

국민투표

국민투표는 특정 주제나 안건에 대해 원하는 학생들이 의견을 발표한 뒤 직접 투표로 의견을 표현하는 기능입니다. 교사는 수업 주제와 관련된 질문을 제시하고, 학생들은 각자의 의견을 정리하여 발표를 할 수 있습니다. 원하는 학생들의 발표가 끝나면 모든 학생이 투표에 참여합니다. 이를 통해 다수의견과 소수의견을 확인하고, 민주적 의사결정 과정을 경험할 수 있습니다.

게임센터

게임 센터에는 QR퀴즈 방탈출, OX배틀로얄, 빙고의 신, 퀴즈 타임, HIT&RUN 5가지의 게임 모드가 있습니다.

QR퀴즈 방탈출

교실이나 학교 곳곳에 배치된 QR코드를 학생들이 직접 찾아다니며 스캔하고, 문제를 해결해 단계별로 방을 탈출하는 게임입니다. 문제는 교사가 직접 출제하거나 수정할 수 있고, 텍스트, 이미지, 동영상 등 다양한 형태로 만들 수 있습니다. 문제 유형도 선택형, 단답형, 다중선택형 등 다양하며, 일반 문제와 추론 문제로 구성되어 있습니다. 팀별로 협력하여 문제를 풀고, 단계별로 추론 문제를 해결해야 최종적으로 탈출할 수 있어 자연스럽게 협업과 사고력, 문제 해결력을 기를 수 있습니다.

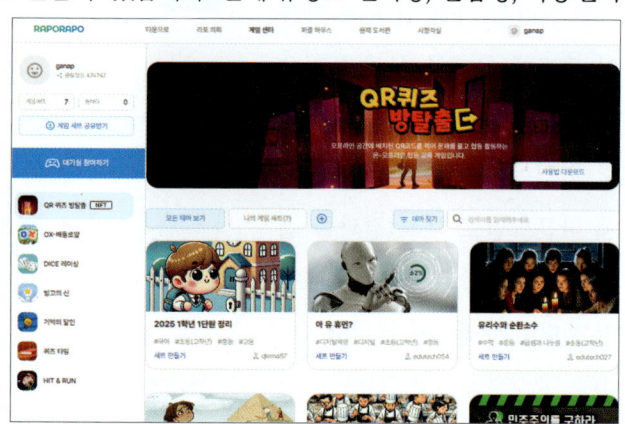

OX배틀로얄

O/X(참/거짓) 형태의 퀴즈를 여러 명이 동시에 풀고, 오답자는 탈락하는 방식으로 진행됩니다. 마지막까지 남은 학생이 승리하는 구조로 빠른 판단력과 집중력이 요구됩니다.

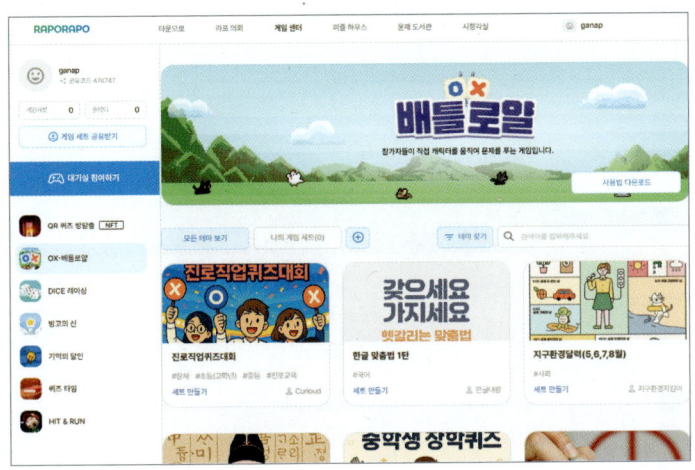

DICE 레이싱

팀원과 함께 문제를 풀고, 정답을 맞힐 때마다 주사위를 굴려 캐릭터를 이동시키는 보드게임 형식의 활동입니다. 주사위의 눈에 따라 이동 경로가 달라지며 먼저 목표 지점에 도달한 팀이 승리하게 됩니다.

빙고의 신

빙고의 신에서 퀴즈 모드를 고르면 퀴즈를 맞힌 팀의 팀원이나 플레이어에게 단어 선택권이 부여됩니다. 단어 선택권을 가진 학생이 단어를 선택하며 해당 칸을 채우고, 가로나 세로, 대각선으로 빙고를 완성하는 것이 목표입니다:

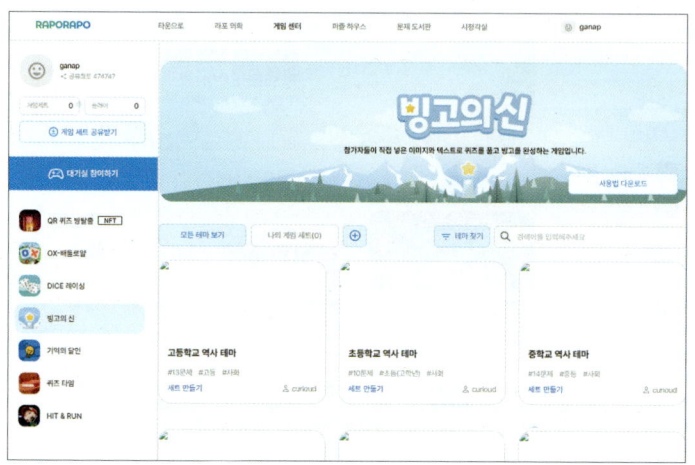

기억의 달인

제한된 시간 안에 제시된 단어들을 기억한 뒤, 화면에서 사라진 단어들을 떠올려 정답을 맞히는 기억력 훈련 게임입니다. 게임이 진행될수록 외워야 할 단어의 수가 늘어나며 자연스럽게 기억력과 집중력을 끌어올릴 수 있도록 설계되었습니다. 개인전과 팀전 모두 가능합니다. 게임이 끝난 후에는 자신의 결과를 확인할 수 있습니다.

퀴즈 타임

QR코드를 찾아 문제를 풀면 되고 최종 진행도로 순위를 매기게 됩니다. QR퀴즈 방탈출 모드에서 시나리오와 추론 모드 없이 일반 문제만 푸는 형태입니다.

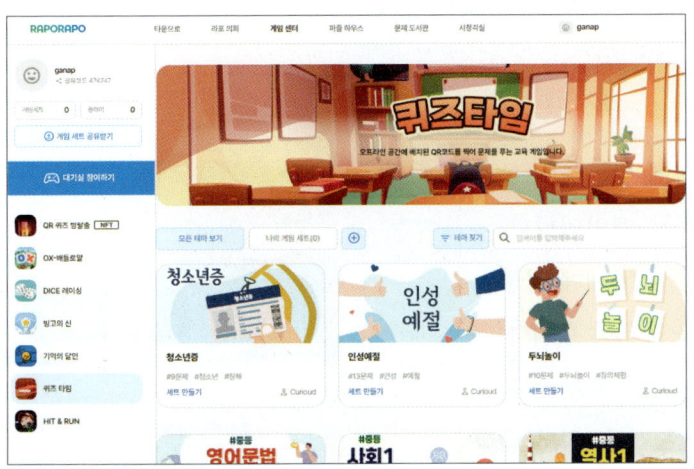

HIT&RUN

문제를 풀면 도형 카드가 주어지고, 이 카드를 활용해 상대 팀과 전략적으로 대결하는 카드 야구 게임입니다. 단순한 문제 풀이를 넘어 획득한 카드를 어떻게 사용할지 팀원들과 전략을 세우며 협동과 경쟁을 동시에 경험할 수 있습니다.

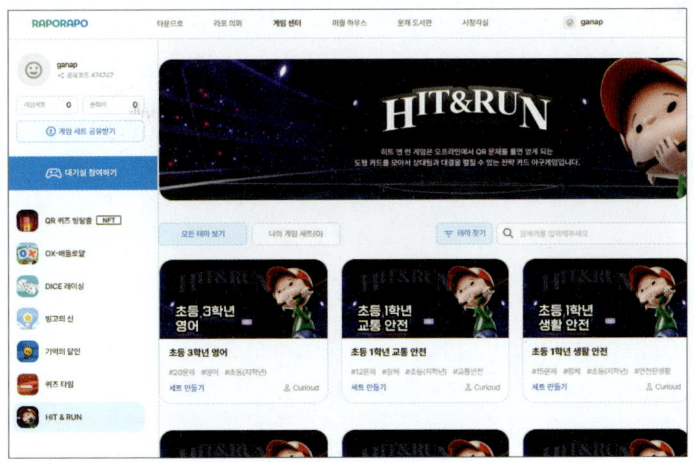

퍼즐하우스

퍼즐 하우스에는 초성게임, 흩어진 단어찾기, 카드 짝 맞추기, 스피드 퀴즈 4가지 기능이 있습니다.

초성 게임

주어진 초성에 맞는 단어를 떠올려 입력하는 게임입니다. 학생들은 제한 시간 내에 가능한 많은 정답을 맞혀야 합니다. 문제 풀이가 끝나면 최종 점수, 맞힌 문제, 남은 시간, 정답 유무를 확인할 수 있습니다.

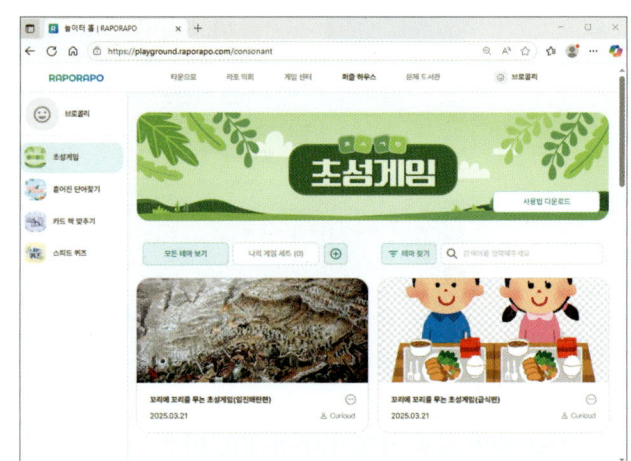

흩어진 단어찾기

여러 개의 단어 조각이나 문장 일부가 흩어져 제시되면, 학생들이 이를 올바른 순서로 배열해 정답이 되는 문장이나 단어를 완성하는 게임입니다. 문제 풀이가 끝나면 최종 점수, 맞힌 문제, 남은 시간, 정답 유무를 확인할 수 있습니다.

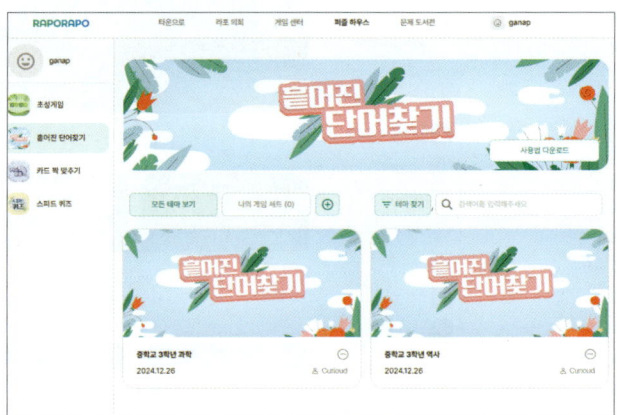

카드 짝 맞추기

여러 장의 카드가 뒷면으로 놓여 있고, 학생들이 차례로 두 장씩 뒤집어 같은 그림이나 단어, 개념이 적힌 카드를 짝지어 맞추는 게임입니다. 게임이 끝날 때까지 가장 많은 짝을 맞춘 학생이나 팀이 승리합니다.

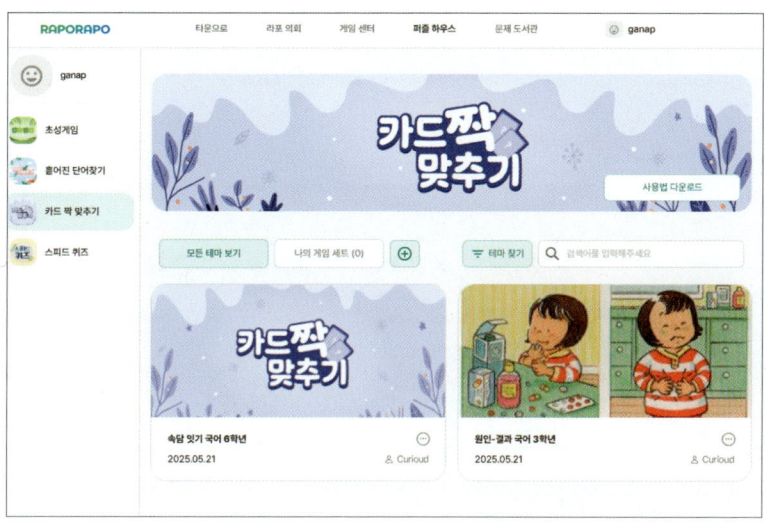

스피드 퀴즈

스피드퀴즈는 최대한 빨리 문제를 모두 풀어야 하는 게임입니다. 시간제한은 없으며 문제를 모두 풀 경우 게임이 종료됩니다.

문제 도서관

문제 도서관에서는 참고하거나 복사하여 활용할 수 있는 다양한 문제들이 있습니다. 문제 유형별, 학교급별, 과목별로 문제 도서관에 있는 문제들을 확인할 수 있습니다.

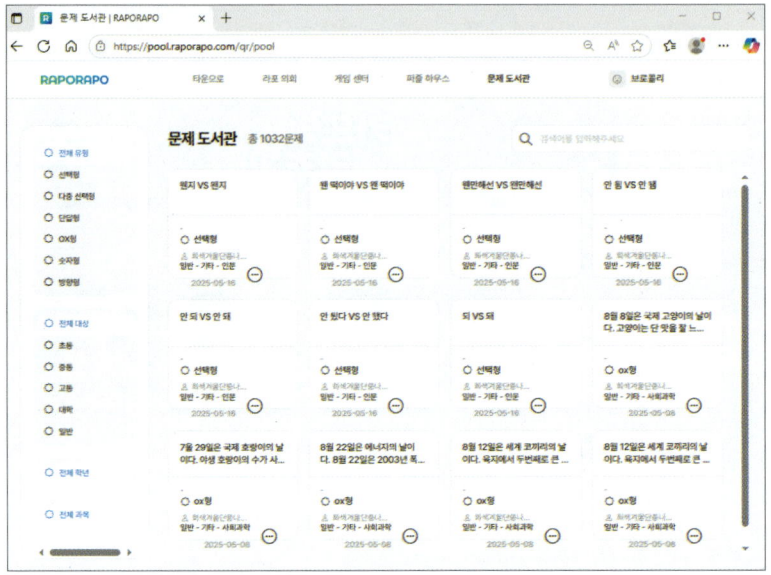

② 라포라포 퀴즈 제작

라포라포에는 QR퀴즈 방탈출, OX-배틀로얄, DICE 레이싱, 빙고의 신, 기억의 달인, 퀴즈 타임, HIT&RUN 이렇게 7가지의 퀴즈 모드가 있습니다. 이 중에서 QR퀴즈 방탈출 모드로 문제를 만들고 교실에서 활용하는 방법에 대해 알아보겠습니다.

QR퀴즈 방탈출만의 장점

1. 현장감 있는 활동과 높은 몰입도
QR퀴즈 방탈출는 실제 교실이나 학교 곳곳 또는 야외 공간에 QR코드를 배치해 학생들이 직접 찾아다니며 문제를 푸는 방식입니다. 단순히 앉아서 푸는 퀴즈와 달리 학생들이 움직이며 협력하고, 팀원들과 소통하는 과정에서 몰입도와 흥미가 크게 높아집니다.

2. 협력과 문제해결력, 사고력 신장
학생들은 팀을 이루어 문제를 풀고, 추론 문제에서는 각자의 의견을 모아 논리적으로 해결책을 찾아야 합니다. 이 과정에서 자연스럽게 협동심, 의사소통 능력, 논리적 사고력, 문제해결력이 길러집니다.

3. 다양한 문제 유형과 교과 연계
QR퀴즈 방탈출는 선택형, 단답형, 다중선택형 등 다양한 문제 유형을 설정할 수 있고, 이미지·동영상 등 멀티미디어 자료도 활용할 수 있습니다. 교과 단원 정리, 복습, 프로젝트형 수업 등 다양한 교육 목표에 맞게 활용이 가능합니다.

4. 게이미피케이션 효과와 적극적 참여 유도

게임적 요소(방탈출, 점수, 순위 등)가 결합되어 있어 학생들이 자연스럽게 경쟁심과 도전 의식을 갖고 적극적으로 참여하게 됩니다. 특히 평소 소극적인 학생들도 팀 활동을 통해 활발히 참여하는 모습을 보입니다.

5. 온·오프라인 융합 수업 가능

QR코드만 있으면 교실, 복도, 운동장, 심지어 온라인 플랫폼(ZEP 등)에서도 동일하게 활용할 수 있어 공간의 제약 없이 다양한 형태의 수업이 가능합니다.

6. 수업의 활력과 기억에 남는 경험 제공

학생들에게 색다른 경험과 즐거움을 주며 수업에 활력을 불어넣을 수 있습니다. 활동 후에도 학생들의 만족도가 높고, 기억에 오래 남는 수업이 됩니다.

QR퀴즈 방탈출 살펴보기

라포라포 QR퀴즈 방탈출 모드에서 문항을 제작하는 순서는 다음과 같습니다. 먼저 테마를 선택하여 저장한 뒤 시나리오, 일반 문제, 추론 문제를 차례대로 수정하여 퀴즈를 완성합니다. 시나리오란 방탈출 퀴즈 테마의 시나리오로서 인트로, 중간 시나리오, 아웃트로가 있습니다. 일반 문제에서는 학습 내용과 관련지어 직접 문항을 제작하거나 AI를 활용해 문제를 제작할 수 있습니다. 추론 문제에서는 선택한 퀴즈 테마에 맞는 문제들이 이미 제작되어 있어 상황에 맞게 선택하여 저장하면 됩니다. 지금부터 순서대로 퀴즈 테마, 시나리오, 일반 문제, 추론 문제에 대해 자세히 알아보겠습니다.

퀴즈 테마

퀴즈 테마는 QR퀴즈 방탈출을 어떤 흐름으로 진행할지 설정하는 단계입니다. 라포라포에서 제공하는 많은 테마들 중에 학습 내용과 방법에 적합한 것을 선택하면 됩니다.

01 ❶ [게임 센터]-[QR퀴즈 방탈출]을 순서대로 클릭합니다. 적합해 보이는 ❷ [테마]를 선택합니다. 테마를 열어본 뒤 내용이 적합할 경우 오른쪽 하단의 ❸ [게임 세트 만들기]를 클릭합니다.

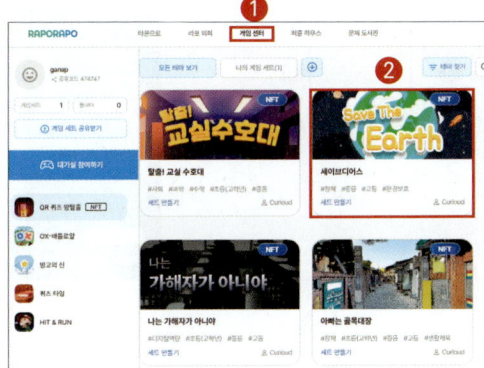

시나리오

퀴즈 테마를 선택했다면 다음으로는 시나리오, 일반 문제, 추론 문제를 순서대로 설정해야 합니다. 여기서 시나리오는 QR퀴즈 방탈출에서 퀴즈를 풀 때 진행되는 구체적인 이야기 형태를 이야기합니다.

01 ❶ [게임 센터], ❷ [QR퀴즈 방탈출], ❸ [나의 게임 세트]를 순서대로 클릭합니다. 새로 수정하고자 하는 ❹ [테마]를 클릭합니다.

시나리오 설정하기

시나리오를 설정하기 위해서는 먼저 ❶ [시나리오]를 선택한 뒤 ❷ [수정] 버튼을 클릭합니다. 시나리오는 ❸ 인트로, ❹ 중간 시나리오, ❺ 아웃트로 단계로 구성되어 있습니다. 인트로, 중간 시나리오, 아웃트로 단계에서는 각각 ❻ [기본 시나리오]를 활성화하여 진행하거나 ❼ [나의 시나리오]를 활성화한 뒤 나에게 맞게 시나리오를 수정하거나 ❽ [사용 안 함]을 활성화하여 인트로나 중간 시나리오, 아웃트로를 생략할 수 있습니다.

시나리오 제작하기

나의 시나리오를 활성화하면 나에게 맞는 시나리오를 제작할 수 있습니다. 인트로, 중간 시나리오, 아웃트로 중 인트로를 예시로 3개의 장면을 제작해 보겠습니다. 인트로를 수정했던 것과 같은 방법으로 중간 시나리오, 아웃트로 수정이 가능합니다. 이 과정에서 AI 시나리오 기능으로 만든 예시안을 통해 나만의 시나리오 제작에 참고할 수 있습니다.

◆ 소스 파일 : joo.is/라포라포퀴즈

01 필요한 시나리오 장면의 숫자만큼 ❶ [+] 버튼을 눌러 추가합니다. 인트로에서 ❷ [나의 시나리오] 버튼을 활성화합니다. ❸ [첫 번째 빈 화면]을 클릭한 뒤 ❹ [동영상] 버튼을 클릭합니다. "2-4-2_유튜브 링크 주소"를 입력하고 ❺ [+] 버튼을 클릭합니다.

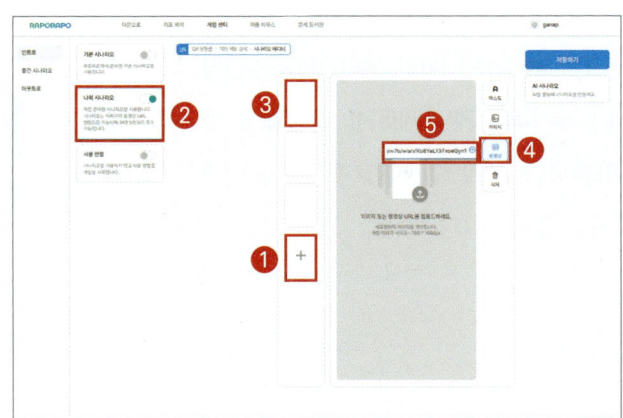

02 ❶ [두 번째 빈 화면]을 클릭합니다. ❷ [이미지 버튼]을 클릭한 뒤 소스 파일에 있는 "2-4-2_ 시나리오 배경화면"을 업로드합니다. ❸ [텍스트] 버튼을 클릭합니다. 예문으로 "대기 오염이 심해져 지구는 사람들이 살기 힘든 곳이 되었다"를 입력합니다.

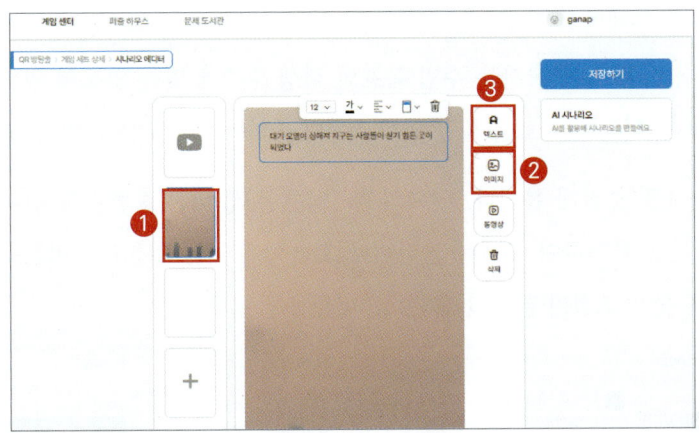

03 ❶ [세 번째 빈 화면]을 클릭한 뒤 위와 같은 배경 화면을 넣고 예문으로 "다양한 환경 문제를 풀어서 대기 오염을 해결해 봅시다"를 입력합니다. ❷ [저장하기] 버튼을 클릭합니다. ❸ [AI 시나리오]를 클릭하여 프롬프트를 입력한 뒤 시나리오 예시안을 만들 수도 있습니다.

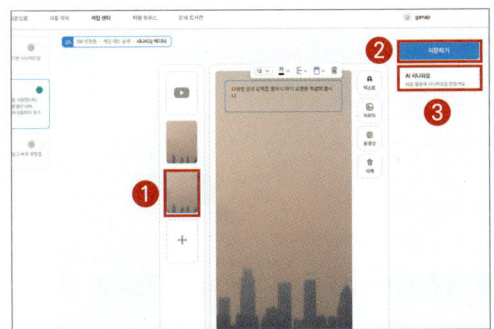 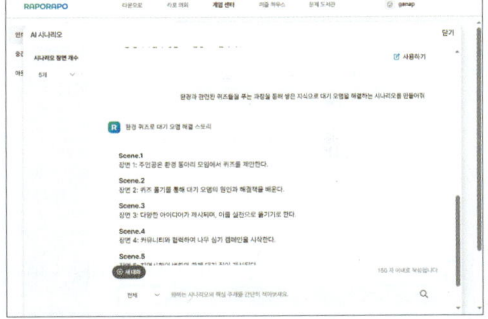

일반 문제

라포라포 QR방탈출 퀴즈 테마 내에서 일반 문제는 교과 학습 내용을 직접적으로 반영할 수 있어 학생들이 수업에서 배운 지식과 개념을 제대로 이해하고 있는지 확인할 수 있습니다. 또한 학생들이 일반 문제를 풀면서 자신이 몰랐던 부분을 새롭게 알게 되는 학습 효과도 있습니다. 일반 문제를 만드는 방법은 직접 만드는 방법과 AI를 활용하여 만드는 방법 2가지가 있습니다.

직접 만들기

직접 문제 만들기 기능을 활용하면 교사가 원하는 내용을 텍스트, 이미지, 동영상 등 다양한 형태로 학생들에게 출제할 수 있습니다. 직접 문제를 만드는 과정은 먼저 문제의 개수를 설정한 뒤, 각 문제별로 문제 내용과 정답, 그리고 필요한 경우 해설이나 힌트까지 입력할 수 있습니다. 이를 통해 교사는 수업 목표와 학생 수준에 맞는 맞춤형 일반 문제를 쉽게 제작할 수 있으며, 다양한 자료를 활용해 학생들의 흥미와 이해도를 높일 수 있습니다.

01 문제 숫자를 조절해 봅시다. 왼쪽의 ❶ [일반 문제] 버튼을 클릭합니다. 왼쪽 하단에 있는 ❷ [+] 버튼을 클릭하여 문제를 늘리거나 오른쪽에 있는 ❸ [삭제] 버튼을 눌러 문제를 줄입니다. 문제 숫자 조절이 끝나면 ❹ [수정] 버튼을 클릭합니다.

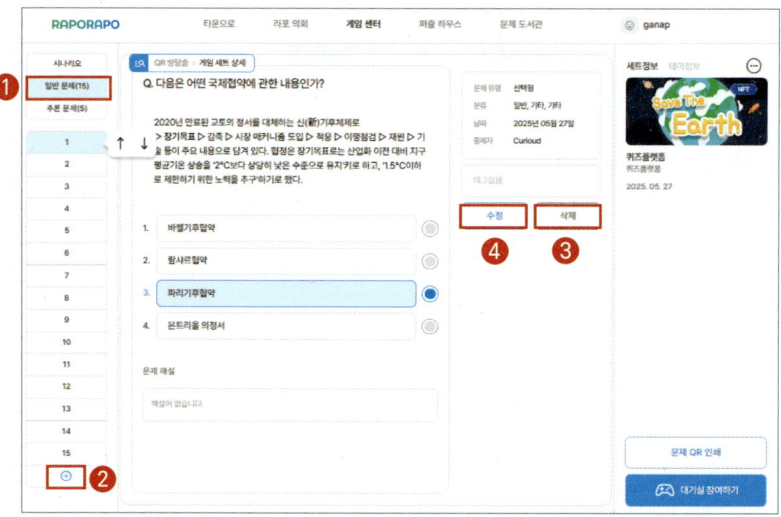

02 ❶ [질문]에 학생들이 풀어야 하는 문제를 적습니다. 이번 실습에서는 "모네가 그린 그림의 하늘이 흐렸던 이유는 무엇일까요?"를 적습니다. 문제 유형으로 ❷ [선택형]을 선택합니다. 문제 유형에는 선택형, 다중 선택형, 단답형, OX, 숫자형, 방향형이 있습니다. 보기 유형으로 ❸ [이미지]를 클릭하여 "2-5-1_직접 만들기 이미지"를 입력합니다. 보기 란에는 텍스트, 이미지, 동영상, 오디오를 입력할 수 있습니다. 유형 란에는 정답과 오답을 입력합니다. 정답인 "대기 오염"을 1번에 입력하고, 순서대로 "수질오염", "토양오염", "산성비"라는 오답을 입력합니다. "대기 오염"옆의 ❹ [동그라미 버튼]을 클릭하여 정답을 표기합니다.

03 해설은 문제에 대해 설명하는 기능으로 ❶ [텍스트]를 클릭한 뒤 "모네가 살던 시기에는 급격한 산업화에 따라 대기가 오염되어 하늘이 뿌옇게 보였습니다"를 입력합니다. ❷ [해설]란에는 필요한 경우 텍스트, 이미지, 동영상, 오디오 입력이 가능합니다. ❸ [정보]란에 대상 및 학년, 과목을 필수로 입력해야 합니다. 이번 실습에서는 "초등", "6학년", "과학"의 순서대로 선택합니다. ❹ [저장하기]를 클릭합니다. 문제를 추가해야 할 땐 ❺ [+]를 클릭하고, 문제의 순서를 조정해야 할 때에는 ❻ [↑, ↓]를 클릭합니다.

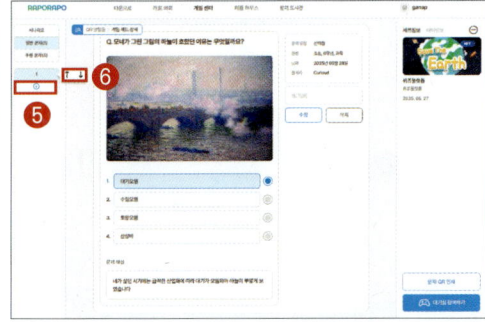

AI 문제 만들기

AI 문제 만들기는 대상, 학년, 과목, 문제 유형 등의 키워드를 선택하고, 문제와 관련된 프롬프트를 입력하여 AI로 문제를 만들 수 있는 기능입니다.

01 ❶ [+]를 클릭하여 문제를 추가합니다. ❷ [AI 문제 만들기]를 클릭합니다.

02 ❶ [키워드 추가하기] 메뉴에서 학생 수준에 맞게 문제 난이도와 유형을 설정할 수 있습니다. 이번 실습에서는 "초등", "6학년", "과학", "ox형", "중간 난이도", "해설 있음"을 순서대로 클릭합니다. ❷ [프롬프트]란에는 "6학년이 풀 수 있는 대기 오염에 대한 ox문제를 만들어줘"를 입력합니다. 문제를 검토한 뒤 ❸ [사용하기]를 클릭합니다. ❹ [저장하기] 버튼을 클릭합니다.

추론 문제

추론 문제는 팀원들의 협업과 사고력을 요구하는 고차원적인 문제 유형입니다. 기본적으로 테마별로 추론 문제가 1~5개 정도가 준비되어 있습니다. 이미 제시된 추론 문제 중에서 필요한 것을 선택하여 만들거나 직접 문제를 제작하는 방법 2가지가 있습니다.

선택하여 만들기

이미 제시된 추론 문제 중 필요한 문제만 선택하여 그대로 두고 나머지 필요 없는 추론 문제는 모두 삭제합니다. 필요할 경우 선택한 추론 문제를 부분적으로 수정하는 것도 가능합니다.

01 제시된 추론 문제들을 확인한 뒤 필요한 것만 남기고 ❶ [삭제] 버튼을 눌러 필요 없는 문제들을 지웁니다. ❷ [수정]을 클릭합니다. ❸ [질문], [문제 유형], [보기], [유형], [1차 힌트], [2차 힌트], [해설] 중 수정이 필요한 부분을 찾아 수정합니다. ❹ [저장하기]를 클릭합니다.

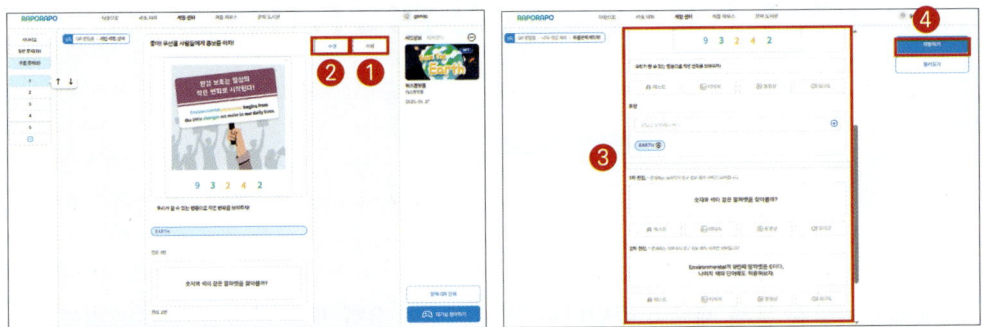

직접 만들기

추론 문제를 만드는 방법은 일반 문제를 직접 만드는 과정과 대부분 같습니다. 아래 힌트 입력 단계 전까지는 [186쪽 직접 만들기]를 참고하도록 합니다. 추론 문제는 QR퀴즈 방탈출 구조상 협업과 사고력을 요구하는 다소 높은 난도로 설계해야 하므로 힌트의 역할이 매우 중요합니다. 문제의 난이도가 적절하다면 1차 힌트만 입력해도 충분하지만, 난이도가 높거나 학생들이 어려워할 수 있는 경우에는 2차 힌트까지 입력해 제작하는 것이 좋습니다.

01 ❶ [+] 버튼을 눌러 추론 문제를 추가합니다. ❷ [질문], [문제 유형], [보기], [유형]을 순서대로 입력합니다. ❸ [1차 힌트]를 입력하고 필요할 시 ❹ [2차 힌트]까지 입력합니다. ❺ [저장하기]를 클릭합니다.

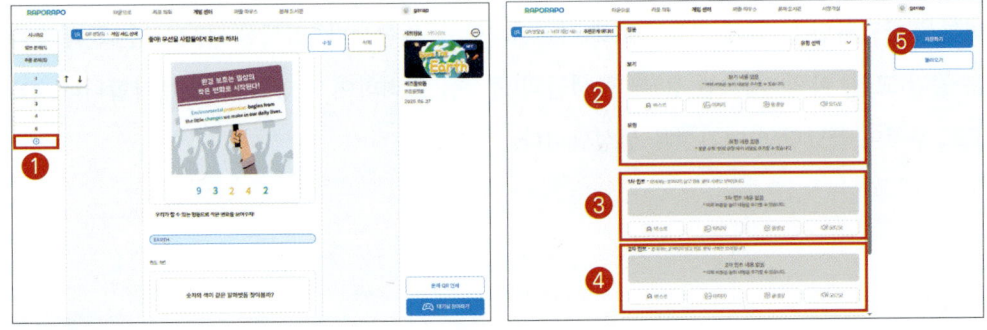

전쌤의 꿀팁 추론 문제는 일반 문제에 비해 내용 구성이 더 복잡하고 배경지식이 필요하기 때문에 교사가 만들기에는 다소 어려움이 있습니다. 따라서 직접 제작하기보다는 이미 제시된 추론 문제 중에서 필요한 것을 선택해 사용하는 것이 더 효율적입니다. 또한 추론 문제는 해결하는 데 시간이 많이 소요되는 편이므로 1~2개 정도로 구성하는 것이 좋습니다.

③ 라포라포 수업 진행하기

QR퀴즈 방탈출 문제 제작이 끝났다면 온·오프라인 융합 형태의 평가 수업을 진행할 수 있습니다. 평가를 진행하는 방법을 교사와 학생 관점에서 알아보도록 하겠습니다.

교사 진행 방법

라포라포에 교사용 계정으로 로그인한 뒤 [게임 센터]-[QR퀴즈 방탈출]-[나의 게임 세트]로 접속해서 내가 만든 [게임 세트]를 선택합니다.

문제 QR인쇄

교사가 제작한 일반 문제에 접속할 수 있게 해주는 QR코드가 배정되어 있습니다. 인쇄 버튼을 클릭하면 한 번에 모든 QR코드를 인쇄할 수 있습니다. 인쇄한 QR코드는 문제를 푸는 공간(교실, 야외, 체육관 등)에 학생들의 동선을 고려하여 다양한 곳에 부착합니다. QR코드 부착이 끝났다면 대기실을 생성합니다.

01 ❶ [문제 QR인쇄]를 클릭합니다. ❷ [프린트]를 클릭하여 인쇄합니다. ❸ [대기실 참여하기]를 클릭하여 대기실을 생성합니다.

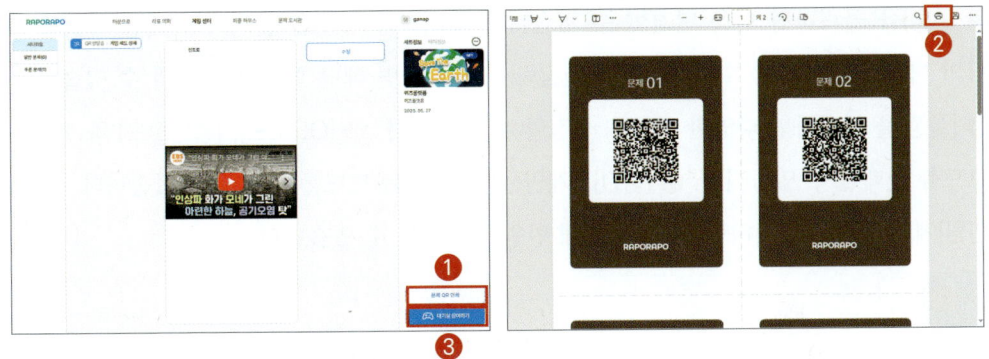

대기실 메뉴

대기실에는 다양한 기능들이 있습니다. ❶ [게임 대기자]에서는 현재 접속한 학생 중 팀에 배정되지 않은 명단을 볼 수 있습니다. ❷ [입장QR]을 클릭하면 학생들이 입장할 수 있는 방 번호, QR코드, 링크 주소를 볼 수 있습니다. ❸ [팀]에서는 현재 팀의 개수를 볼 수 있습니다. ❹ [+팀 추가], [-팀 삭제] 버튼을 활용하여 팀의 개수를 조절할 수 있습니다. ❺ [자동 팀 구성] 버튼을 활용하여 접속한 학생들을 자동으로 팀 배정을 할 수 있습니다. 예를 들어 24명의 학생이 접속해 있고 교사가 만든 팀이 8개일 때 ❺ [자동 팀 구성] 버튼을 클릭하면 자동으로 팀마다 3명의 학생이 배정됩니다. 대기실 설정과 팀 배정이 끝났으면 ❻ [게임 시작] 버튼을 클릭하여 퀴즈를 시작할 수 있습니다.

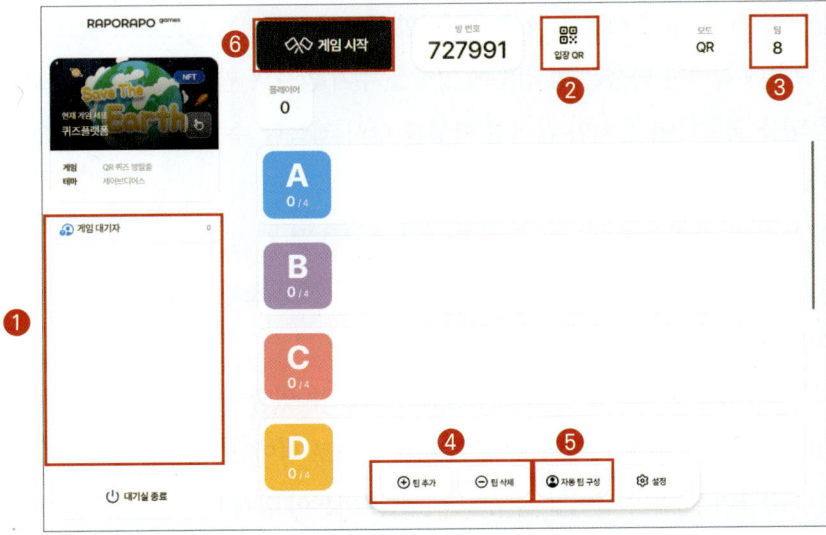

대기실 설정

대기실에 입장한 ❶ [김철수(학생)]을 클릭하면 학생에 대한 정보를 수정할 수 있습니다. ❷ [A팀]을 클릭하면 팀을 변경할 수 있습니다. ❸ [팀장 지정]을 클릭하면 해당 학생을 그 팀의 팀장으로 지정할 수 있습니다. ❹[강퇴]를 클릭하면 해당 학생을 내보낼 수 있습니다. ❺ [설정]을 클릭하면 다양한 기능을 설정할 수 있습니다. ❻ [QR모드], [일반모드] 중 원하는 모드를 선택할 수 있습니다. ❼ [팀전], [개인전] 중 원하는 모드를 선택할 수 있습니다. ❽ [팀 인원]에서 숫자를 변경하여 한 팀당 최대 인원을 조정할 수 있습니다.

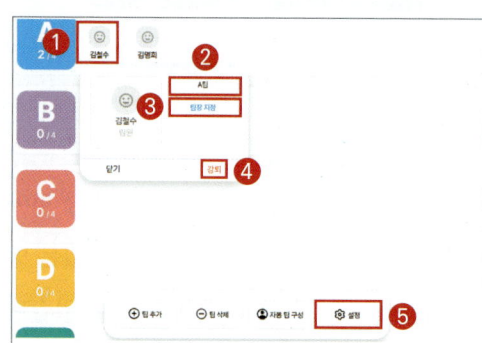
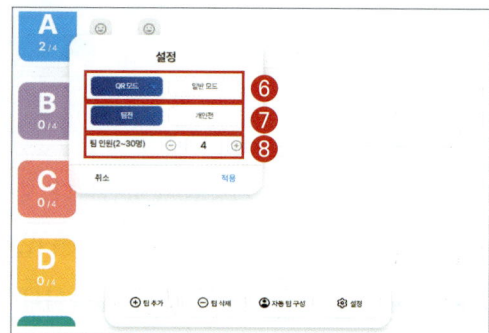

대시보드 메뉴

게임을 시작하면 교사용 대시보드가 열립니다. 대시보드에는 다양한 기능들이 있습니다.

❶ [QR보기]를 클릭하면 도중에 새로운 학생을 접속하게 하거나 게임 도중 접속이 끊어진 학생을 다시 접속하게 할 수 있습니다.

❷ [입장QR]을 클릭하면 새로운 학생이 입장할 수 있는 방 번호, QR코드, 링크 주소가 생성됩니다. 중간에 참여한 학생은 팀 점수에 영향을 주지 않으며 팀장이 될 수 없습니다.

❸ [재입장]을 클릭하면 접속이 끊어진 학생을 다시 접속할 수 있는 방번호와 QR코드가 생성됩니다.

❹ [결과 보기]를 클릭하면 게임을 끝내고 게임 결과를 볼 수 있습니다.

❺ [자동 진행]을 활성화하면 학생들이 퀴즈를 풀면서 특정 조건에 도달했을 때 스스로 추론 문제 진입 및 힌트 제공을 할 수 있도록 설정합니다.

❻ [A], [B], … 팀을 클릭하여 각 팀의 팀장을 변경할 수 있습니다.

❼ [수락] 버튼을 클릭하여 해당 팀이 추론 문제 단계로 넘어갈 수 있도록 수락합니다. 팀별로 팀 점수 평균이 50점이 넘어갈 경우에만 [수락] 버튼이 활성화됩니다.

❽ [힌트 제공]을 통해 학생들이 2차 힌트를 원할 경우 추론 문제에 대한 힌트를 제공할 수 있으며 ❾ [거절]을 누르면 학생들의 2차 힌트 제공을 거절할 수 있습니다.

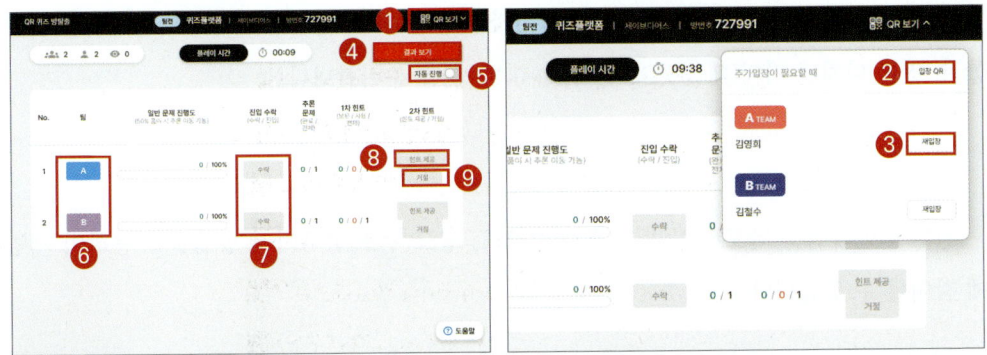

전쌤의 꿀팁 자동 진행을 활성화하면 교사는 컴퓨터 앞에 있지 않고 학생들과 함께 다니며 문제 푸는 것을 관찰하고 도와줄 수 있습니다. 다만 좀 더 퀴즈를 재밌게 하려면 자동 진행을 비활성화한 상태에서 학생들에게 2차 힌트 제공 요청이 들어왔을 때 오프라인으로 간단한 게임이나 미션을 제공하여 힌트 제공 여부를 결정하면 더욱 재밌게 퀴즈 활동을 즐길 수 있습니다.

평가 결과 조회

교사용 대시보드에서 [결과 보기]를 클릭하면 게임 결과를 볼 수 있습니다. 일반 문제와 추론 문제의 정답률, 1차 힌트와 2차 힌트 사용 유무와 탈출 여부 및 순위를 확인할 수 있습니다.

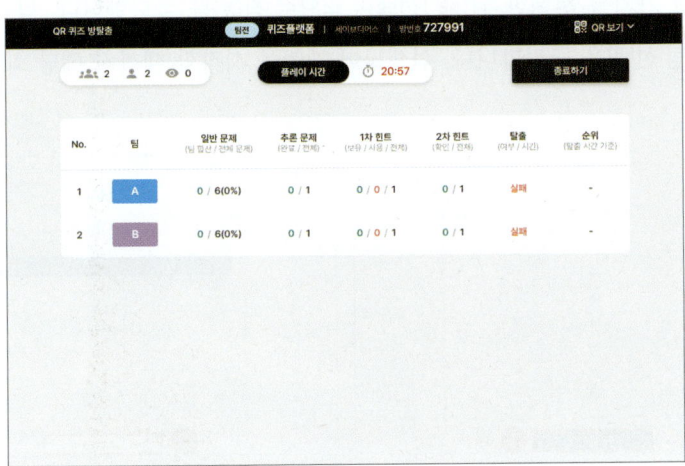

학생 참여 방법

학생들은 계정이 없어도 라포라포에 참여가 가능합니다. 자체 데이터나 와이파이를 사용할 수 있는 디지털 기기(태블릿, 크롬북, 휴대폰 등)을 준비합니다.

학생 로그인

선생님이 나눠준 라포라포 방 번호, QR코드, 링크 주소 중 1가지 방법을 이용하여 게임에 참여할 수 있습니다.

01 ❶ [게임방 들어가기]를 클릭합니다. ❷ [게임 참여하기]를 클릭합니다.

02 팀 중 한 가지를 선택한 뒤 ❶ [선택한 팀으로 참여]를 클릭합니다. 팀을 바꾸고 싶은 경우 ❷ [다른 팀 선택]을 클릭합니다. 선생님이 게임을 시작할 때까지 해당 화면에서 대기합니다.

 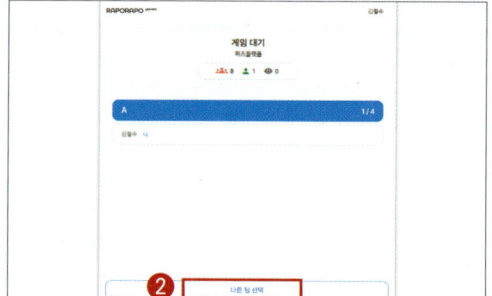

학생 문제 풀기

라포라포 체험 순서는 시나리오 -> 일반 문제 -> 추론 문제 순서로 진행됩니다. 선생님이 [게임 시작] 버튼을 누르면 시나리오의 인트로를 확인한 뒤 일반 문제를 풀 수 있는 화면이 나타납니다. 일반 문제는 팀원들이 흩어져서 각자 문제를 해결하면 되고, 추론 문제는 팀장의 기기로만 풀 수 있기 때문에 팀원들 모두 모여서 문제를 해결하도록 합니다.

01 ❶ [시나리오-인트로] 단계에서 스토리를 확인하며 화면을 클릭합니다. ❷ [QR스캔]을 누르면 QR스캔을 할 수 있도록 카메라가 활성화됩니다. 주변에 부착된 QR코드를 인식해서 일반 문제를 풀고 ❸ [정답 제출]을 클릭합니다. ❹ [내가 푼 문제]를 클릭해 어느 문제를 더 풀어야 하는지 확인합니다. 우리 팀원을 확인해야 할 땐 ❺ [인원]을 클릭합니다.

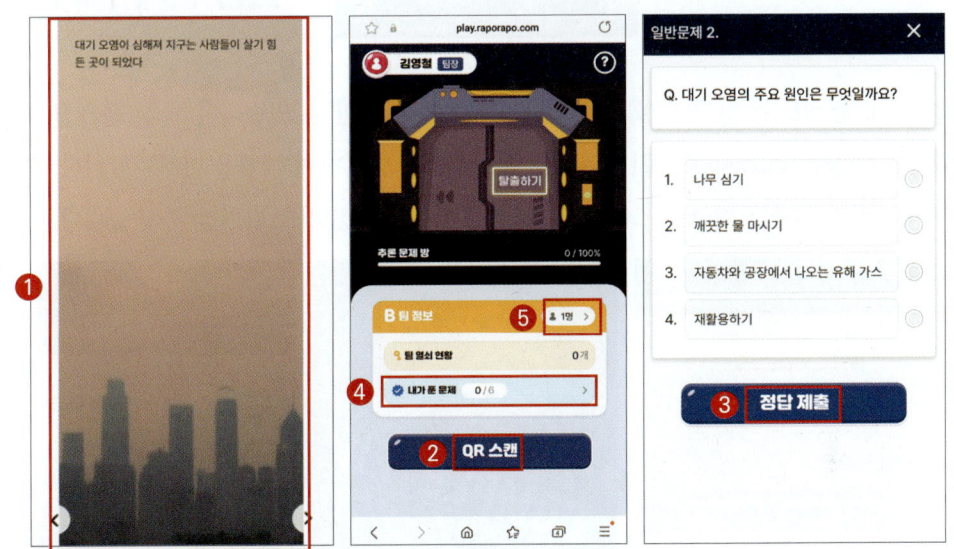

전쌤의 꿀팁 팀당 평균 50점 이상이 되면 [탈출하기]를 눌러 추론 문제로 넘어갈 수 있지만 팀당 평균 80점 이상을 받아야 모든 힌트를 얻을 수 있습니다. 힌트 없이 풀기 어려운 추론 문제들이 많으니 평균 80점 이상이 될 때까지 일반 문제를 푸는 것을 추천합니다.

02 팀 평균 점수가 50점 이상이 되었다면 ❶ [탈출하기] 버튼을 클릭하여 추론 문제 단계로 넘어갑니다. ❷ [시나리오-중간 시나리오] 단계에서 스토리를 확인하며 ❸ [▼] 버튼을 클릭합니다. 제시된 ❹ [추론 문제]를 팀장의 기기를 이용해서 풀어봅니다. ❺ [1차 힌트]는 평균 80점 이상이 되면 학생 스스로 클릭하여 사용할 수 있습니다.

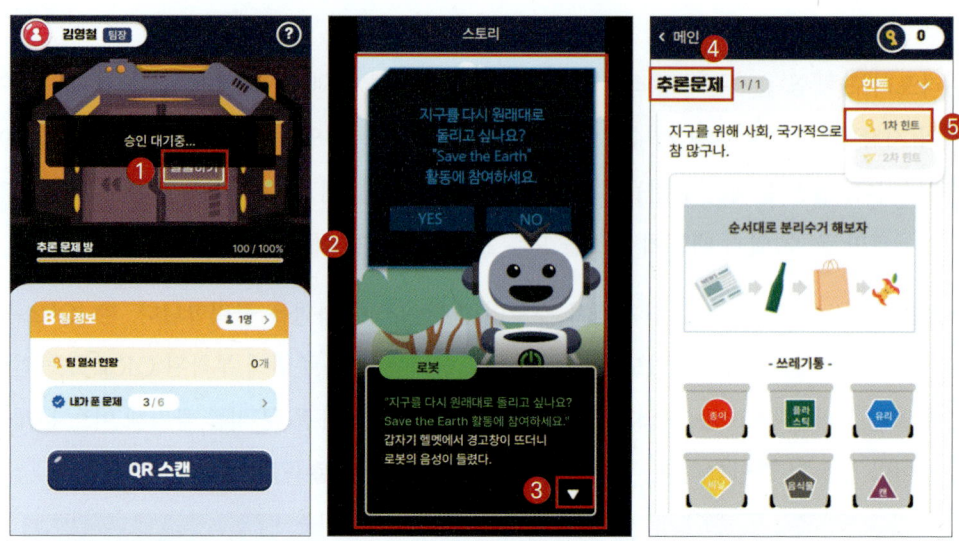

03 ❶ [2차 힌트]는 방장(교사)의 승인을 받아야만 사용할 수 있습니다. 추론 문제를 모두 풀었다면 ❷ [시나리오-아웃트로] 단계에서 ❸ [탈출]을 클릭하여 게임을 마무리합니다. 게임이 마무리되면 내가 참여한 퀴즈에서 ❹ [내 정보]와 ❺ [팀 정보]를 확인할 수 있습니다.

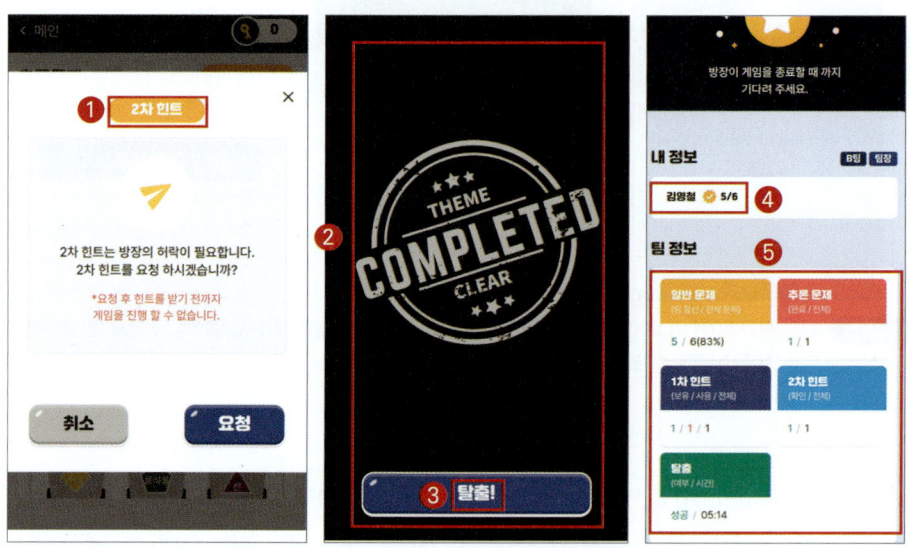

4 라포라포 수업 사례

라포라포는 공간 기반의 활동을 통해 학생들이 직접 움직이며 미션을 해결하는 퀴즈 플랫폼입니다. 단순히 화면 속 문제를 푸는 것을 넘어, 교실이나 학교라는 익숙한 공간을 새로운 학습의 장으로 탈바꿈시킵니다. 학생들은 지정된 장소로 이동해 QR 코드를 인식하고, 그 장소와 관련된 문제를 해결하며 자연스럽게 학습 내용과 실제 환경을 연결하게 됩니다. 이러한 과정은 학생들의 높은 몰입과 참여를 이끌어낼 뿐만 아니라, 지식을 실제 상황에 적용하고 탐구하는 능력을 길러주는 효과적인 수업 도구가 됩니다.

교실 안전 방탈출 퀴즈

QR 방탈출 퀴즈는 교실에서 생활하며 꼭 알아야 할 안전 규칙을 자연스럽게 익힐 수 있는 활동 방식입니다. 라포라포의 공간 기반 특성을 살려 학생들이 직접 교실 안을 이동하며 문제를 풀도록 퀴즈를 구성할 수 있습니다. 예를 들어 소화기에 QR 코드를 붙여 소화기 사용법을 묻는 문제를 풀게 하거나 교실 문에 QR 코드를 부착해 문과 관련된 안전 수칙을 확인하게 할 수 있습니다. 학생들은 공간과 연계된 문제를 풀며 퀴즈 활동에 몰입하게 되고, 그 과정에서 교실 내 안전 규칙을 자연스럽게 익히고 내면화할 수 있습니다.

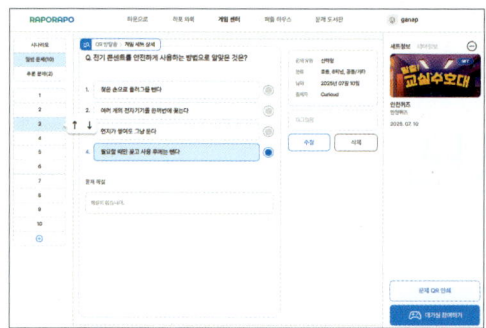
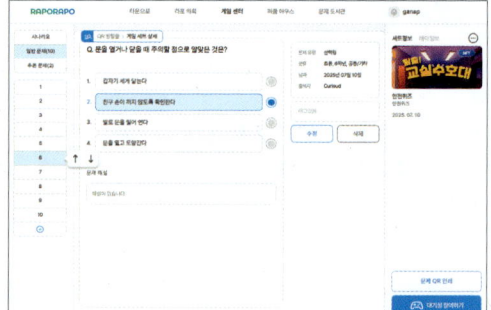

　퀴즈 진행 중에는 교사가 대시보드를 통해 팀별 진행 상황을 실시간으로 확인할 수 있으며, 활동이 끝난 뒤에는 팀별 결과 리포트를 통해 학생들의 학습 내용을 종합적으로 파악할 수 있습니다.

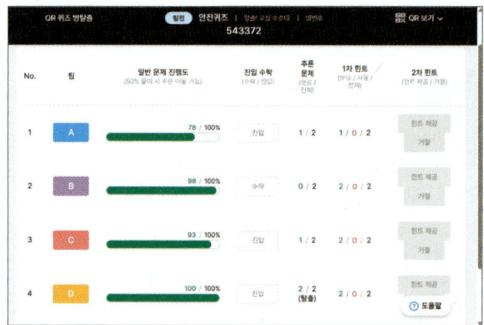

라포라포 실전비법.zip _ 인앱 브라우저 환경에서 카메라 권한 문제 해결 방법

라포라포 QR퀴즈 방탈출은 카메라를 활용해 QR코드를 인식하고 문제를 푸는 방식입니다. 하지만 교사가 링크를 카카오워크나 카카오톡 등 메신저를 통해 안내할 경우, 학생들이 해당 링크를 클릭하면 라포라포가 인앱 브라우저(내장 브라우저)에서 열리게 됩니다. 이 경우 카메라가 정상적으로 활성화되지 않아 활동이 불가능한 경우가 종종 발생합니다.

카카오워크나 카카오톡 등으로 안내된 링크 주소로 접속했을 때 이러한 문제가 발생할 경우 먼저 ❶ [점 세 개] 버튼을 클릭한 뒤, ❷ [다른 브라우저로 열기] 버튼을 클릭하거나 ❸ [링크 복사] 버튼을 클릭하여 복사한 후 엣지나 크롬 같은 외부 브라우저에 붙여 넣어 접속합니다. 그 뒤 ❹ [사이트에 있는 동안 허용] 또는 ❺ [이번에만 허용] 버튼을 클릭하면 카메라가 활성화되어 QR퀴즈 방탈출 활동을 정상적으로 진행할 수 있습니다.

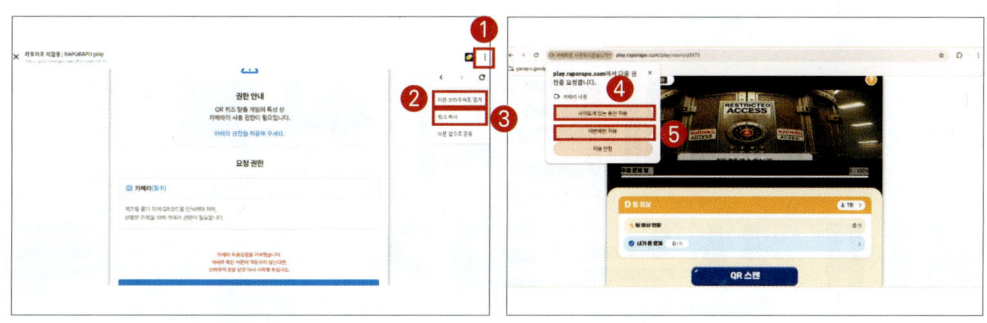

8

언제든지 쉽게 꺼내 쓰는 퀴즈 플랫폼, 띵커벨 퀴즈

띵커벨 퀴즈는 OX, 객관식, 단답형, 빈칸형, 서술형 등 9종의 퀴즈 유형을 간편하게 구성할 수 있는 퀴즈 플랫폼입니다. 학생들은 회원가입 없이 즉시 퀴즈에 참여할 수 있고, WiFi-OFF 모드를 지원하여 인터넷 연결이 어려운 환경에서도 활용할 수 있습니다. 또한 혼자서 푸는 과제 모드, 도전 모드, 플래시카드 모드도 제공되어 수업 외 학습이나 자기 주도적 학습에도 효과적으로 활용할 수 있습니다. 띵커벨은 축적된 자료가 매우 풍부합니다. 이미 만들어진 다양한 퀴즈 자료를 그대로 활용하거나 수정해 재구성할 수 있어, 교사는 손쉽게 수업에 맞는 활동을 설계할 수 있습니다.

1 띵커벨 퀴즈 살펴보기

띵커벨 퀴즈는 선생님이 OX, 객관식, 단답형, 빈칸형, 서술형 등 9가지 다양한 퀴즈를 빠르고 쉽게 만들 수 있는 퀴즈 플랫폼입니다. 기본적인 사용법만 익혀도 수업 시간에 즉시 활용할 수 있을 정도로 간단합니다. 회원가입 없이 닉네임만으로 참여할 수 있어 학생들이 접속에 어려움 없이 참여할 수 있습니다. 특히 'WiFi-OFF 모드'를 제공하기 때문에 인터넷 연결이 불안정한 상황에서도 활용하기 좋습니다.

띵커벨 퀴즈는 단순히 문제를 푸는 것을 넘어서 학생들이 서로 경쟁하며 즐겁게 참여할 수 있도록 운영이 가능합니다. 퀴즈 활동에 참여한 학생들은 실시간으로 점수와 순위를 확인하며 퀴즈 활동에 몰입하게 됩니다. 또한 혼자서 문제를 풀 수 있는 '과제 모드', '도전 모드', '플래시카드 모드'도 지원되어 수업 외에도 자기주도 학습용 퀴즈로 적합합니다.

띵커벨 퀴즈의 큰 장점 중 하나는 다른 선생님들이 만들어 놓은 퀴즈 자료가 매우 많다는 점입니다. 공유된 문제들을 그대로 사용할 수도 있고, 필요한 부분만 내 수업에 맞게 수정해서 재구성할 수 있어 처음부터 문제를 만들 필요 없이 빠르게 수업 준비가 가능합니다. 단원 도입 퀴즈, 개념 확인 문제, 복습 정리, 분위기 전환용 미니 퀴즈 등 어떤 흐름에서도 자연스럽게 활용할 수 있습니다.

퀴즈 활동이 끝나면 교사는 학생들의 참여 결과를 띵커벨 리포트로 확인하고 이를 바탕으로 간단한 피드백을 제공할 수 있습니다. 정답률이나 전체적인 반응을 살펴보며 아이들이 잘 이해한 내용과 어려워했었던 부분이 무엇인지 파악할 수 있고, 필요하면 다음 시간에 간단히 정리하거나 보충 설명을 덧붙일 수 있습니다. 학생들도 결과를 보며 스스로 어느 정도 이해했는지 돌아볼 수 있기 때문에 퀴즈가 단순한 활동으로 끝나는 것이 아니라 자연스럽게 학습을 정리하고 마무리하는 과정으로 이어질 수 있습니다.

회원가입

띵커벨 퀴즈를 사용하려면 아이스크림미디어 통합회원으로 가입해야 합니다. 일반회원으로 가입하는 방법과 교사 인증을 해야 하는 선생님으로 가입하는 방법이 있는데 선생님으로 가입하는 방법을 알아보겠습니다.

- 띵커벨 사이트: www.tkbell.co.kr

01 ❶ [회원가입] 버튼을 클릭합니다. ❷ [선생님으로 가입] 버튼을 클릭합니다.

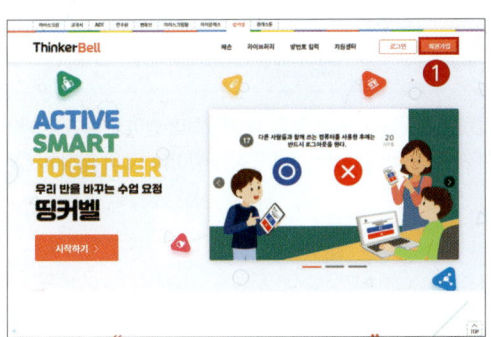 

02 필수 약관인 ❶ [이용약관 동의], ❷ [개별 서비스 약관], ❸ [개인정보 수집 및 이용 동의] 버튼을 클릭합니다. ❹ [휴대폰으로 본인 인증하기] 버튼을 클릭하여 인증을 끝낸 뒤 ❺ [다음] 버튼을 클릭합니다. 회원 정보 입력 단계에서 "개인 정보"와 "학교 정보"를 각각 입력한 뒤 ❻ [가입 완료] 버튼을 클릭합니다.

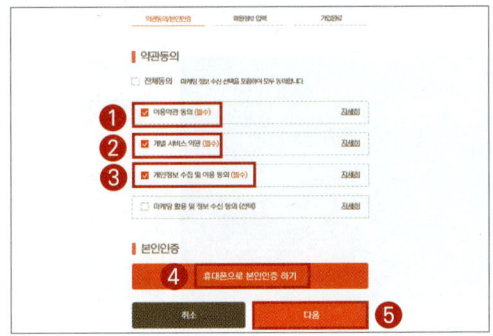 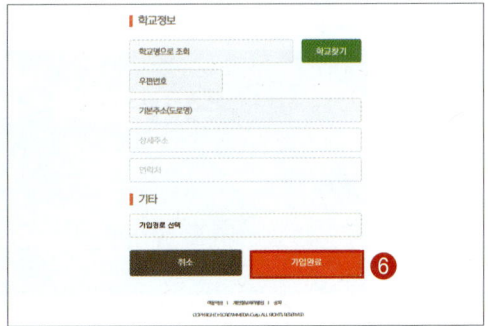

03 교사 인증을 위하여 ❶ [교사 인증을 완료해 주세요] 메시지를 클릭합니다. 혹시 해당 메시지가 뜨지 않는다면 ❷ [지원센터] 메뉴를 클릭합니다. ❸ [교사·강사 인증 신청 과정]을 클릭한 뒤 ❹ [GPKI 인증하기] 버튼을 클릭하여 교사 인증을 마무리합니다.

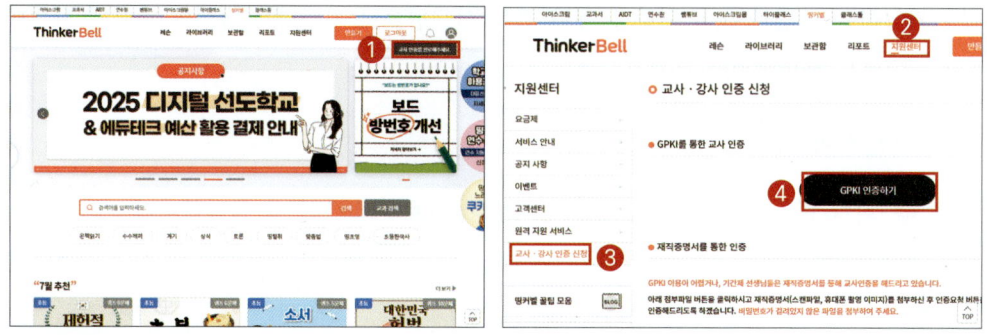

전쌤의 꿀팁 선생님들은 회원가입 후 교사 인증을 꼭 받는 것을 추천합니다. 일반 무료 회원은 최대 참여 인원이 20명이지만 교사 무료 회원은 최대 참여 인원이 50명이고 다른 소소한 사용 혜택들도 있어 교사 인증을 받아야 좀 더 쾌적하게 띵커벨 퀴즈를 사용할 수 있습니다.

대시보드

띵커벨 퀴즈 대시보드에는 ❶ [레슨], ❷ [라이브러리], ❸ [보관함], ❹ [리포트], ❺ [지원센터], ❻ [만들기] 이렇게 6가지의 메뉴가 있습니다. 각 메뉴의 역할에 대해 알아보겠습니다.

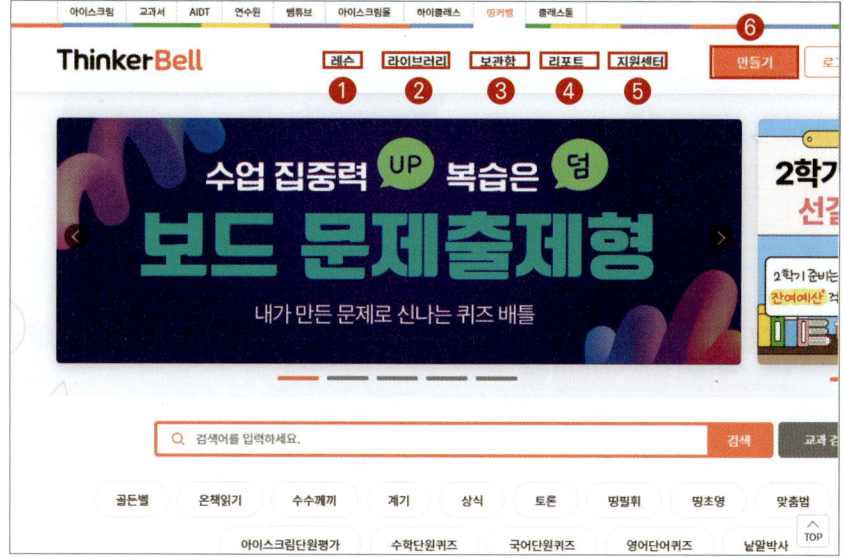

레슨 메뉴

레슨 메뉴에서는 띵커벨 퀴즈, 토의·토론, 보드, 워크시트 등에 있는 여러 가지 자료가 주제별로 정리되어 있는 것을 학교급, 학년, 학기, 과목별로 조회할 수 있습니다. 라이브러리와 비교해서 양은 적지만 질이 높은 학습 자료들이 좀 더 체계적으로 정리되어 있습니다.

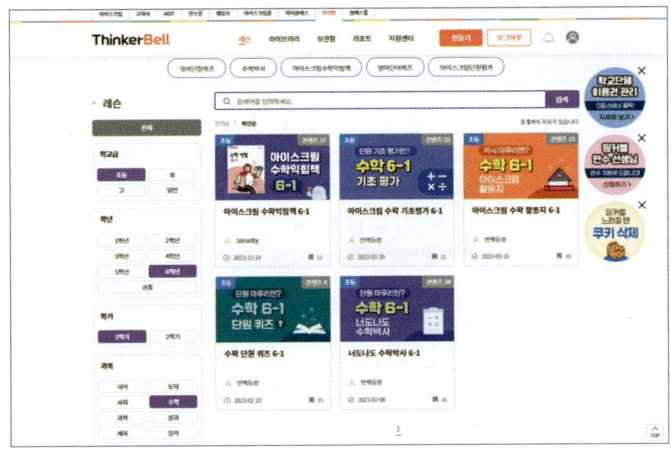

라이브러리 메뉴

라이브러리 메뉴에서는 다른 사람들이 만든 띵커벨 퀴즈, 토의·토론, 보드, 워크시트를 체험하거나 복사하여 수정하는 것이 가능합니다. 라이브러리 메뉴의 가장 큰 특징은 방대한 양의 학습자료입니다. 라이브러리 메뉴에는 25년 7월 5일 기준 173,306개의 학습 자료가 탑재되어 있어 원하는 자료를 쉽게 찾을 수 있습니다. ❶ [교사공개만 보기] 버튼을 클릭하여 교사만 볼 수 있는 자료도 확인할 수 있습니다.

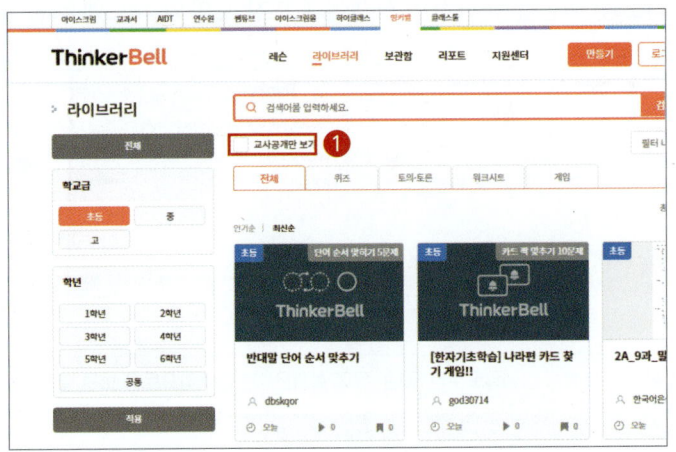

보관함 메뉴

보관함에서는 내가 직접 제작한 자료나 임시 저장한 자료, 스크랩해 둔 자료를 보관 및 활용할 수 있습니다. 내가 직접 제작하거나 라이브러리에서 복사한 뒤 수정한 자료는 ❶ [내 자료]에 보관되고, 레슨이나 라이브러리에서 수정 없이 복사한 자료는 ❷ [스크랩 자료]에 보관됩니다.

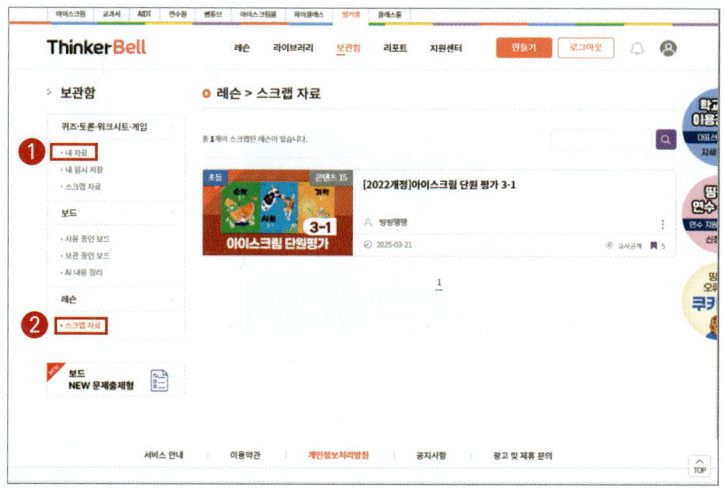

리포트 메뉴(교사)

리포트 메뉴에서는 학생들이 참여한 결과를 확인할 수 있습니다. 학생들이 참여한 결과를 확인하려면 ❶ [제목] 메뉴에서 조회를 원하는 활동을 클릭합니다. 그 뒤 ❷ [정보 보이기] 버튼을 클릭하면 학생들이 설정한 비밀번호와 점수, 정답문항 수, 제출일을 확인할 수 있습니다. ❸ [작성하기] 버튼을 클릭하면 학생 활동 결과에 대한 총평을 남겨 학생에게 전달할 수 있습니다. ❹ [도장] 버튼을 클릭하면 학생에게 도장 모양의 피드백을 줄 수 있습니다.

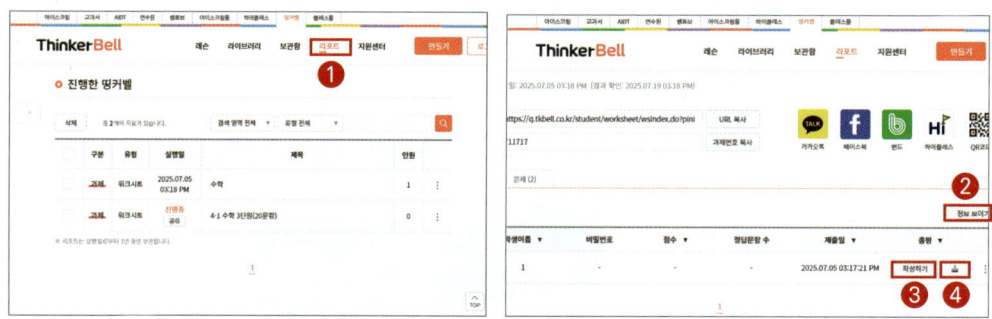

전쌤의 꿀팁 무료 회원은 각 활동 실행일로부터 30일, 유료 회원은 1년까지 리포트를 보관 및 조회할 수 있습니다.

리포트 메뉴(학생)

학생들이 참여 결과를 다시 확인하기 위해서는 선생님이 활동 참여를 위해 안내했던 링크 주소나 QR코드, 과제번호를 통해 다시 한번 띵커벨에 접속합니다. 그 뒤 자신이 설정한 "비밀번호"를 입력하면 선생님의 ❶ [총평]과 ❷ [도장 피드백]을 확인할 수 있습니다.

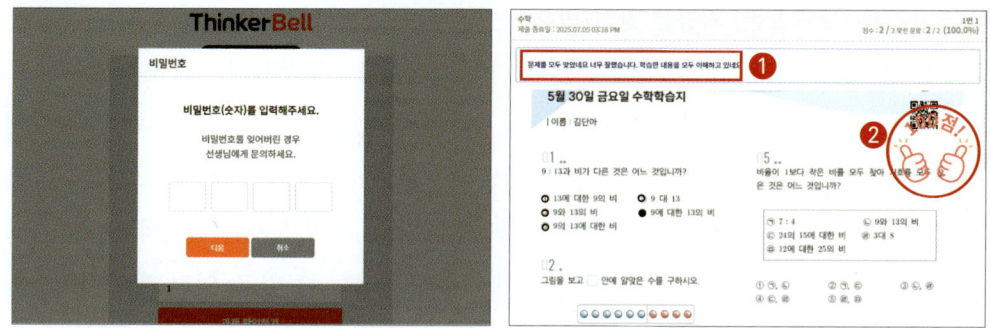

지원센터 메뉴

지원센터 메뉴에서는 요금제, 서비스 안내, 공지사항, 이벤트, 고객센터, 원격 지원 서비스, 교사·강사 인증 신청, 띵커벨 꿀팁 모음, 띵커벨 제안·문의 등의 소메뉴가 있습니다. 여기 있는 소메뉴들을 통해 띵커벨 기능들과 업데이트 내역들을 확인할 수 있습니다. ❶ [띵커벨 꿀팁 모음] 버튼을 클릭하면 쌤블로그에서 띵커벨을 사용할 때 알면 좋은 팁들을 확인할 수 있습니다.

만들기 메뉴

만들기 메뉴에는 ❶ [퀴즈], ❷ [토의·토론], ❸ [보드], ❹ [워크시트], ❺ [게임] 버튼이 있습니다. ❶ [퀴즈] 버튼을 클릭하여 OX, 선택형, 단답형, 빈칸형, 서술형, 순서형, 선잇기형 등 여러 가지 문제 유형을 활용해 문제를 만든 뒤 이를 활용하여 학생들의 이해도를 점검할 수 있습니다. ❷ [토의·토론] 기능은 찬성/반대, 신호등, 가치수직선, 투표, 띵킹보드, 워드클라우드 등 다양한 토론 유형을 지원합니다. 이 기능을 활용하면 학생들의 생각을 다양하게 모으고, 서로의 의견을 비교하며 토론을 진행할 수 있습니다. ❸ [보드]는 온라인 협업 게시판 역할을 하며 학생들이 자유롭게 게시글을 작성하고 댓글이나 좋아요 등으로 소통할 수 있게 해줍니다. 특히 문제출제형 보드를 활용하면 학생들이 직접 문제를 만들어보는 활동도 할 수 있습니다. 이미지, 파일, 링크 등 다양한 자료를 공유할 수 있고, 여러 가지 레이아웃을 선택해 목적에 맞게 사용할 수 있습니다. ❹ [워크시트]는 온라인 활동지를 제작할 수 있는 기능입니다. 기존의 종이 활동지를 업로드해 디지털 활동지로 변환하는 것이 가능합니다. 자동 채점, 결과 집계, 힌트와 해설 제공 등 편리한 기능이 포함되어 있으며, 이미지, 오디오, 동영상 등 멀티미디어 자료도 삽입할 수 있습니다. 학생들에게 링크만 공유하면 쉽게 참여시킬 수 있습니다. ❺ [게임]은 학습과 게임을 결합해 학생들이 재미있게 수업에 참여할 수 있도록 돕습니다. 이미지, 텍스트, 미디어를 활용한 다양한 게임형 학습 활동을 제공하며 수업 목적에 맞게 레이아웃과 옵션을 자유롭게 설정할 수 있습니다.

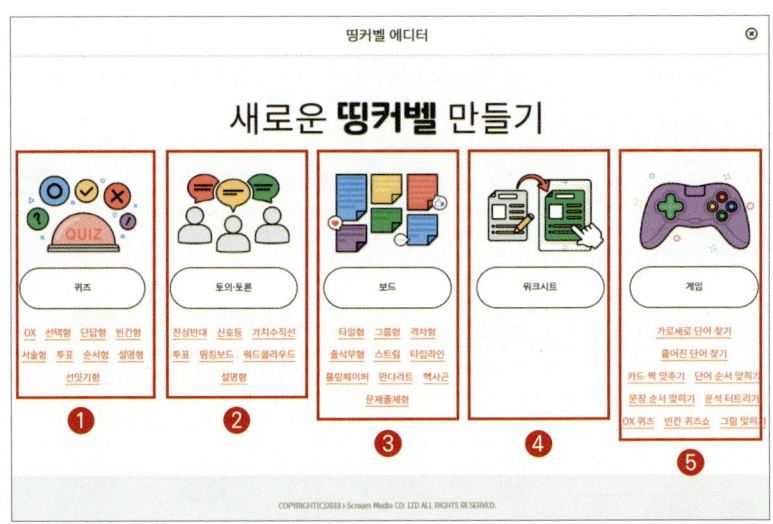

2 띵커벨 퀴즈 제작

띵커벨 퀴즈에서는 다른 사람이 만든 문제를 복사하여 수정해서 퀴즈를 제작할 수도 있고, 내가 직접 문제를 제작할 수도 있습니다. 띵커벨에서 사용할 수 있는 문제 유형에는 크게 9가지가 있습니다. 각 문제 유형에 대해 간단히 알아본 뒤 문제를 만드는 방법에 대해 알아보도록 하겠습니다.

문제 유형

만들 수 있는 문제 유형에는 크게 9가지가 있습니다.

❶ [OX] 유형은 주어진 문제에 대해서 O,X 2가지로만 보기를 설정할 수 있습니다.
❷ [선택형] 유형은 주어진 문제에 대하여 2~5개까지 보기를 설정할 수 있으며, 복수정답도 가능합니다.
❸ [단답형] 주어진 문제에 대하여 최대 20자(띄어쓰기 포함)까지 정답을 넣을 수 있습니다.
❹ [빈칸형] 빈칸 또는 초성 문제를 출제할 수 있습니다.
❺ [서술형] 주어진 문제에 대하여 예시 답안을 제공할 수 있습니다. 단, 학생들이 제출한 답안은 결과에 반영되지 않습니다.
❻ [투표] 안건에 대한 의사를 표현하도록 합니다. 중복 투표도 가능합니다. 단, 유료 회원만 이용할 수 있습니다.
❼ [순서형] 알맞은 순서로 보기를 완성하는 문제를 출제할 수 있습니다.

❽ [설명형] 이미지, 영상, 텍스트 등을 활용해 내용을 전달할 수 있는 유형입니다. 단, 유료 회원만 이용할 수 있습니다.

❾ [선잇기형] 질문에 알맞은 좌우의 보기를 서로 선으로 이어 문제를 푸는 유형입니다.

직접 제작

띵커벨 퀴즈에서는 학생들의 학습 내용 이해를 돕거나 학습 정도를 확인하기 위해 수업한 내용을 기반으로 직접 문제를 제작하여 학생들에게 배포할 수 있습니다. 아래 과정을 통해 문제를 직접 제작하는 방법을 알아보겠습니다.

◆ 소스 파일 : joo.is/띵커벨퀴즈

01 ❶ [퀴즈] 버튼을 클릭합니다. ❷ [제목을 입력해 주세요]란에 "각기둥과 각뿔 복습하기"를 입력합니다. ❸ [학교급]에서는 "초등"을 클릭합니다. ❹ [학년 ,학기, 과목, 단원, 차시를 선택하세요.]에서는 "6학년, 1학기, 수학, 국정, 2.각기둥과 각뿔, 10차시"을 순서대로 선택합니다.

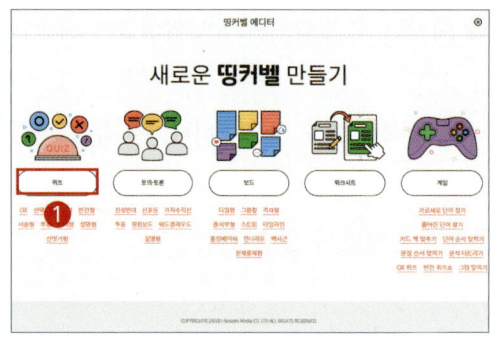 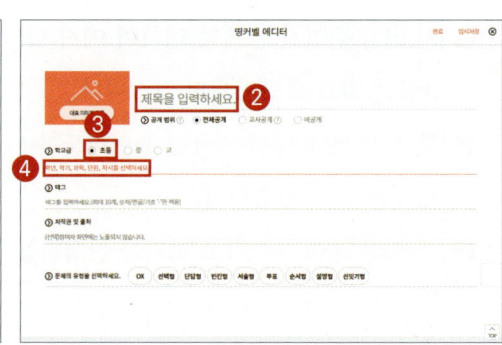

02 ❶ [OX] 버튼을 클릭한 뒤 ❷ [질문을 입력하세요]란에는 문제인 "각기둥의 밑면은 서로 평행하다"를 입력합니다. ❸ [이미지] 버튼을 클릭하여 "2-2_오각기둥" 이미지를 업로드합니다. "O"보기에 있는 ❹ [V]을 클릭하고 ❺ [제한시간]은 "없음"을 클릭합니다. ❻ [1번 문제 완료] 버튼을 클릭합니다.

03 ❶ [선택형] 버튼을 클릭한 뒤 ❷ [질문을 입력하세요]란에는 문제인 "육각기둥의 모서리의 개수는 몇 개일까요?"를 입력합니다. ❸ [보기]에 순서대로 "6, 10, 14, 18, 22"를 입력합니다. 4번째 [보기]에 있는 ❹ [V]를 클릭하고 ❺ [제한시간]은 "없음"을 클릭합니다. ❻ [2번 문제 완료] 버튼을 클릭합니다.

04 ❶ [단답형] 버튼을 클릭한 뒤 ❷ [질문을 입력하세요]란에는 문제인 "사각기둥의 밑면은 어떤 도형입니까?"를 입력합니다. ❸ [정답 1]에 순서대로 "사각형", "4각형"을 입력합니다. ❹ [제한시간]은 "없음"을 클릭합니다. ❺ [3번 문제 완료] 버튼을 클릭합니다.

 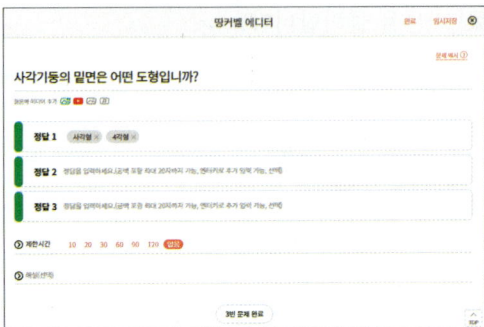

05 ❶ [빈칸형] 버튼을 클릭한 뒤 ❷ [질문을 입력하세요]란에는 "다음 빈 칸에 알맞은 도형을 쓰세요."를 입력합니다. ❸ [빈칸 내용을 입력하세요]란에는 "각불의 옆면은 ***이다."를 입력합니다. ❹ [정답을 입력하세요]란에는 "삼각형"을 입력합니다. ❺ [제한시간]은 "없음"을 클릭하고 ❻ [4번 문제 완료] 버튼을 클릭합니다.

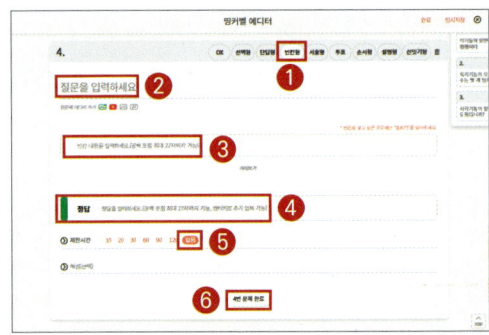 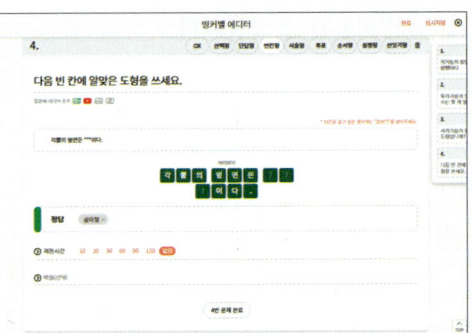

06 ❶ [순서형] 버튼을 클릭한 뒤 ❷ [질문을 입력하세요]란에는 "꼭짓점의 개수가 가장 많은 입체도형부터 순서대로 골라보세요."를 입력합니다. ❸ [보기]에 순서대로 "사각뿔, 삼각기둥, 사각기둥, 육각뿔, 팔각뿔"을 입력합니다. [보기]마다 있는 ❹ [○]을 "5번, 3번, 4번, 2번, 1번" 보기의 순서대로 체크합니다. ❺ [제한시간]은 "없음"을 클릭합니다. ❻ [5번 문제 완료] 버튼을 클릭합니다.

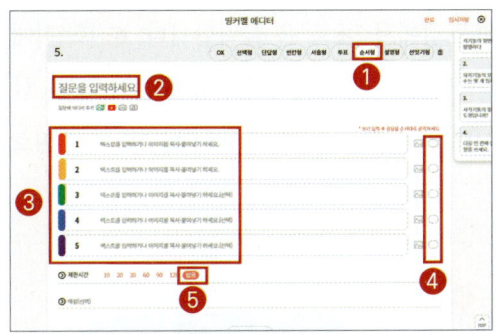 

07 ❶ [선잇기형] 버튼을 클릭한 뒤 ❷ [질문을 입력하세요]란에는 "각기둥과 각뿔의 모서리의 개수를 바르게 이어보세요."를 입력합니다. ❸ [보기(숫자)]에 순서대로 "삼각기둥, 사각뿔, 사각기둥"을 입력합니다. [보기]마다 있는 ❹ [보기(알파벳)]에 순서대로 "12개, 8개, 9개"를 입력합니다. ❺ [○] 버튼을 클릭하여 "1번과 C", "2번과 B", "3번과 A"보기를 이어줍니다. ❻ [제한시간]은 "없음"을 클릭합니다. ❼ [6번 문제 완료] 버튼을 클릭합니다. ❽ [완료] 버튼을 클릭합니다.

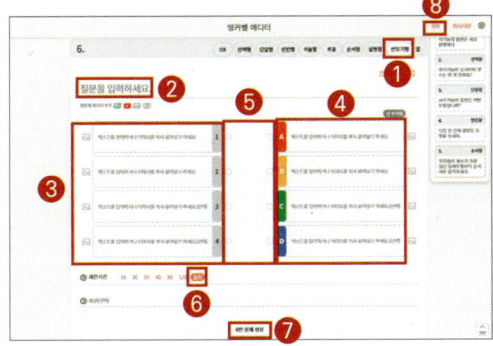 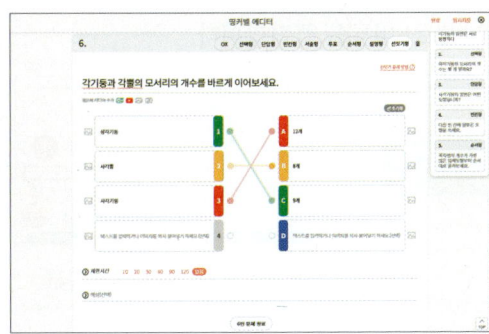

Chapter 8 언제든지 쉽게 꺼내 쓰는 퀴즈 플랫폼, 띵커벨 퀴즈   213

참조 제작

띵커벨 퀴즈에서는 레슨이나 라이브러리 메뉴에서 풍부한 퀴즈 중 수업에서 활용하기에 적합한 것을 골라 바로 사용하거나 복사한 뒤 수정하여 문제를 제작할 수 있습니다. 아래 과정을 통해 문제를 복사하여 수정하는 방법을 알아보도록 하겠습니다.

01 ❶ [라이브러리] 버튼을 클릭합니다. ❷ [학교급]에서 "초등"을 클릭합니다. ❸ [학년]에서 "6학년"을 클릭합니다. ❹ [학기]에서는 "1학기"를 클릭합니다. ❺ [과목]에서 "수학"을 클릭합니다. ❻ [적용] 버튼을 클릭합니다. ❼ [대시보드]에 있는 "각뿔에 대해 알아보기_전병호 선생님"을 클릭합니다.

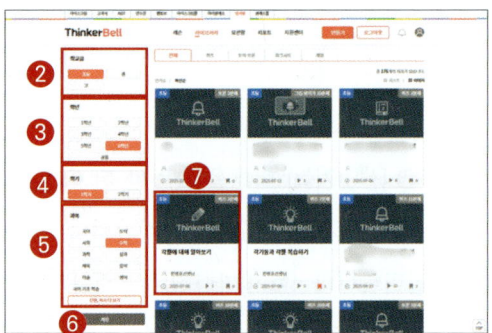

02 ❶ [수정] 버튼을 클릭합니다. [210쪽 직접 제작] 단계를 참고하여 문제를 수정한 뒤 ❷ [완료] 버튼을 클릭합니다.

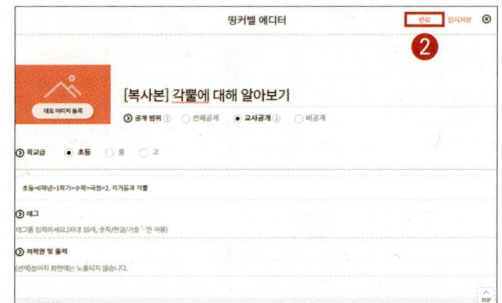

전쌤의 꿀팁 퀴즈를 수정하지 않고 그대로 사용하고 싶은 경우 ❸ [🔖] 버튼을 클릭하여 보관함에 보관한 뒤 필요할 때에 퀴즈를 사용합니다.

3 띵커벨 퀴즈 수업 활용하기

띵커벨 퀴즈는 교사가 만든 문제를 온라인과 오프라인 등 다양한 상황에서 손쉽게 활용할 수 있는 퀴즈 플랫폼입니다. 띵커벨 퀴즈에서는 퀴즈 활동을 혼자서 진행하는 모드와 함께 참여하는 모드로 나눌 수 있습니다. 혼자 플레이하는 모드에는 ❶ 과제 모드, ❷ 도전 모드, ❸ 플래시카드 모드가 있고, 함께 활동하는 모드에는 ❹ 배틀 모드, ❺ WiFi ON 모드, ❻ WiFi OFF 모드가 있습니다. 먼저 교사가 만든 문제로 어떤 퀴즈 모드로 활동이 가능한지 각각 살펴보고, 이를 학생들이 접속할 수 있도록 공유하는 방법을 알아보도록 하겠습니다.

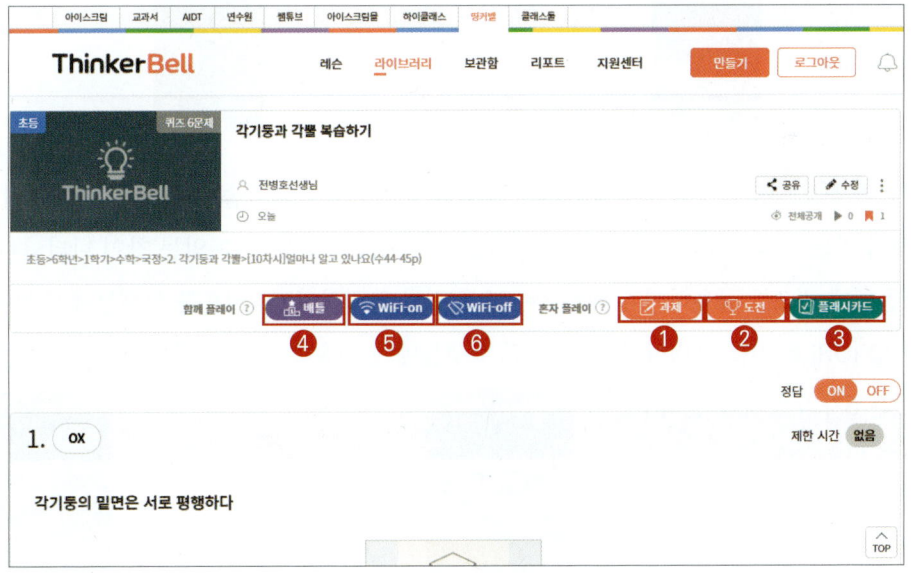

과제 모드

01 선생님이 퀴즈를 과제로 만들어 학생들에게 전달하는 방식입니다. 학생들은 정해진 기간 내에 각자 원하는 시간과 장소에서 퀴즈를 풀 수 있습니다. 과제 종료 후에는 결과 리포트가 제공되어 교사가 학생별 성취도와 정답률 등을 확인할 수 있습니다. ❶ [과제 종료일]에서 과제 기간을 설정할 수 있고 ❷ [플레이 옵션] 타이머와 배경음악, 보너스 점수, 순위 공개, 문제 섞기, 선택지 섞기, 플래시카드, 정오답피드백 옵션을 설정할 수 있습니다. ❸ [닉네임 안내 문구]에서는 학생들이 입장할 때 이름을 어떻게 입력해야 하는지 안내하는 문구를 설정해 둘 수 있습니다. 설정이 끝나면 ❹ [과제 생성] 버튼을 클릭합니다.

02 과제 모드를 학생들에게 공유하는 방법을 알아보도록 하겠습니다. 이전 단계에서 [과제 생성] 버튼을 클릭하면 다음과 같이 학생들에게 퀴즈를 공유할 수 있는 창이 나타납니다. 학생들에게 퀴즈를 공유하기 위해선 ❶ [QR코드]를 클릭하여 QR코드를 학생들에게 보여주거나 ❷ [URL복사]를 클릭하여 복사한 뒤 학생들에게 전송해 주는 방법도 있고 ❸ [방번호]에 있는 6자리 숫자를 알려주는 방법도 있습니다.

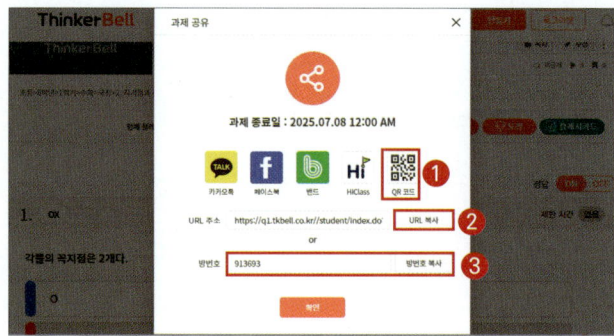

도전 모드

학생이 스스로 퀴즈에 도전하는 방식입니다. 선생님이 별도로 과제를 지정하지 않아도, 학생이 직접 도전 버튼을 눌러 퀴즈를 풀 수 있습니다. 주로 자기주도 학습이나 반복 학습에 활용되며, 혼자 플레이하는 모드로 분류됩니다. 하지만 참여한 학생 간의 점수에 따라 순위가 매겨지는 시스템이 있어 경쟁 요소도 포함되어 있습니다. 과제 종료 후에 결과 리포트가 제공되지 않습니다. ❶ [내 순위 찾기] 버튼을 클릭하여 "나의 닉네임"을 입력하여 나의 순위를 확인할 수 있습니다. ❷ [참여자 관리] 버튼을 클릭한 뒤 "참여자"를 클릭하여 해당 참여자의 기록을 삭제할 수도 있습니다.

 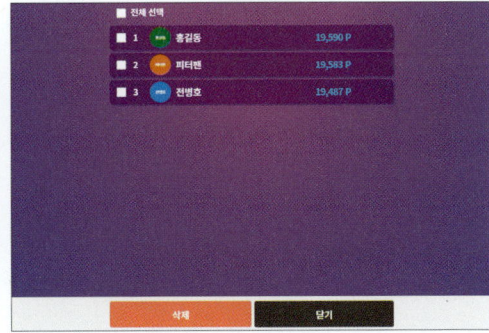

도전 모드를 학생들에게 공유하는 방법을 알아보도록 하겠습니다. ❶ [공유] 버튼을 클릭합니다. ❷ [QR코드]를 클릭하여 QR코드를 학생들에게 보여주거나 ❸ [URL복사]를 클릭하여 복사한 뒤 학생들에게 전송하여 퀴즈를 공유합니다.

플래시카드 모드

퀴즈 문제를 플래시카드 형태로 제공하여, 학생이 카드를 넘기며 스스로 공부할 수 있는 모드입니다. 문제를 보고 답을 생각한 뒤, 카드를 뒤집어 정답을 확인하고, 모르는 문제는 반복해서 복습할 수 있습니다. 단어 암기나 개념 정리에 효과적입니다. ❶ [순서 섞기] 버튼을 클릭하여 문제 순서를 섞을 수 있습니다. 접속한 뒤에는 문제를 읽고 정답을 떠올려 본 뒤 ❷ [뒤집기] 버튼을 클릭하여 정답을 확인합니다. 내용을 잘 알고 있을 때는 ❸ [알아요] 버튼을 클릭하고 잘 모를 때에는 ❹ [몰라요] 버튼을 클릭합니다.

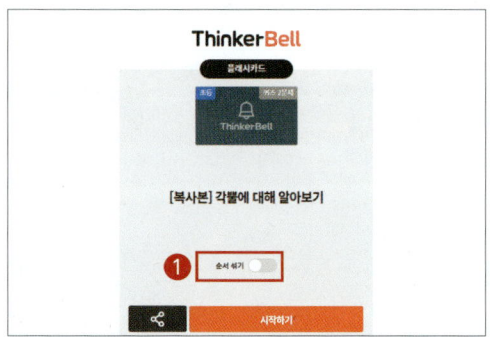
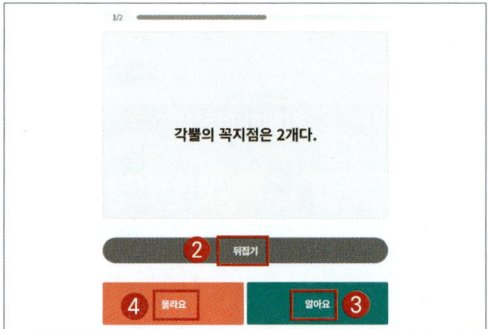

플래시카드 모드를 학생들에게 공유하는 방법을 알아보도록 하겠습니다. ❶ [공유] 버튼을 클릭합니다. ❷ [QR코드]를 클릭하여 QR코드를 학생들에게 보여주거나 ❸ [URL복사]를 클릭하여 복사한 뒤 학생들에게 전송해 주는 방법도 있습니다.

Wifi-off 모드

학생 개별 디바이스 없이 선생님이 TV화면이나 빔프로젝터에 문제를 띄우고 학생들은 손을 들거나 구두로 답을 말하는 등 아날로그 방식으로 참여하는 모드입니다. 디지털 기기가 부족하거나 Wifi가 불안정할 때 활용할 수 있으며, 순위 집계나 자동 채점은 제공되지 않습니다. ❶ [문제 미리보기] 버튼을 클릭하여 퀴즈를 진행하기 전 교사가 미리 문제를 확인할 수 있습니다. ❷ [배경 음악]으로 배경 음악 소리 크기를 조절할 수 있고 ❸ [타이머]로 타이머 사용 유무를 선택할 수 있습니다. ❹ [문제 섞기]를 통해 문제 순서를 섞을 수 있고 ❺ [선택지 섞기] 버튼을 클릭하면 선택지를 섞을 수 있습니다.

전쌤의 꿀팁 Wifi-off 모드는 오프라인으로 하는 활동이므로 학생들 기기로 접속하는 것이 불필요합니다.

Wifi-on 모드

교실에서 학생들이 각자 디바이스(스마트폰, 태블릿 등)로 실시간으로 퀴즈에 참여하는 방식입니다. 선생님이 방 번호를 안내하면 학생들이 접속해 동시에 문제를 풀고, 결과와 순위가 실시간으로 집계됩니다. 즉각적인 피드백과 경쟁이 가능합니다. ❶ [문제 미리보기] 버튼을 클릭하여 퀴즈를 진행하기 전 교사가 미리 문제를 확인할 수 있습니다. ❷ [배경 음악]으로 배경 음악 소리 크기를 조절할 수 있고 ❸ [타이머]로 타이머 사용 유무를 선택할 수 있습니다. ❹ [원격형]을 활성화하면 학생 화면에 질문과 선택지, 정오답 피드백을 나타나게 할 수 있습니다. ❺ [문제 섞기]를 통해 문제 순서를 섞을 수 있고 ❻ [선택지 섞기] 버튼을 클릭하면 선택지를 섞을 수 있습니다. ❼ [중간 입장]을 활성화하면 퀴즈 진행 중에도 입장을 허용할 수 있습니다. 학생들에게 문제를 공유하기 위해서는 ❽ [QR코드]를 화면으로 보여주거나 ❾ [URL복사]를 클릭하여 복사한 뒤 학생들에게 전송해 주는 방법도 있고 ❿ [방번호]를 직접 알려주는 방법도 있습니다.

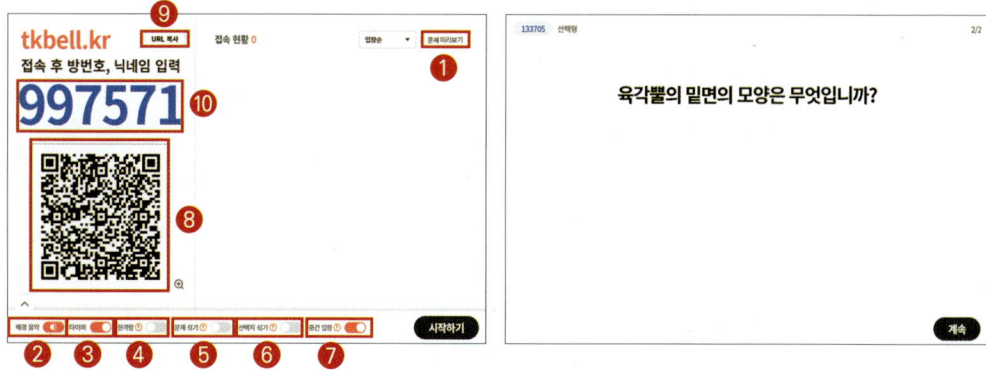

배틀 모드

여러 학생 또는 팀이 제한된 시간 안에 누가 더 빠르고 정확하게 문제를 푸는지 경쟁하는 게임형 모드입니다. 개인전 또는 팀전으로 진행할 수 있으며, 아이템 사용 등 다양한 게임 요소가 포함되어 있어 학습에 재미와 긴장감을 더합니다. 배틀 모드에는 총 5가지의 모드가 있습니다.

❶ [출발! 우주 경주]는 개인 배틀 모드 중 레이싱 대전으로서 문제를 빠르고 정확하게 풀수록 우주선이 남들보다 앞서 나가는 퀴즈 모드입니다. 테마는 제목처럼 우주 속 우주선 경주입니다. 타이머에 상관없이 정해진 문제 개수만큼 풀면 퀴즈가 종료됩니다. 이 모드는 무료입니다.

❷ [도전! 사막의 경쟁자]는 개인 배틀 모드 중 레이싱 대전으로서 문제를 빠르고 정확하게 풀수록 자동차가 목적지에 먼저 도착하는 퀴즈 모드입니다. 테마는 제목처럼 사막 속 자동차 경주입니다. 타이머에 상관없이 정해진 문제 개수만큼 풀면 퀴즈가 종료됩니다. 이 모드는 유료입니다.

❸ [우주 정거장, 연료를 찾아서!]는 개인 배틀 모드 중 아이템 대전으로서 문제를 풀면 점수나 아이템을 얻는 시스템입니다. 테마는 제목처럼 우주입니다. 타이머가 종료되기 전 모든 문제를 다 풀면 이전에 풀었던 문제가 다시 반복해서 나타납니다. 이 모드는 무료입니다.

❹ [정글 탐험, 고대 유물을 찾아서]는 개인 배틀 모드 중 아이템 대전으로서 문제를 풀면 점수나 아이템을 얻는 시스템입니다. 테마는 제목처럼 정글입니다. 타이머가 종료되기 전 모든 문제를 다 풀면 이전에 풀었던 문제가 다시 반복해서 나타납니다. 이 모드는 유료입니다.

❺ [땅 따먹기]는 팀 배틀 모드로서 문제를 풀어 정해진 시간 동안 가장 많은 땅을 우리 팀 색으로 만든 팀이 우승하는 퀴즈 모드입니다. 타이머가 종료되기 전 모든 문제를 다 풀면 풀었던 문제가 다시 반복해서 나타납니다. 최대 5팀을 배정할 수 있으며 한 팀에 최소 1명은 있어야 퀴즈를 시작할 수 있습니다. 이 모드는 무료입니다.

학생들에게 문제를 공유하기 위해서는 ❻ [QR코드]를 화면으로 보여주거나 ❼ [URL복사]를 클릭하여 복사한 뒤 학생들에게 전송해 주는 방법도 있고 ❽ [방번호]를 직접 알려주는 방법도 있습니다.

학생 참여 방법

학생들이 퀴즈에 접속하기 위해선 ❶ [방번호 입력]을 클릭한 뒤 ❷ [퀴즈·토론·게임]을 클릭하고 ❸ [방번호를 입력하세요.]에 "방번호"를 입력하고, ❹ [닉네임을 입력하세요]란에 "닉네임"을 입력하여 접속할 수 있습니다. 이 방법 외 다른 방법으로 접속하려면 해당 퀴즈의 "QR코드"를 인식하거나 "링크 주소"를 받은 뒤 클릭하여 접속하면 됩니다.

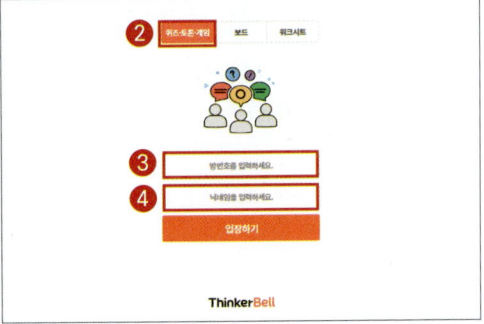

4 띵커벨 퀴즈 수업 사례

띵커벨 퀴즈는 실시간 상호작용이 가능한 디지털 퀴즈 플랫폼으로 단순한 정답 확인을 넘어 학생들의 참여를 유도하고, 즉각적인 피드백을 제공하는 수업 도구로 활용됩니다. 수업의 도입, 정리, 복습 등 다양한 단계에서 학생과의 소통을 강화하고 학습 내용을 정교하게 점검할 수 있어 교실 속 형성평가 도구로서의 역할도 큽니다. 다음은 띵커벨 퀴즈를 다양한 수업 맥락에 적용한 사례입니다.

수업 도입 진단 도구

새로운 단원에 들어갈 때 띵커벨 퀴즈를 활용하면 학생들의 선지식 수준을 진단하거나 호기심을 자극하는 도구로 효과적입니다. 특히 띵커벨은 라이브러리에 수많은 자료가 있기 때문에 이전 학년이나 단원에서 배운 내용을 확인할 수 있는 퀴즈를 활용하면 쉽게 진단 활동을 진행할 수 있습니다.

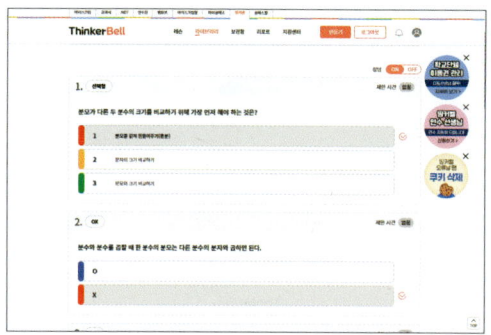 

단원 정리 및 복습을 위한 형성평가 도구

한 단원의 학습을 마무리할 때 띵커벨 퀴즈를 활용하면 학생들이 주요 개념을 정리하고 스스로의 이해도를 점검할 수 있습니다. 교사는 정답률 데이터를 활용해 보충 설명이 필요한 개념을 파악할 수 있고, 학생들은 점수를 통해 자신의 학습 성취를 가시적으로 확인하게 됩니다.

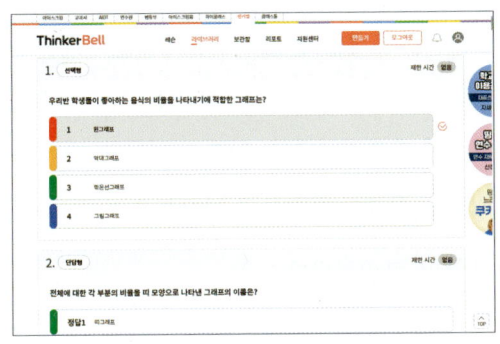 

띵커벨 퀴즈 실전비법.zip_ 띵커벨 보드와 워크시트를 활용한 퀴즈 제작

2025년 4월에 띵커벨 보드의 새로운 유형이 생겼습니다. 기존의 띵커벨 보드는 학생들이 자유롭게 게시물을 작성하거나 자료를 첨부하는 기능에 초점이 맞춰져 있었지만, "문제출제형"을 통해 띵커벨 보드로 퀴즈 제작이 가능해졌습니다. 이 기능의 가장 큰 특징은 교사 주도가 아닌 학생 주도의 문제 제작이 가능하다는 점입니다. 학생들은 배운 내용을 바탕으로 OX형, 객관식, 주관식, 서술형 중에서 원하는 문제 유형을 선택하여 문제를 만들고, 이를 띵커벨 보드에 업로드할 수 있습니다. 교사는 그중에서 우수한 문제를 선별하거나 학생들의 투표를 통해 높은 점수를 받은 문제를 선정하여 띵커벨 퀴즈의 "배틀 모드" 활동에 활용할 수 있습니다. 이는 학생들의 참여도와 학습 몰입도를 높이는 데 효과적입니다. 아래 과정을 통해 띵커벨 보드의 문제출제형 기능을 활용한 퀴즈 제작 방법을 자세히 알아보겠습니다.

01 ❶ [만들기] 버튼을 클릭합니다. ❷ [보드] 버튼을 클릭합니다.

 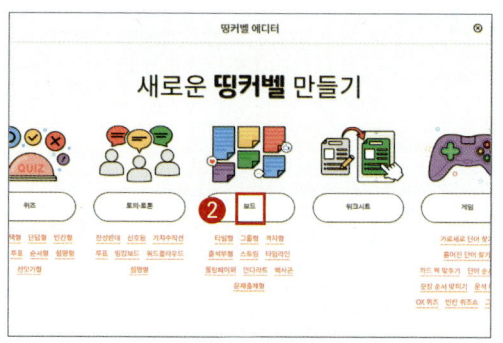

02 ❶ [제목을 입력해 주세요]란에 "각기둥과 각뿔 복습하기"를 입력합니다. ❷ [문제출제형] 버튼을 클릭합니다. ❸ [완료] 버튼을 클릭합니다. ❹ [개별 보드 제목], ❺ [개별 보드 설명]에 "각기둥과 각뿔 복습하기"를 입력합니다. ❻ [게시물 승인] 버튼을 클릭하여 비활성화합니다. ❼ [저장] 버튼을 클릭합니다.

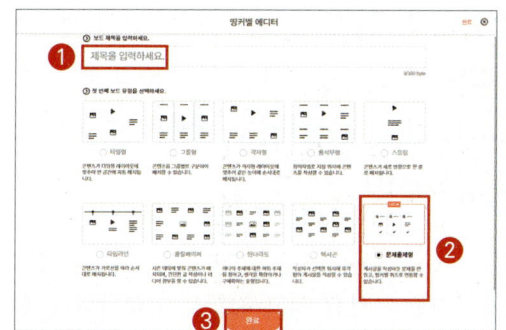
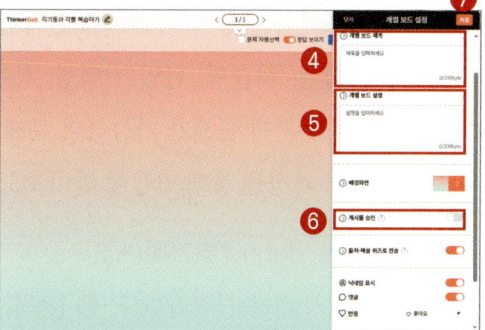

전쌤의 꿀팁 [게시물 승인]을 활성화하면 학생들이 퀴즈를 만들 때마다 교사가 승인 버튼을 눌러주어야 합니다. 꼭 필요한 상황이 아니라면 비활성화하는 것을 추천합니다.

03 ❶ [공유] 버튼을 클릭합니다. ❷ [변경하기] 버튼을 클릭하여 공개대상 항목을 "전체 공개"로 설정합니다. ❸ [링크] 버튼을 클릭하여 학생들에게 링크 주소를 안내합니다.

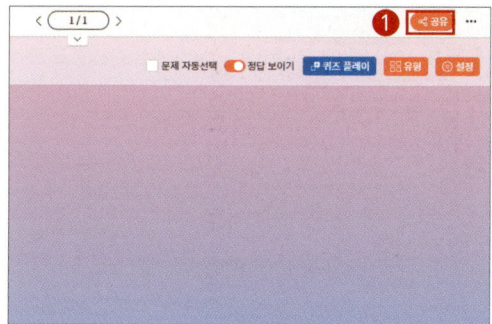
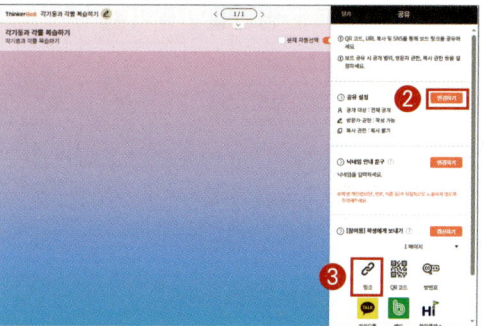

04 ❶ 5개의 [○] 버튼을 각각 "1, 5, 2, 3, 4"순서대로 클릭하여 문제의 순서를 설정합니다. ❷ [퀴즈 플레이] 버튼을 클릭합니다. 원하는 모드를 선택한 뒤 ❸ [확인] 버튼을 클릭합니다.

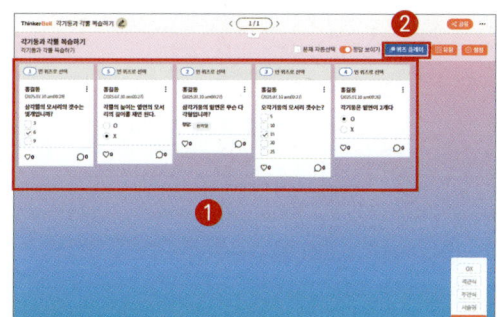

전쌤의 꿀팁 ❹ [문제 자동 선택] 버튼을 클릭하면 학생들이 제작한 모든 문제가 무작위로 순서가 지정됩니다.

Chapter 8 언제든지 쉽게 꺼내 쓰는 퀴즈 플랫폼, 띵커벨 퀴즈 225

띵커벨 퀴즈에서는 종이 학습지를 온라인으로 풀고 채점할 수 있게 해주는 워크시트가 있습니다. 단답형, 서술형, 단일 선택형, 복수 선택형, 드롭다운, 선 잇기, 드래그 앤 드롭, OX 등의 형태로 문제 출제가 가능하며 문제 중 가장 많은 형태인 단일 선택형과 단답형 문제 형태를 아래 과정을 통해 만들며 알아보도록 하겠습니다.

◆ 소스 파일 : joo.is/띵커벨퀴즈

01 ❶ [워크시트]를 클릭합니다. ❷ [제목]에 "각기둥과 각뿔 워크시트"를 입력합니다. ❸ [학교급]은 "초등"을 선택합니다. ❹ [학년], [학기], [과목], [단원], [차시]에서 "6학년", "1학기", "수학", "국정", "2. 각기둥과 각뿔"을 선택합니다. ❺ [파일첨부]에 "실전비법zip_워크시트" 소스 파일을 업로드합니다. 입력합니다. ❻ [문제 편집하기] 버튼을 클릭합니다.

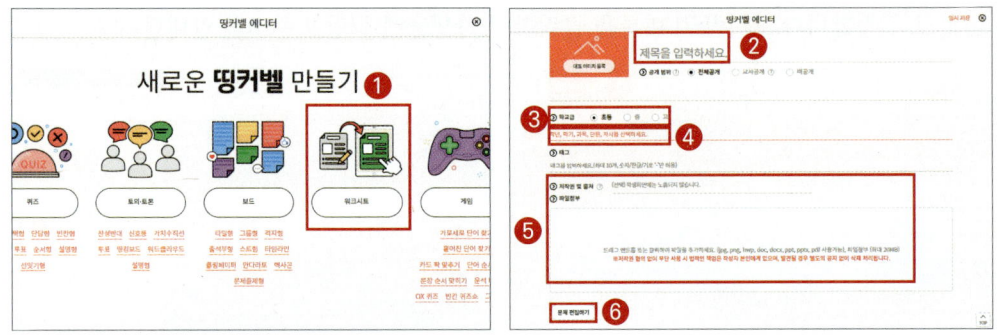

02 ❶ [단일 선택형] 버튼을 클릭합니다. ❷ [5]를 클릭합니다. ❸ [①,②,③,④,⑤]에 마우스로 드래그하여 정답 범위를 설정합니다.

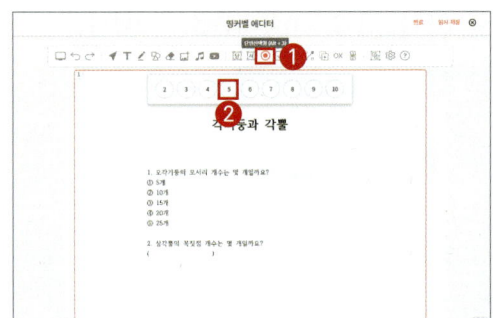 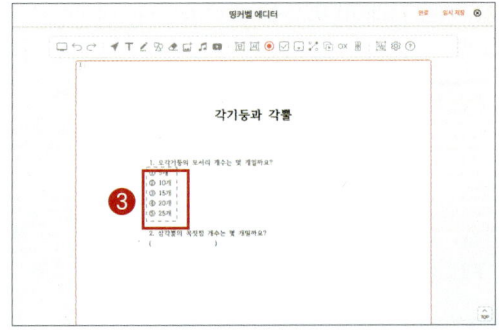

03 정답인 3번 보기 문항 위에 있는 ❶ [○] 버튼을 클릭합니다. ❷ [단답형]을 클릭합니다. ❸ [문항 번호를 입력하세요]에 "2"를 입력합니다. ❹ [배점을 선택하세요]에 "1"을 입력합니다. ❺ [정답 입력]에 "4"를 입력합니다. ❻ [확인]을 클릭합니다. ❼ [저장]을 클릭합니다.

04 ❶ [완료] 버튼을 클릭합니다.

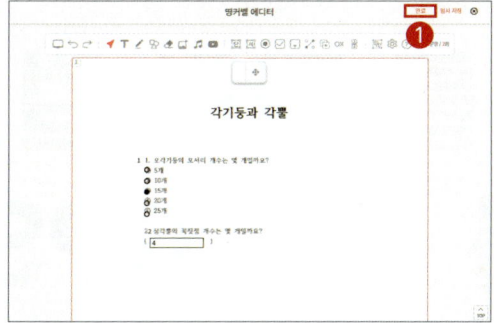

05 학생들은 과제 모드를 통해 워크시트 문제를 풀 수 있습니다. 문제를 모두 푼 뒤 ❶ [제출] 버튼을 클릭합니다. 문제 풀이 결과를 확인하고 ❷ [확인]을 클릭합니다.

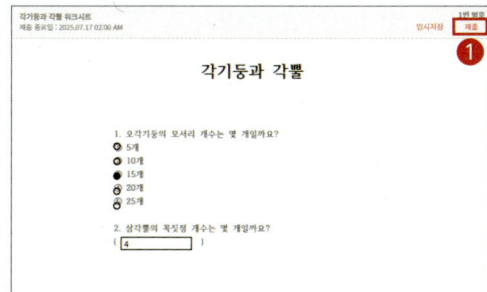 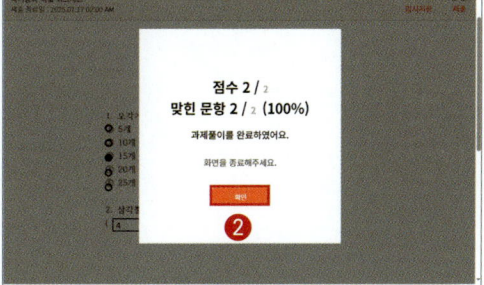

9

지도를 따라 걸으며
문제를 푸는 GPS Quiz

'GPS Quiz'는 디지털 기기의 위치(GPS) 정보를 활용하여 학생들이 실제 공간을 이동하며 문제를 해결하는 위치 기반 학습 퀴즈 플랫폼입니다. 단순히 정적인 문제 풀이에서 벗어나 활동성과 몰입감을 높일 수 있는 도구로 체험 중심의 수업이나 현장 체험 학습, 프로젝트 활동 등에서 효과적으로 활용할 수 있습니다.

1 GPS Quiz 살펴보기

GPS Quiz는 스마트폰의 GPS 위치 정보를 기반으로 학습자가 실제 공간을 이동하며 문제를 해결하는 위치기반 퀴즈 플랫폼입니다. 단순히 자리에 앉아 문제를 푸는 것이 아니라 정해진 장소에 직접 도착해야 문제를 열람하고 풀 수 있도록 구성되어 있어 마치 보물찾기나 탐험 미션처럼 학습 활동에 몰입할 수 있는 것이 가장 큰 특징입니다.

학생들은 GPS Quiz를 통해 지정된 위치로 직접 이동하면서 그곳에 연계된 문제를 해결하게 되며 이 과정에서 학습자는 자연스럽게 사고력, 문제해결력, 협업 능력을 기를 수 있습니다. 특히 야외 수업, 체험학습, 교내외 탐방 활동, 생태교육 등과 연계하기 좋으며 장소에 따른 맥락 기반 문제 출제가 가능하기 때문에 학습 효과도 더욱 높습니다.

예를 들어 지역 문화유산과 관련된 문제를 유적지 근처에 설정해 두면, 학생들이 실제 유산을 관찰하며 문제를 해결하게 되고, 이는 교과 내용과 현실 경험을 자연스럽게 연결해 주는 훌륭한 교육 기회가 됩니다. 또한 팀별로 문제를 나눠 푸는 활동도 가능하여 모둠 협력 학습에도 효과적입니다.

교사는 플랫폼에 접속해 문제와 정답을 입력하고, 각 문제에 GPS 좌표를 지정해 배포하면 됩니다. 학생들은 스마트폰이나 태블릿으로 GPS Quiz에 접속하여 주어진 위치로 이동해 문제를 풀게 되며 활동 내내 실제 공간을 누비며 진행되기 때문에 활동성과 몰입도가 매우 높습니다.

GPS Quiz는 '교실 밖 배움'을 실현하고 싶은 교사에게 강력한 도구가 될 수 있으며 학생들에게도 색다르고 즐거운 학습 경험을 제공해 줍니다.

회원가입

• GPS Quiz 사이트: gpsquiz.com

GPS Quiz 회원가입은 해당 사이트에서 직접 가입하는 방법이 있고 Facebook이나 구글 계정과 연동하여 가입하는 방법이 있습니다. 먼저 ❶ [Register now]를 클릭하여 회원가입 창에 접속합니다.

직접 가입

01 ❶ [Email Address]에 평소 사용하고 있던 "이메일 주소"를 입력합니다. ❷ [Password]에 대문자, 소문자, 숫자를 포함하여 8자리 이상의 "비밀번호"를 입력한 뒤 ❸ [Repeat Password]에 다시 반복하여 "비밀번호"를 입력합니다. ❹ [First name]에 "이름"을 입력합니다. ❺ [Last name]에 "성"을 입력합니다. ❻ [Register]를 클릭합니다.

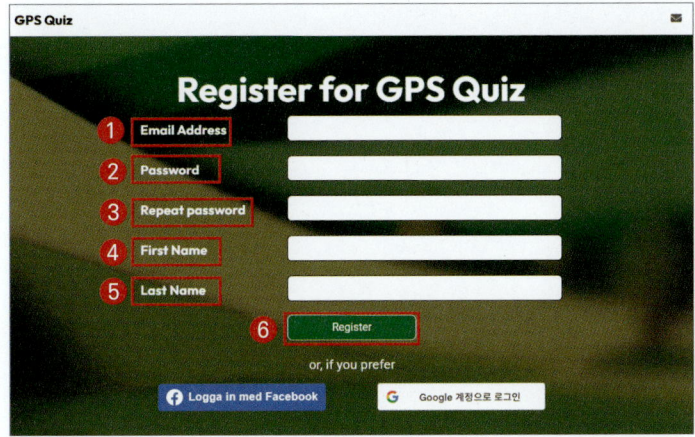

02 ❶ [Go to login]을 클릭하여 입력한 이메일 주소로 접속합니다. 이메일 인증을 완료합니다. 이메일 인증이 끝나면 GPS Quiz에 해당 이메일로 접속합니다.

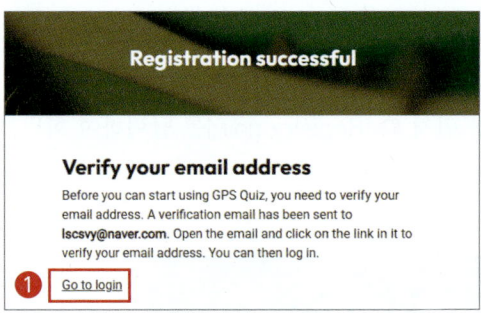

연동 가입

회원가입 창으로 접속합니다. ❶ [Logga in med Facebook]을 클릭하면 페이스북 아이디로 가입이 가능합니다. 또는 ❷ [Google 계정으로 로그인]을 클릭하면 기존 구글 아이디로 가입이 가능합니다.

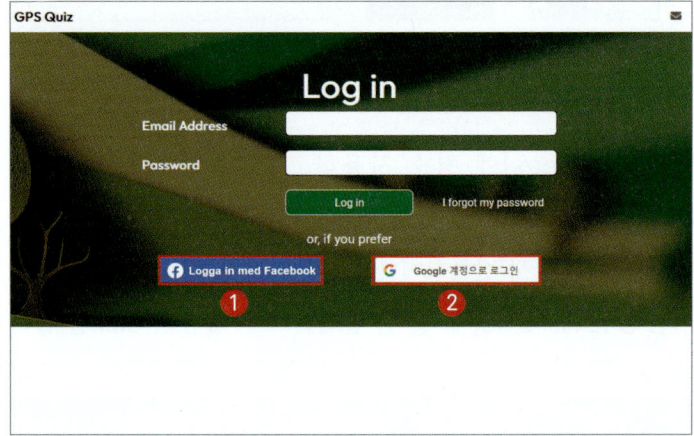

대시보드

가입한 계정으로 로그인하면 상단 오른쪽에 ❶ [요금제], ❷ [나의 계정], ❸ [언어 설정], ❹ [알림], ❺ [문의]와 같은 5개의 메뉴가 나타나는 것을 볼 수 있습니다.

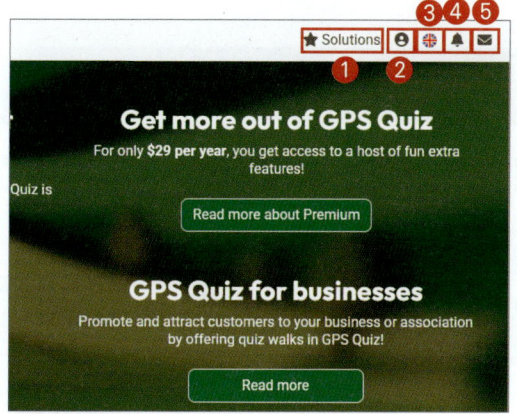

요금제(2025.7월 기준)

❶ 무료 요금제로는 제한된 문항 종류를 사용할 수 있고 문항마다 이미지 업로드가 가능합니다. 10개의 Quiz Walks(문제 세트)를 만들 수 있고, 한 Quiz walk에 최대 10팀까지 참여가 가능합니다. ❷ 프리미엄 요금제(연간 결제)는 100개의 Quiz Walks(문제 세트)를 만들 수 있고 제한 없이 팀 참여가 가능합니다. 다양한 스타일의 문항 제작이 가능하며 이미지, 비디오, 오디오 업로드가 가능합니다. 가격은 1년에 29달러입니다. ❸ 프리미엄 퀴즈 요금제는 월별로 결제하는 프리미엄 요금제입니다. ❹ 비즈니스 요금제는 사업이나 기업 홍보에 활용할 수 있는 요금제입니다.

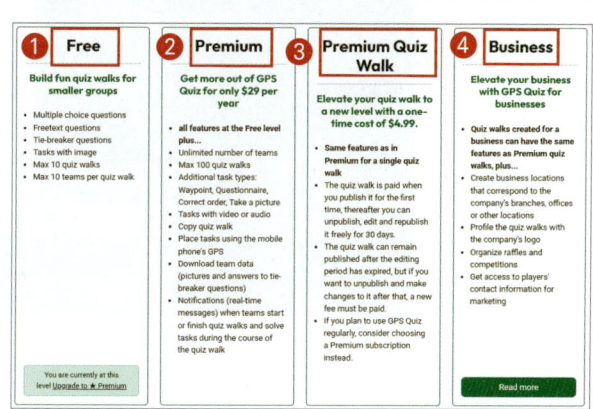

전쌤의 꿀팁 무료 요금제로는 10개의 팀만 참여할 수 있기 때문에 10명 이상의 학생이 참여해야 할 때에는 모둠을 구성하여서 참여하는 방법을 추천해 드립니다. 또한 프리미엄 요금제의 기능을 무료로 체험하고 싶을 땐 프리미엄 요금제 구독을 신청하면 약 10일간의 체험 기간을 줍니다. 10일이 되기 전 구독을 취소하면 실제 결제가 이루어지지 않습니다. 다만 요금제 규정은 추후 바뀔 수 있으니 반드시 사전 확인이 필요합니다.

나의 계정

❶ [Edit]를 클릭하여 이메일 주소를 바꿀 수 있습니다. ❷ [Change Subscription]을 클릭하여 요금제를 변경할 수 있습니다. ❸ 확인 문구를 입력한 뒤 [Delete me] 버튼을 클릭하여 계정을 삭제할 수 있습니다.

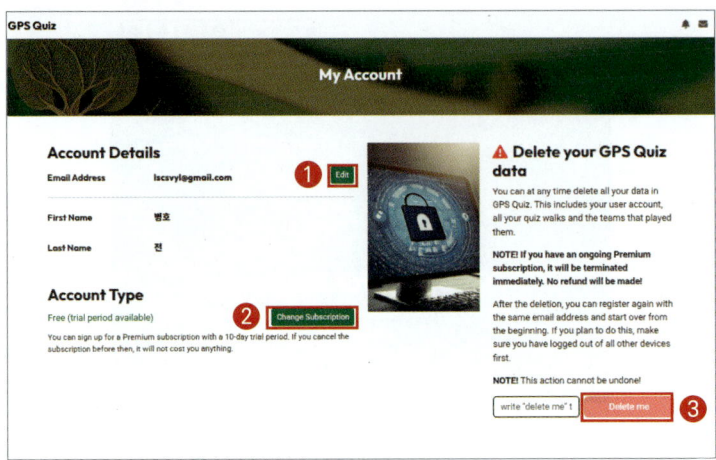

언어 설정 기능

스웨덴어, 영어, 덴마크어, 노르웨이어, 핀란드어, 프랑스어, 스페인어, 이탈리아어, 독일어 중 하나의 언어를 선택할 수 있습니다.

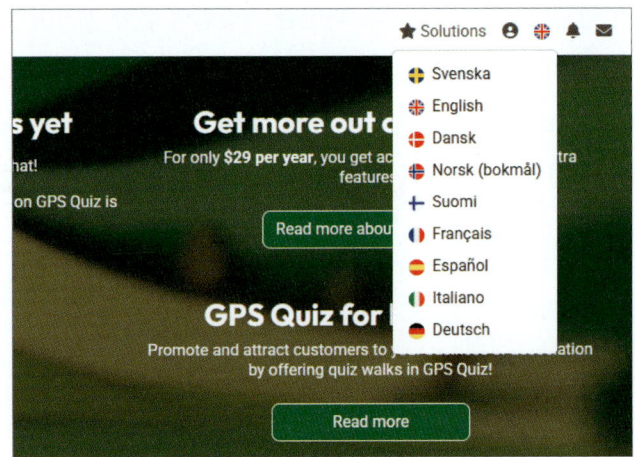

알림 기능

팀이 사용자의 비공개 퀴즈 워크를 시작하거나 완료할 때, 또한 퀴즈 워크를 진행하며 과제를 해결할 때마다 실시간으로 알림을 받을 수 있습니다. 프리미엄 요금제를 사용해야만 활성화할 수 있습니다.

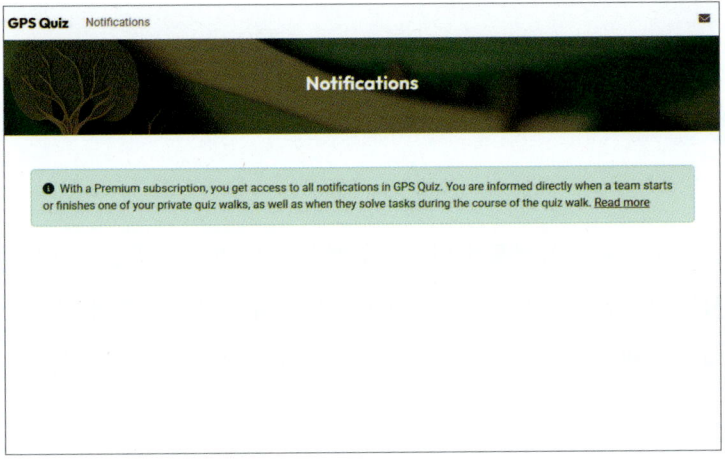

문의 기능

GPS quiz에 대해 문의 사항이 있거나 오류가 있을 경우 메일을 보내 의견을 전달할 수 있습니다.

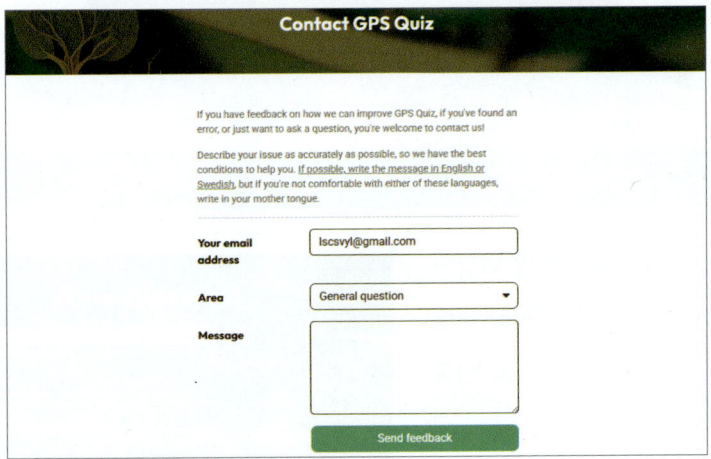

② GPS Quiz 제작

GPS Quiz는 다른 퀴즈 플랫폼과 비교했을 때 문항을 만드는 방법이 대부분 비슷하지만 하나 크게 다른 점이 있습니다. 그것은 바로 문항에 GPS 위치를 부여하는 것입니다. 다른 퀴즈 플랫폼처럼 문제를 제작하고 GPS 정보를 입력하면 성공적으로 제작이 완료됩니다.

문제를 제작하려면 먼저 ❶ [Create your first quiz walk]를 클릭합니다.

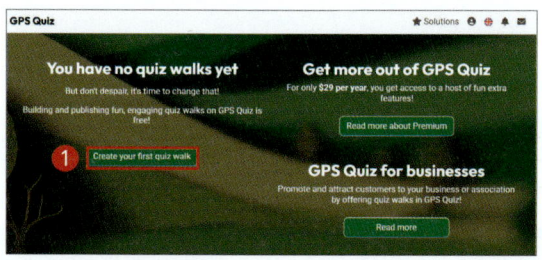

GPS Quiz 제목

❶ [Name]에 퀴즈 제목을 입력합니다. 무료 요금제인 경우 ❷ [Free] 레벨을 고릅니다. ❸ [Create quiz walk]를 클릭합니다.

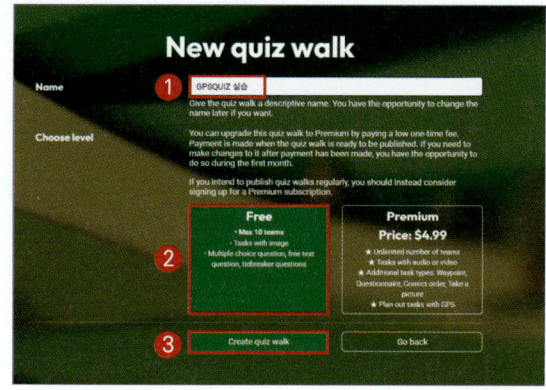

기본 설정(Quiz Walk)

지금부터 GPS Quiz의 기본적인 옵션을 설정하는 방법을 알아보겠습니다.

❶ [Description]은 문제에 대해 설명을 적는 곳입니다. ❷ [Status]는 현재 퀴즈 세트 제작 진행 정도를 보여주는 곳입니다.

❸ [Password]는 암호를 설정하여 내가 원하는 사람만 접속할 수 있도록 하는 기능입니다.

❹ [Game mode]는 문제를 순서대로 풀도록 할지, 또는 순서에 상관없이 자유롭게 풀도록 할지 설정하는 기능입니다.

❺ [Coordinates]는 퀴즈를 시작하는 지점을 GPS 값으로 설정하는 기능입니다. 여기에 직접 입력하는 것보다 오른쪽의 지도에서 위치를 선택하는 것이 좀 더 간편합니다.

❻ [Task radius(m)] 문제의 범위를 설정하는 기능입니다. 최소 10m로 설정할 수 있습니다.

❼ [Task, time(sec)]는 문제를 푸는 제한 시간을 설정하는 기능입니다.

❽ [Hide Results]는 참가한 팀이 전체 문제를 푼 다음 결과를 볼 수 있게 할지 못보게 할지 설정할 수 있는 기능입니다.

❾ [지도]에서 원하는 곳을 찍으면 그곳이 시작 지점이 됩니다. 지도상에서 내가 원하는 위치를 더블 클릭하면 "START"버튼이 생성되고, 드래그하여 위치를 이동할 수 있습니다. 여기서 시작 지점을 설정하여 [Coordinates]란에 자동으로 GPS 값이 입력됩니다.

❿ [Address(URL)to this quiz walk]는 내가 만든 퀴즈에 접속할 수 있는 링크 주소입니다.

이전 단계에서 퀴즈 제목을 입력했으므로 이어서 아래 과정을 통해 직접 입력해 보도록 하겠습니다.

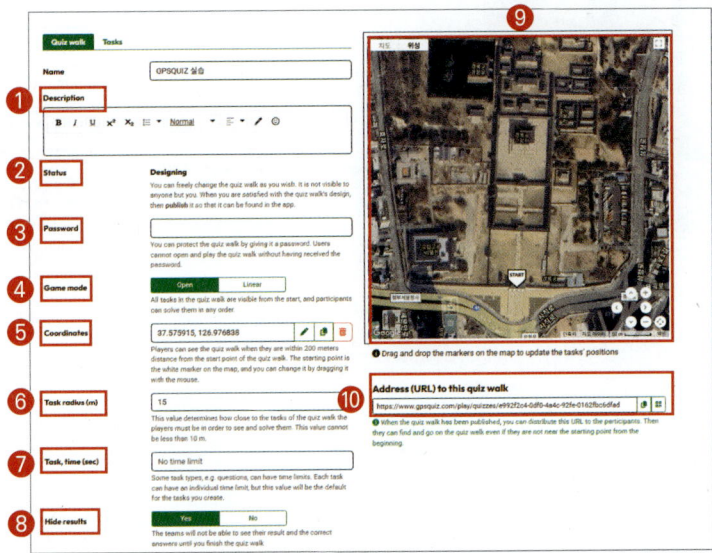

◆ 소스 파일 : joo.is/gpsquiz

01 ❶ [Description]에는 "GPS Quiz 실습"을 입력합니다. ❷ [Password]는 공란으로 둡니다. ❸ [Game mode]는 "Linear"를 클릭합니다. ❹ [Coordinates]는 공란으로 둡니다. ❺ [Task radius(m)]는 "10"을 입력합니다. ❻ [Task, time(sec)]는 공란으로 둡니다. ❼ [Hide Results]는 "No"를 선택합니다.

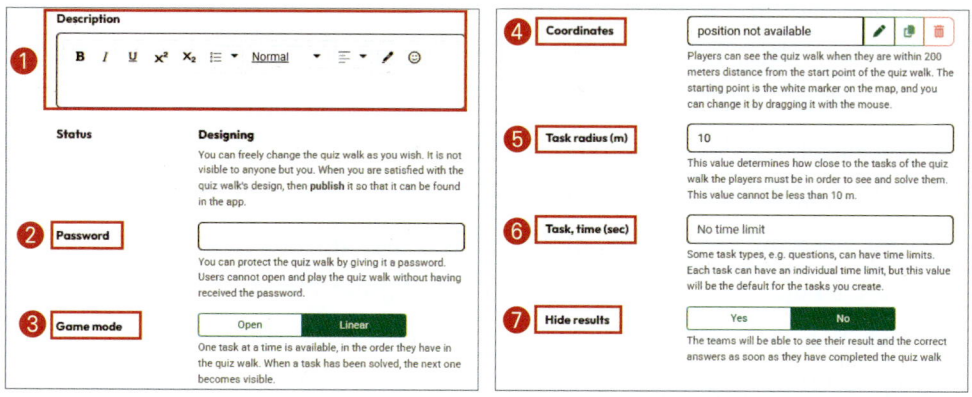

02 ❶ 지도에서 "경복궁 광화문" 위치를 찾아서 더블 클릭합니다. ❷ 경복궁 위치를 찾지 못할 경우 [Coordinates] 메뉴에서 "37.575975, 126.976891"값을 입력합니다.

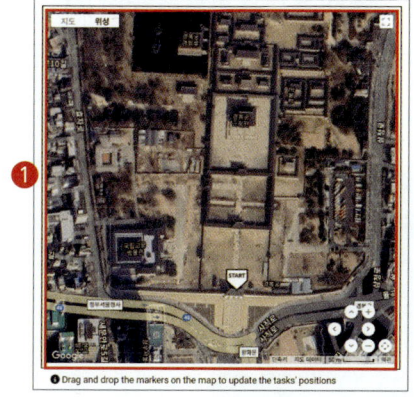
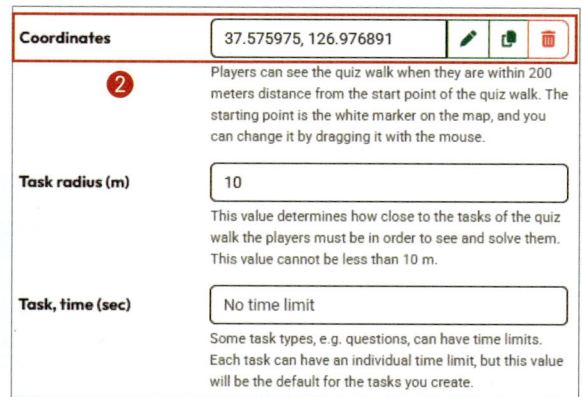

문항 제작(Tasks)

❶ [Tasks] 메뉴를 클릭하면 다양한 형태의 문항을 제작할 수 있습니다. ★는 프리미엄 요금제를 사용하는 사용자만 만들 수 있는 문항 형태입니다. ❷ [Mutltiple-choice question]는 객관식 문항입니다. ❸ [Free-text question]은 주관식 문항입니다. ❹ [Tiebreaker question (number)]는 숫자 입력으로 동점자 간 순위를 매기기 위한 문항입니다. ❺ [Tiebreaker question (text)]는 텍스트 입력으로 동점자 간 순위를 매기기 위한 문항입니다. ❻ [★ Waypoint]는 위치에 도달한 것을 확인시켜주고 글이나 사진 등을 통해 활동 안내가 필요할 때 사용하는 문항입니다. ❼ [★ Questionnaire]는 설문지 기능입니다. ❽ [★ Correct order]는 순서 맞히기 문항입니다. ❾ [★ Take a picture]는 학생들이 사진을 제출할 수 있도록 하는 기능입니다.

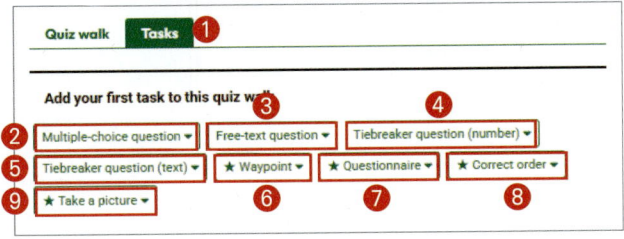

Multiple-choice question

Multiple-choice question 문항은 하나의 질문에 대해 제시된 보기 중 정답을 선택하게 하는 객관식 문항입니다. GPS Quiz에서 가장 기본적이고 널리 활용되는 유형으로 정확한 개념 확인, 간단한 지식 점검, 이해도 확인 등에 효과적입니다.

01 ❶ [Multiple-choice question]을 클릭합니다. ❷ [Add task]를 클릭합니다.

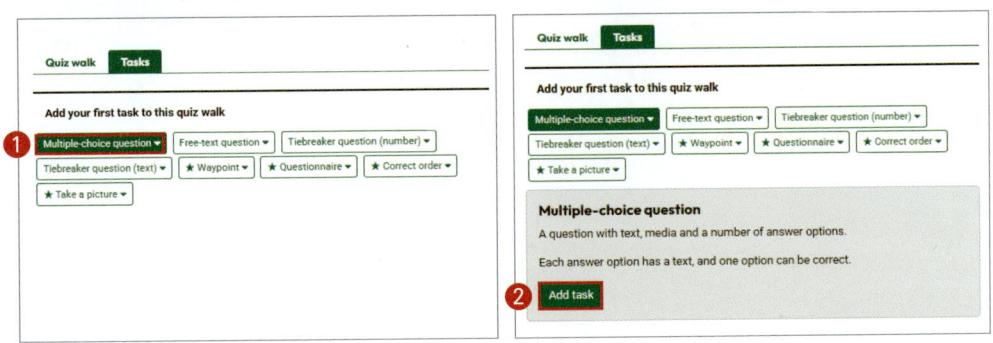

02 ❶ [연필] 아이콘을 클릭합니다. ❷ [Text]에 "다음 중 광화문에 대한 설명으로 바른 것은 무엇인가요?"를 입력합니다. ❸ [Alternatives]에 "광화문은 조선 왕들이 공부하던 서원이다."를 입력하고 오른쪽에 있는 ❹ [+] 버튼을 클릭합니다. 같은 방법으로 "광화문은 경복궁의 정문으로, 나라의 중심을 상징한다.", "광화문은 창덕궁의 뒷문으로 사용되었다.", "광화문은 외국 사신을 만나는 남대문 근처에 세워졌다."를 입력합니다. 정답은 2번이므로 2번 보기에 있는 ❺ [V] 버튼을 클릭합니다.

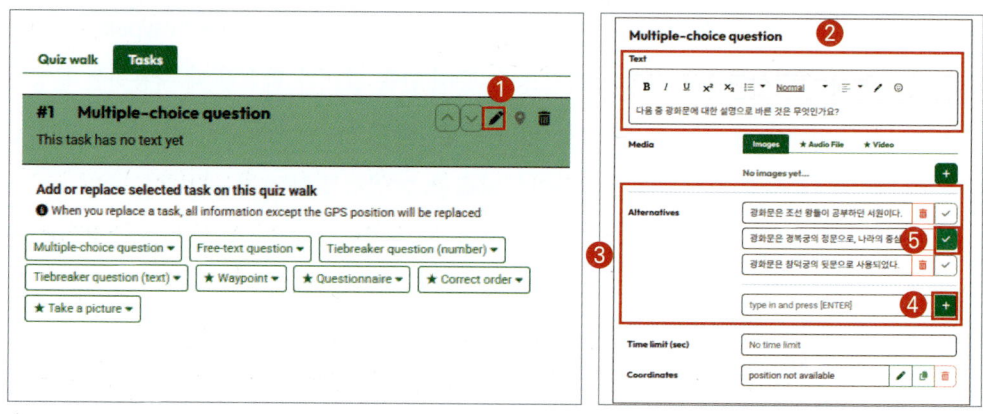

03 ❶ [+] 버튼을 눌러 "2-3-1_선택형 문제" 이미지를 업로드합니다. ❷ [Time limit(sec)]와 [Coordinates]란은 공란으로 둡니다. ❸ [위치] 버튼을 클릭합니다.

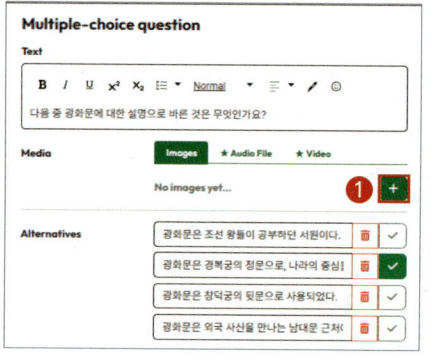 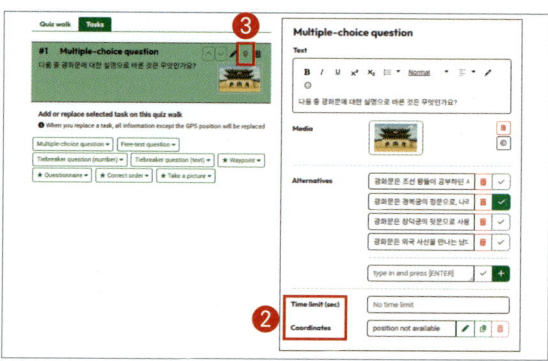

04 지도에서 경복궁 광화문 옆에 있는 ❶ [경복궁 안내소]를 클릭합니다. 지도에서 위치를 찾기 힘든 경우 ❷ [Coordinates]에 "37.576041, 126.977160"을 입력하여 1번 문항에 대한 GPS 값을 부여합니다.

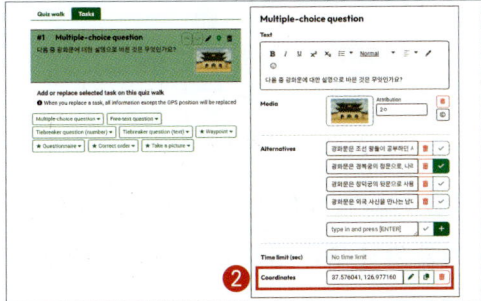

Free-text question

Free-text question 문항은 학생이 자기의 생각이나 정답을 글자로 직접 입력하는 주관식 문항입니다. 단답형부터 문장 단위의 서술형까지 다양한 방식으로 활용할 수 있으며 학생의 이해도, 표현력, 사고 과정을 확인할 수 있는 효과적인 문항 유형입니다.

01 ❶ [Free-text question]을 클릭합니다. ❷ [Add task]를 클릭합니다.

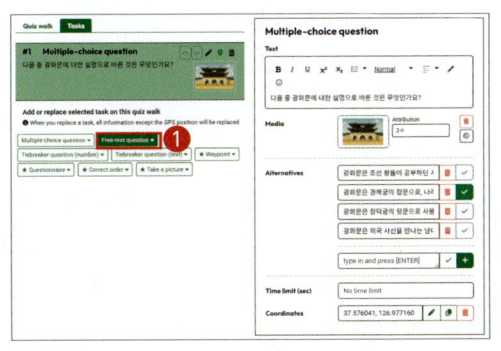
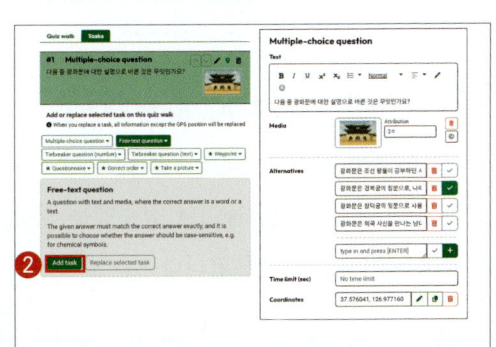

02 ❶ [연필] 아이콘을 클릭합니다. ❷ [Text]에 "수문장은 무기를 들고 문을 지킵니다. 이들이 주로 사용하는 전통 무기는 무엇인가요?"를 입력합니다. ❸[Correct answer]에 "창"을 입력합니다. ❹ [Case-sensitive]는 "No"로 입력합니다. ❺ [Time limit(sec)]와 [Coordinates]란은 공란으로 둡니다. ❻ [위치] 버튼을 클릭합니다.

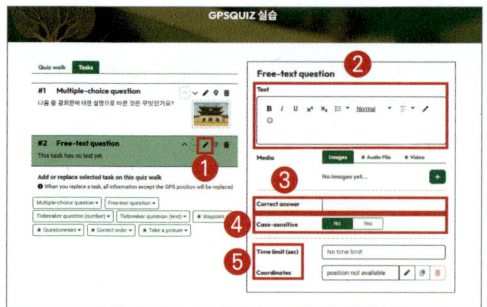 

03 지도에서 경복궁 광화문 왼쪽에 있는 ❶ [경복궁 수문장청]을 클릭합니다. 지도에서 위치를 찾기 힘든 경우 ❷ [Coordinates]에 "37.576102, 126.976475"를 입력하여 2번 문항에 대한 GPS 값을 부여합니다.

 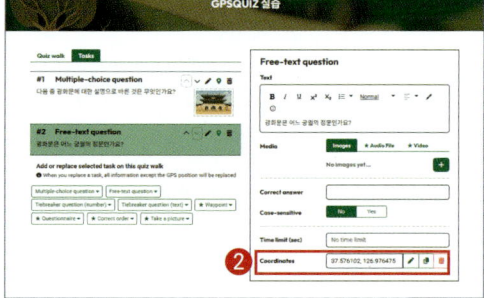

Tiebreaker question(number)

Tiebreaker question(number) 문항은 동점자 간의 순위를 결정하기 위한 용도로 활용됩니다. 이 문항은 정답률이나 점수에는 영향을 주지 않으며 말 그대로 동점 상황에서 우열을 가리는 기준으로 사용됩니다.

01 ❶ [Tiebreaker question(number)]를 클릭합니다. ❷ [Add task]를 클릭합니다.

 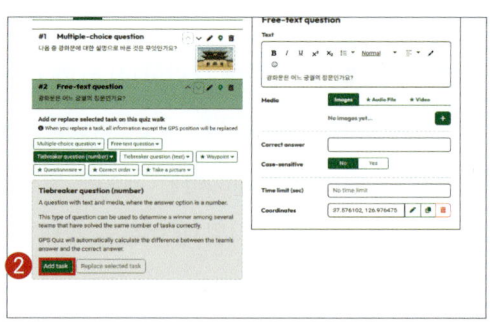

02 ❶ [연필] 아이콘을 클릭합니다. ❷ [Text]에 "다음 이미지에 있는 공은 몇 개일까요?"를 입력합니다. ❸ [Correct answer]에 "356"을 입력합니다. ❹ [Time limit(sec)]은 "20"을 입력합니다. ❺ [Coordinates]란은 공란으로 둡니다. ❻ [+] 버튼을 눌러 "2-3-3_타이브레이커" 이미지를 업로드합니다. ❼ [위치] 버튼을 클릭합니다.

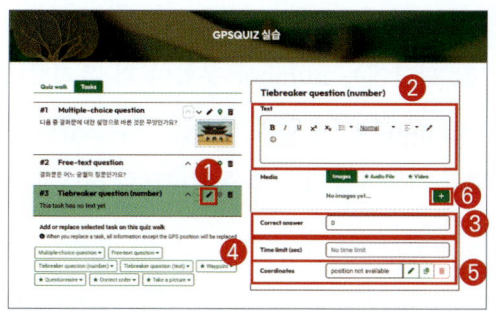
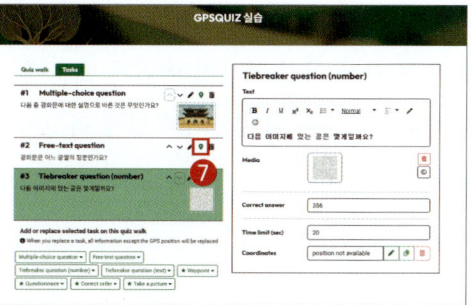

03 지도에서 ❶ [경복궁 흥례문]을 클릭합니다. 지도에서 위치를 찾기 힘든 경우 ❷ [Coordinates]에 "37.576930, 126.976894"를 입력하여 3번 문항에 대한 GPS 값을 부여합니다.

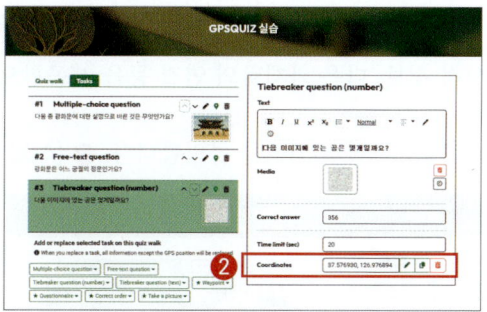

전쌤의 꿀팁 Tiebreaker question(number) 문항은 정답을 맞히는 것이 아니라 근삿값을 통해 동점자 간 순위를 가리기 위해 사용하는 문항입니다. 따라서 학생이 정확한 정답을 알기 어렵도록 구성하여 추론이나 감각에 의존해 값을 입력하도록 유도하는 것이 중요합니다. 일반 문항과 달리 이 문항에는 시간 제한이 설정되어 있는데 이는 오랜 고민을 통해 정답을 유추하기보다는 직관적으로 근삿값을 입력하게 하기 위해서입니다. 예를 들어 정답이 356인 경우 정확히 356을 적은 학생이 가장 우선되며, 그에 가까운 값을 적은 학생이 다음 순위로 간주됩니다.

Tiebreaker question(text)

Tiebreaker question(text) 문항은 동점자가 발생했을 때 순위를 정하기 위한 문항입니다. 숫자로 정답을 입력하는 number 유형과 기능은 같지만 이 유형에서는 text를 학생이 직접 입력하도록 구성됩니다. Tiebreaker question(number)와 같이 Tiebreaker question(text) 문항도 동일한 목적(동점자 순위 결정)을 가지지만 텍스트로 입력한 내용은 수치적 거리 계산이 어렵기 때문에 근삿값 판단에는 number 문항이 더 유리합니다. 따라서 순위 판단을 명확하게 하고자 한다면 number 유형의 사용을 추천드립니다. Tiebreaker question(number) 문항 제작 방법과 기본 구조가 거의 동일하므로 해당 항목을 참고하시기 바랍니다.

Waypoint

Waypoint는 다른 문제들과 달리 학생이 정답을 입력하거나 선택하지 않습니다. 그 대신 해당 위치에 도달하면 화면에 안내 메시지, 힌트, 미션 설명, 배경지식 등을 보여주는 정보성 문항입니다. 학생이 지정된 GPS 위치에 도달해야만 해당 안내문이 자동으로 나타나기 때문에 퀴즈 활동의 동선을 자연스럽게 유도할 수 있습니다. 그리고 각 장소의 의미, 역사적 정보, 다음 과제로의 연결 등을 제공함으로써 활동의 맥락과 몰입감을 높입니다.

01 ❶ [Waypoint]을 클릭합니다. ❷ [Add task]를 클릭합니다.

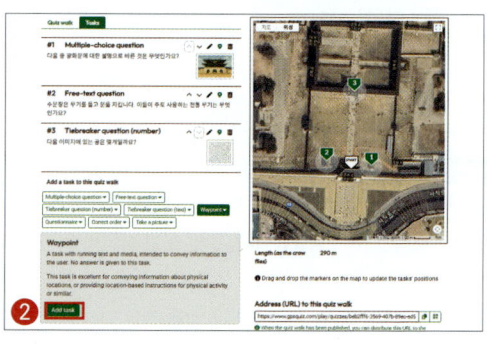

02 ❶ [연필] 아이콘을 클릭합니다. ❷ [Text]에 "이곳은 경복궁의 중심 건물인 '근정전'으로 들어가는 정문, '근정문'입니다. 조선 시대에는 왕이 나라의 큰 행사를 열기 전, 이 문을 통해 근정전으로 들어갔습니다. 근정문 앞마당에는 의관을 갖춘 신하들이 줄지어 서서 왕을 맞이했어요."를

입력합니다. ❸ [Time limit(sec)]와 [Coordinates]란은 공란으로 둡니다. ❹ [위치] 버튼을 클릭합니다.

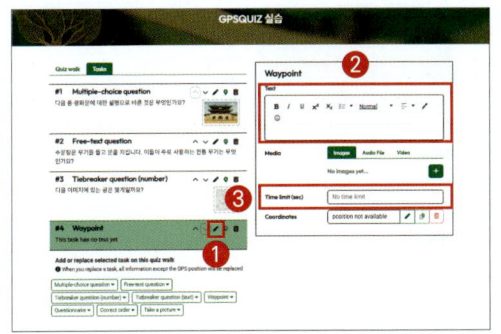 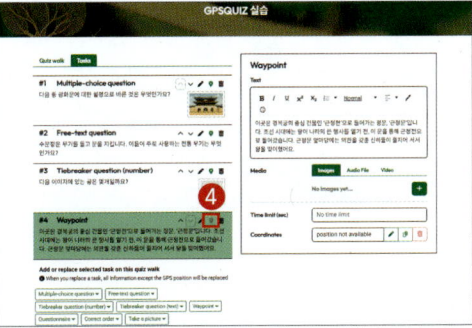

03 지도에서 ❶ [경복궁 근정문]을 클릭합니다. 지도에서 위치를 찾기 힘든 경우 ❷ [Coordinates]에 "37.577753, 126.976964"를 입력하여 4번 문항에 대한 GPS 값을 부여합니다.

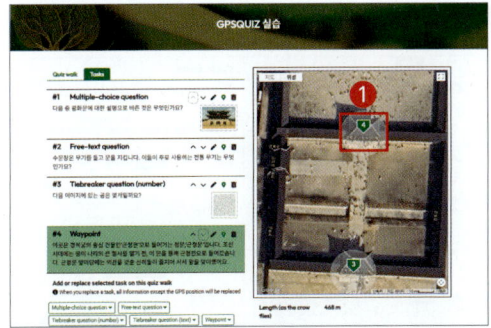 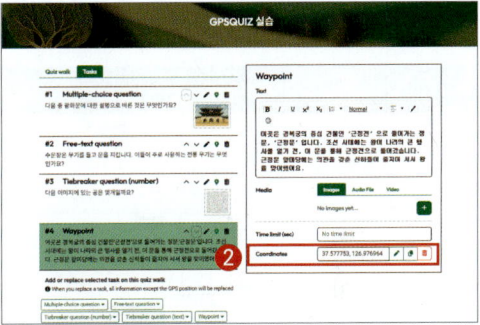

전쌤의 꿀팁 GPS Quiz는 외부에서 이루어지는 활동이므로 학생들의 안전사고 예방 및 안내가 중요합니다. Waypoint 문항에 학생들의 안전사고 예방 및 대처 방법에 대한 내용을 담는 것도 좋은 방법입니다.

★ Questionnaire

Questionnaire 문항은 정답을 요구하는 문제가 아니라 학생들의 생각이나 경험, 느낌 등을 자유롭게 응답하도록 하는 설문형 문항입니다. 학습 활동 중간 또는 종료 후 학생들의 생각이나 감정, 배운 점을 수집할 수 있습니다. 활동 전에는 사전 인식 조사, 활동 후에는 소감이나 변화된 태도 확인에 활용할 수 있습니다. 다양한 관점의 의견을 받아보고 수업을 되돌아보는 자기 성찰의 기회도 제공합니다.

01 ❶ [Questionnaire]를 클릭합니다. ❷ [Add task]를 클릭합니다.

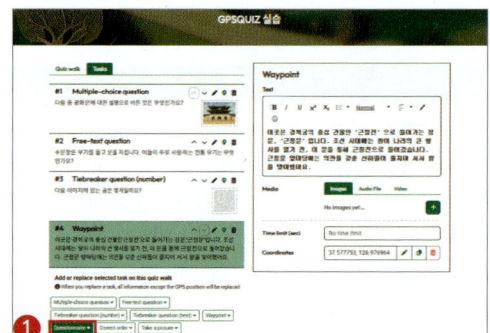 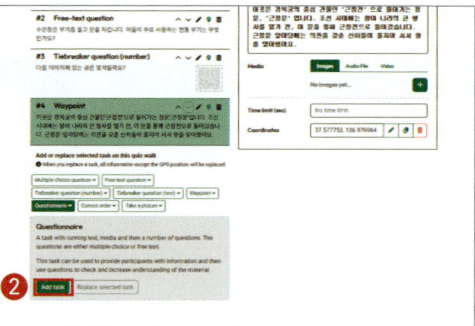

02 ❶ [연필] 아이콘을 클릭합니다. ❷ [Text]에 "경복궁 근정문을 통과하여 근정문에 도착해보니 느낌이 어땠나요?"를 입력합니다. ❸ [Time limit(sec)]와 [Coordinates]란은 공란으로 둡니다. ❹ [Questions]에서 [New free text question]를 클릭한 뒤 ❺ [Text]에 "이곳에 작성해 주세요"를 입력합니다. ❻ [Questions]-[Correct answer]엔 "보람"이라고 입력하고 ❼ [Case-sensitive]는 "Yes"를 선택합니다. ❽ [위치] 버튼을 클릭합니다.

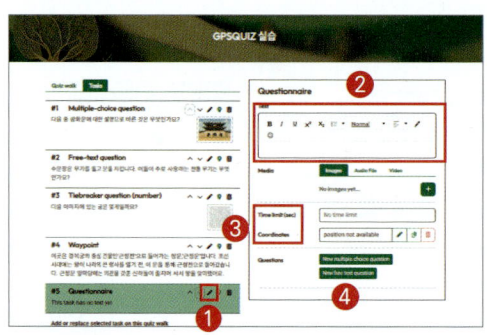 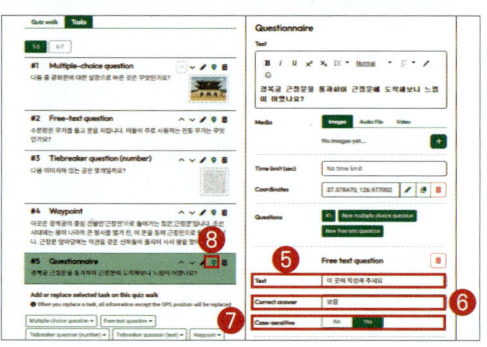

전쌤의 꿀팁 [Questionnaire]-[Questions]에서 [New multiple choice question]이나 [New free text question]을 클릭하여 설문 응답 유형을 선택할 수 있습니다. [New multiple choice question]을 선택하면 만족도 5점 척도와 같이 선택지를 고르는 객관식 설문 유형을 만들 수 있고, [New free text question]을 선택하면 학생이 자유롭게 글을 작성할 수 있는 주관식 설문 유형을 구성할 수 있습니다.

03 지도에서 ❶ [경복궁 근정전]을 클릭합니다. 지도에서 위치를 찾기 힘든 경우 ❷ [Coordinates]에 "37.578470, 126.977002"를 입력하여 5번 문항에 대한 GPS 값을 부여합니다.

 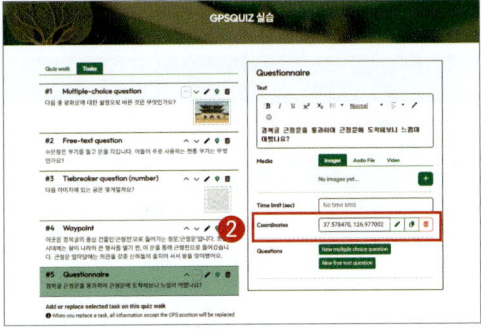

★ Correct order

Correct order 문항은 제시된 항목들을 올바른 순서로 배열하는 활동입니다. 단순한 선택형 문제와는 달리 사건의 흐름, 절차, 과정 등을 이해하고 정리하는 능력을 평가할 수 있어 교육적 효과가 높습니다. 수업 내용을 구조화하거나 요약하는 데 효과적이며 정리 학습이나 복습 활동에 적합합니다.

01 ❶ [Correct order]를 클릭합니다. ❷ [Add task]를 클릭합니다.

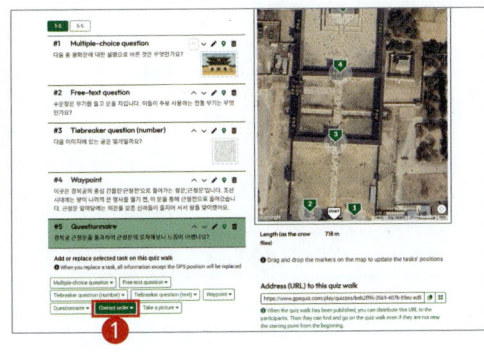 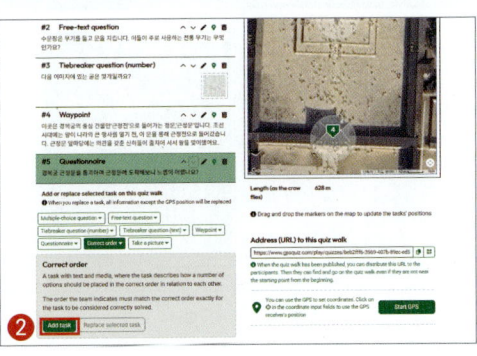

02 ❶ [연필] 아이콘을 클릭합니다. ❷ [Text]에 "다음 단어들을 조선 시대 근정전 조회 순서에 맞게 배열하세요. 정렬 / 퇴장 / 하례 / 등장"를 입력합니다. ❸ [Alternatives]에 "정렬 / 등장 / 하례 / 퇴장"을 순서대로 입력한다. ❹ [Time limit(sec)]와 [Coordinates]란은 공란으로 둡니다. ❺ [위치] 버튼을 클릭합니다.

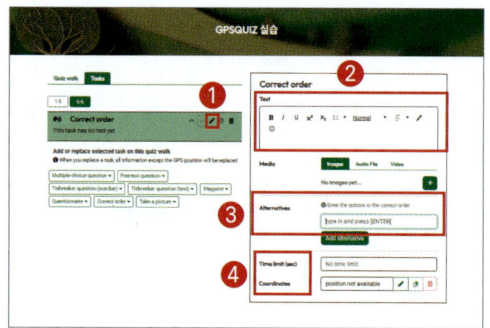 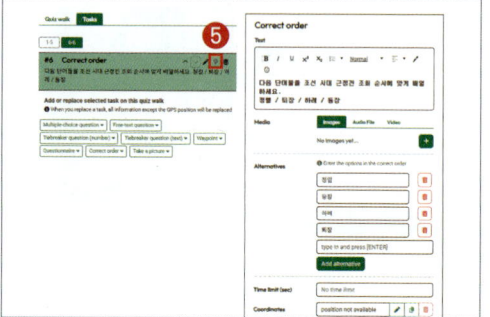

전쌤의 꿀팁 문제가 5개가 넘어가게 되면 다른 페이지로 넘어가게 됩니다. 1~5문항을 수정하거나 조회해야 할 때는 [1-5]를 클릭하여 페이지를 이동하면 됩니다.

03 지도에서 ❶ [경복궁 사정문]을 클릭합니다. 지도에서 위치를 찾기 힘든 경우 ❷ [Coordinates]에 "37.578875, 126.977024"를 입력하여 6번 문항에 대한 GPS 값을 부여합니다.

 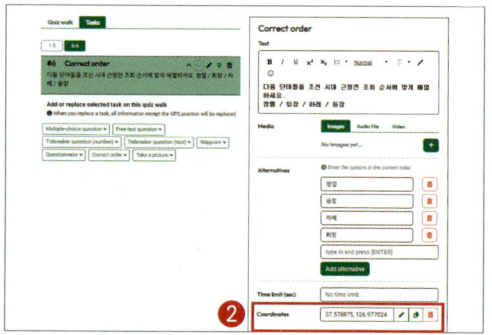

★ Take a picture

이 문항은 학생이 특정 장소에서 직접 사진을 찍어 제출하게 하는 활동형 문항입니다. 정답을 고르거나 입력하는 대신, 관찰 → 촬영 → 제출이라는 과정을 통해 현장 기반 학습과 실천 중심 활동을 유도할 수 있는 문항 유형입니다.

01 ❶ [Take a picture]를 클릭합니다. ❷ [Add task]를 클릭합니다.

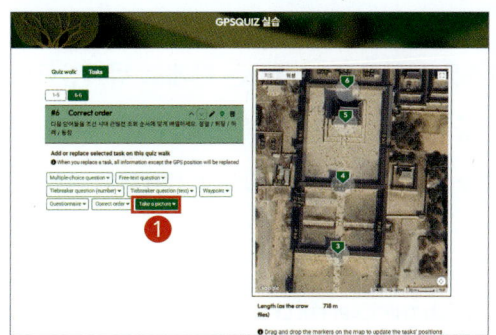 

02 ❶ [연필] 아이콘을 클릭합니다. ❷ [Text]에 "경복궁 강녕전 주변에 있는 해태상을 찾아 사진으로 찍어 제출하세요"를 입력합니다. ❸ [Time limit(sec)]와 [Coordinates]란은 공란으로 둡니다. ❹ [위치] 버튼을 클릭합니다.

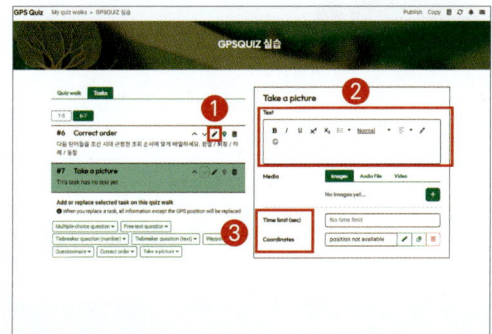 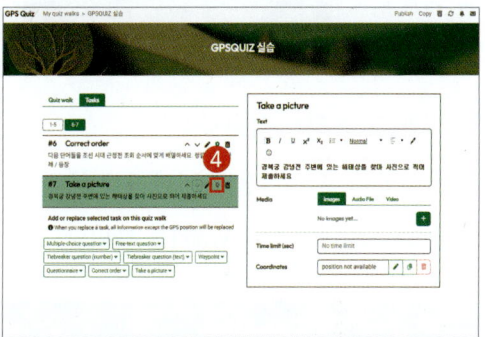

03 지도에서 ❶ [경복궁 강녕전]을 클릭합니다. 지도에서 위치를 찾기 힘든 경우 ❷ [Coordinates]에 "37.579437, 126.977054"를 입력하여 7번 문항에 대한 GPS 값을 부여합니다.

 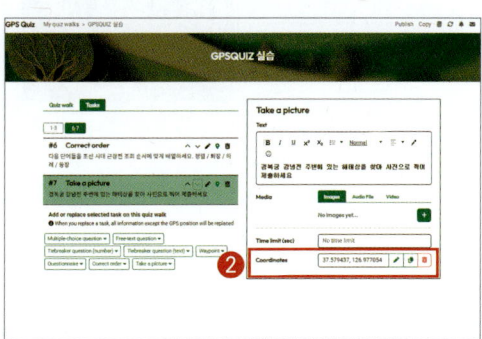

퀴즈 발행하기

모든 문제 입력 및 설정이 완료되었다면 퀴즈를 저장하고 발행하는 단계로 넘어갑니다. GPS Quiz에서 발행해야만 학생들이 해당 퀴즈를 실제로 접속하고 응시할 수 있습니다. 퀴즈 제목, 내용 등을 최종 점검한 뒤 ❶ [Publish]를 클릭합니다. ❷ [Publish the quiz walk]를 클릭합니다.

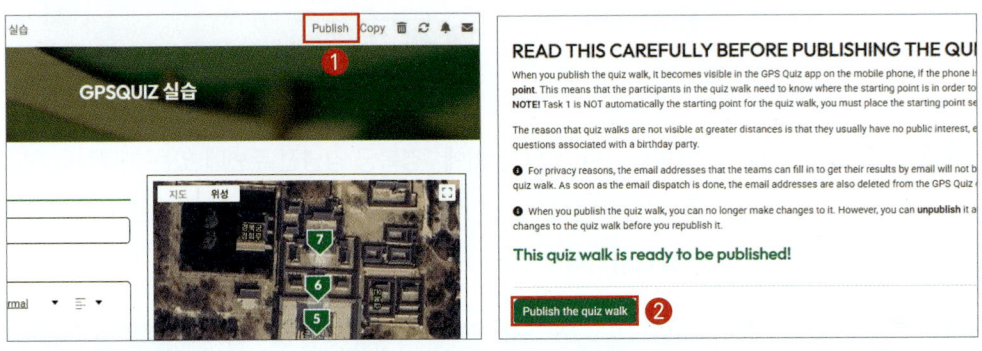

발행 후 수정하기

퀴즈 발행 후 문항을 추가하거나 삭제, 수정해야 할 경우 ❶ [Unpublish]를 클릭합니다. ❷ [Unpublish the quiz walk]를 클릭합니다. 그 뒤 추가, 삭제, 수정 작업을 진행합니다.

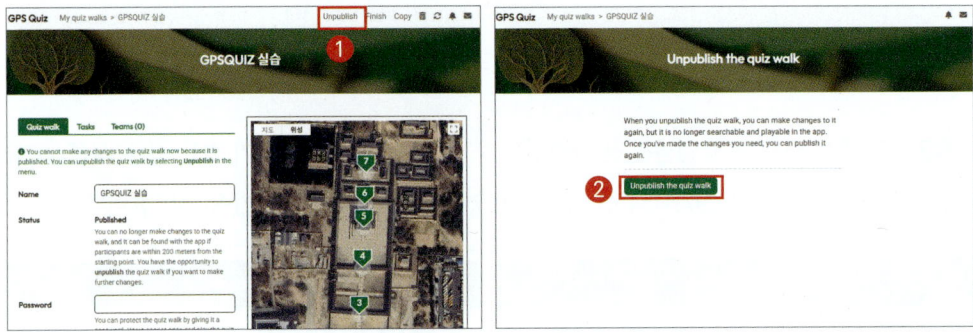

GPS Quiz 수업 진행하기

이 장에서는 제작한 GPS Quiz를 실제 수업에서 어떻게 활용하는지에 대한 구체적인 실행 절차를 안내합니다. 학생들이 퀴즈에 참여하고, 위치 기반 미션을 수행하며 활동 종료 후 결과를 확인하는 전체 흐름을 단계별로 살펴봅니다. 교사는 GPS Quiz 활동을 진행하며 학생 참여를 유도하고\ 활동 결과를 참고하여 수업 피드백까지 효과적으로 이끌어낼 수 있습니다. GPS Quiz로 수업을 진행하는 방법은 다음과 같습니다.

교사 준비 방법

퀴즈 제작을 완료한 뒤 생긴 고유 링크(URL)과 QR코드를 통해 학생들이 GPS Quiz에 참여할 수 있습니다. ❶ [복사] 버튼을 클릭하여 "URL주소"를 학생들에게 디지털 플랫폼을 통해 전달하거나 ❷ [QR코드] 버튼을 눌러 "QR 이미지"를 다운로드 받은 후 인쇄하여 "START" 지점에 부착하는 방법을 통해 학생들이 접속할 수 있도록 준비합니다.

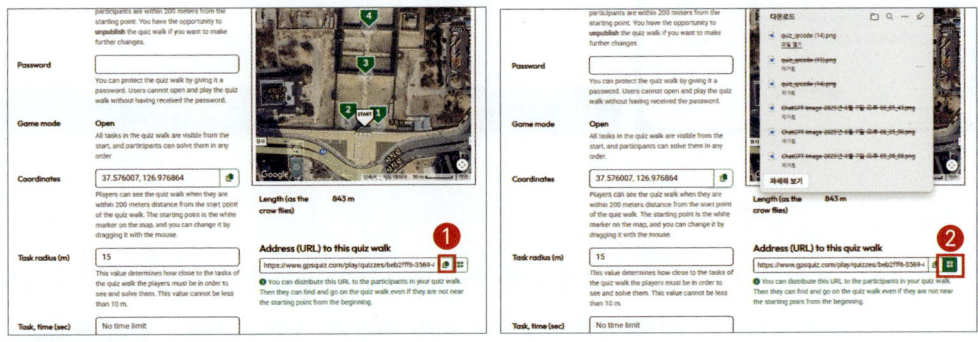

전쌤의 꿀팁 GPS Quiz는 외부에서 이루어지는 활동이기 때문에 학생들의 디지털 기기가 데이터 사용이 가능해야 합니다. 학생들 디지털 기기가 자체적으로 데이터를 사용하지 못할 경우 공용WIFI나 데이터 사용이 가능한 교사나 학생의 디지털 기기의 모바일 핫스팟 기능을 활용하도록 합니다.

학생 참여 방법

GPS Quiz에 참여하기 위해 학생 계정이 따로 필요하지 않습니다. 다만 학생이 GPS Quiz에 참여하기 위해서는 먼저 학생들의 디지털 기기 점검이 필요합니다. 데이터 사용이 가능한지 GPS 기능이 허용되어 있는지 확인한 후에 교사가 제작한 GPS Quiz에 참여하도록 합니다.

GPS Quiz 접속

❶ [QR코드] 인식을 통해 제작된 GPS Quiz에 접속합니다. ❷ [Play this quiz walk] 버튼을 클릭합니다. ❸ [Team name]에는 자신의 이름이나 모둠 이름을 적습니다. ❹ [Email address]는 꼭 적을 필요는 없습니다. 다만 적어둘 경우 교사가 GPS Quiz를 종료했을 때 자동으로 참여 결과가 학생 메일로 전송됩니다. ❺ [Start playing] 버튼을 클릭합니다.

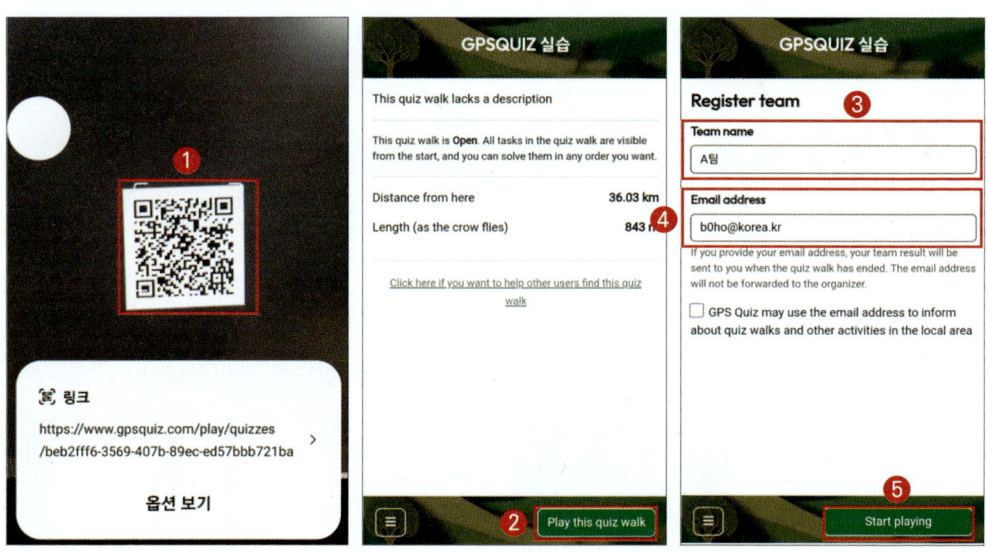

GPS Quiz 문제 풀이

GPS Quiz 접속 이후, 학생들이 참여할 때 보게 되는 화면 구성과 답안 제출 방식에 대해 순서대로 안내해 드립니다. 이를 통해 학생들이 어떤 과정을 거쳐 퀴즈에 응답하게 되는지 한눈에 파악할 수 있습니다.

01 ❶ [실시간 학생 위치]입니다. 지도에 보이는 1번 문항 구역에 도착하면 1번 문항이 자동으로 열립니다. 1번 문항을 해결하면 2번 문항이 자동으로 지도에 나타납니다. ❷ [Task1]은 1번 문항인 Mutltiple-choice question(객관식 문항)입니다. 보기를 선택한 후에 ❸ [Submit answer] 버튼을 클릭합니다. ❹ [Task2]는 2번 문항인 Free-text question(주관식 문항)입니다. 정답을 입력한 후에 ❺ [Submit answer] 버튼을 클릭합니다.

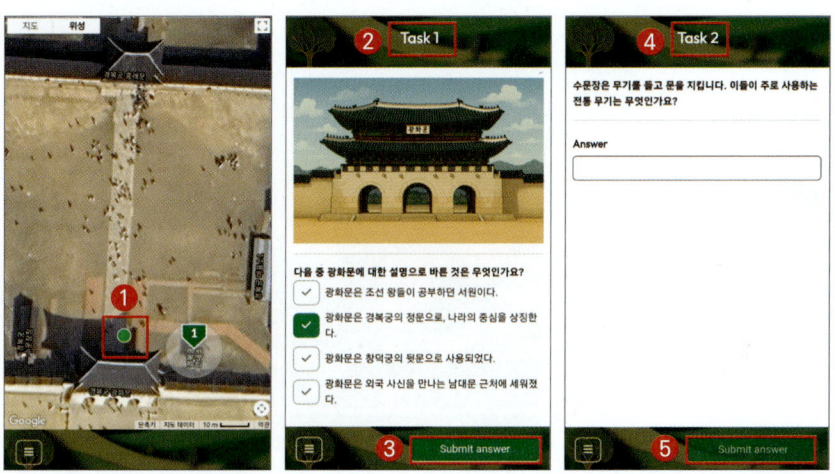

02 ❶ [Task3]은 3번 문항인 Tiebreaker question(number)(동점자 순위 결정 문항)입니다. 제한 시간 내에 정답을 추론하여 입력한 뒤에 ❷ [Submit answer] 버튼을 클릭합니다. ❸ [Task4]는 4번 문항인 WayPoint(안내용 문항)입니다. 내용을 잘 확인한 뒤에 ❹ [The task is solved] 버튼을 클릭합니다. ❺ [Task5]는 5번 문항인 Questionnaire(설문 문항)입니다. 주제에 맞게 내용을 입력한 뒤에 ❻ [Submit answer] 버튼을 클릭합니다.

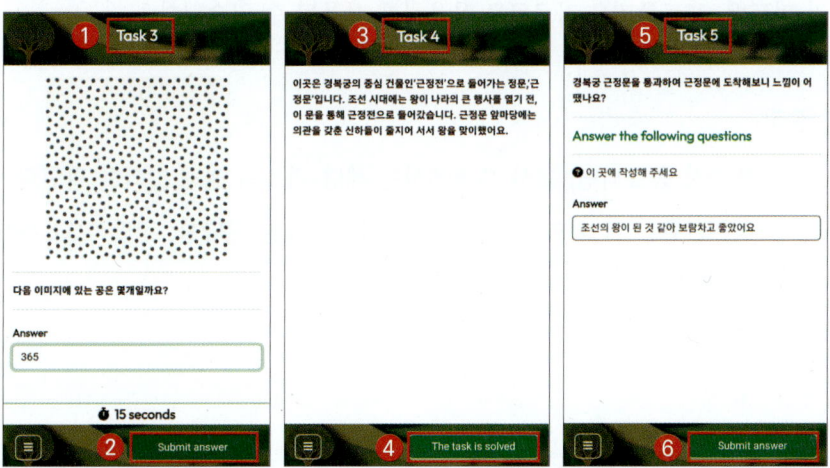

Chapter 9 지도를 따라 걸으며 문제를 푸는 GPS Quiz　253

03 ❶ [Task6]은 6번 문항인 Correct order(순서 배열 문항)입니다. 순서에 맞게 보기를 클릭한 뒤에 ❷ [Submit answer] 버튼을 클릭합니다. ❸ [Task7]은 7번 문항인 Take a picture(사진 제출 문항)입니다. 카메라가 활성화가 되면 문항에 맞는 사진을 찍은 뒤 ❹ [Submit answer] 버튼을 클릭합니다. 모든 문항 제출이 끝났다면 ❺ [I want to finish] 버튼을 클릭하며 GPS Quiz를 마무리합니다.

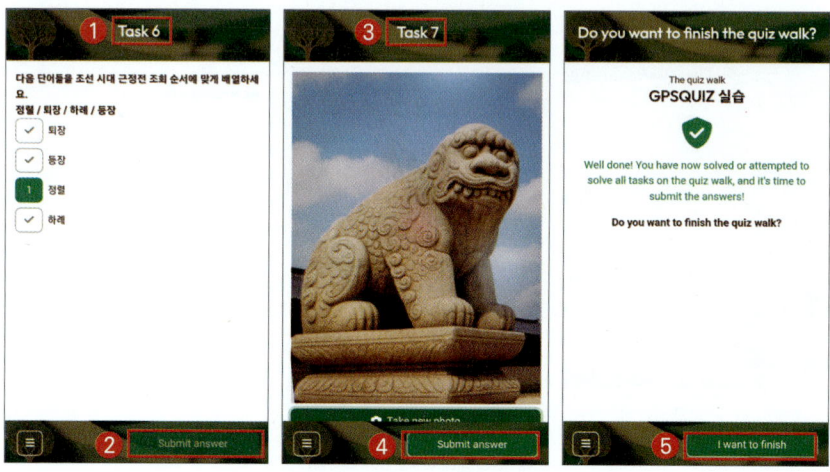

결과 조회 방법

GPS Quiz는 퀴즈 실행 중에는 실시간 추적 기능이 제공되지 않지만 종료 후에는 응답 결과가 자동으로 저장되어 다양한 방식으로 수업에 활용할 수 있습니다. 이 결과는 평가뿐만 아니라 피드백, 포트폴리오 자료로도 유용하게 사용될 수 있습니다.

교사 조회

GPS Quiz 퀴즈가 종료되면, 교사 계정에서는 해당 퀴즈의 전체 결과를 확인할 수 있는 요약 화면이 제공됩니다. 이 화면에서는 팀별 점수, 문항별 정답률, 정답/오답 여부, 퀴즈 소요 시간 등을 종합적으로 볼 수 있습니다.

01 ❶ [Show all quiz walk] 버튼을 클릭합니다. 결과 조회가 필요한 퀴즈를 클릭합니다.

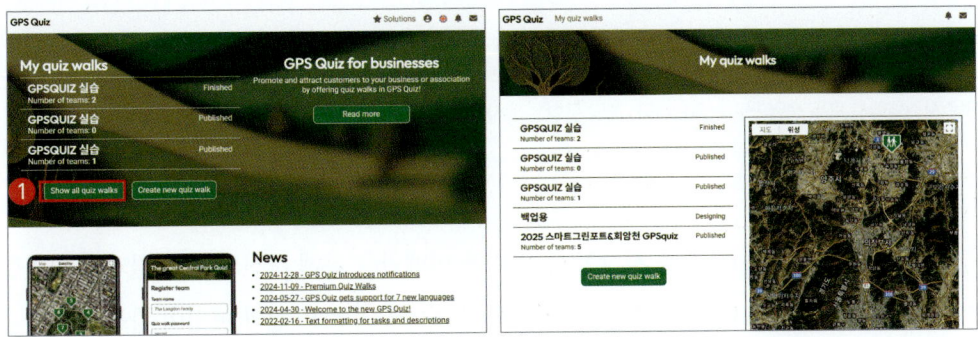

02 ❶ [Finish] 버튼을 클릭합니다. ❷ [Finish the quiz walk] 버튼을 클릭합니다.

03 ❶ [Teams] 버튼을 클릭합니다. 결과 조회가 필요한 팀을 확인합니다. ❷ [Result]에서 정답률을 확인합니다. ❸ [Difference on tiebreaker question]에서 동점자 순위 결정 문항 결과를 확인합니다. ❹ [Duration]에서 전체 문항을 푸는데 걸린 시간을 확인합니다. ❺ [#1], [#2], … ,[#7]에서 학생들이 입력한 답변을 자세히 확인합니다.

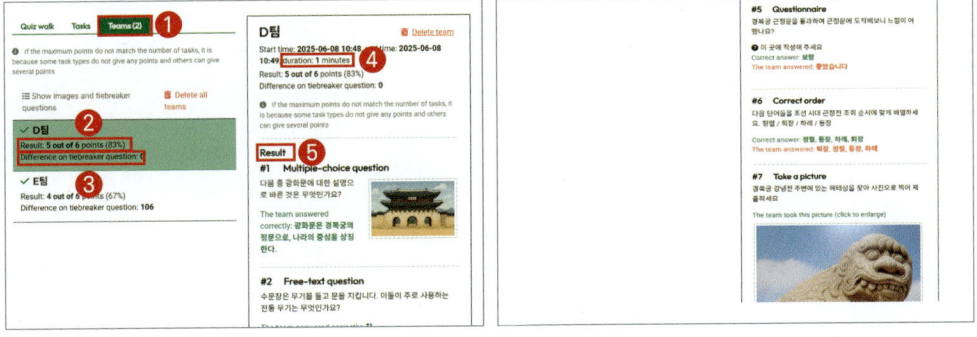

Chapter 9 **지도를 따라 걸으며 문제를 푸는 GPS Quiz** 255

> **전쌤의 꿀팁** 1. [Difference on tiebreaker question]에서 차이값이 작을수록 더 정확히 적었다는 의미이므로 동점자 사이에서는 해당 지표의 숫자가 작은 학생을 높은 순위를 배정하면 됩니다. 2. [#1], [#2], … ,[#7]에서 정답을 맞힌 문항은 녹색으로 나타나고 틀린 문항은 빨간색으로 나타납니다. 3. 현재 [Questionnaire] 문항의 답변 결과가 정답률에 영향을 미치고 있습니다. [Questionnaire]는 설문 문항이므로 감안하여 평가 결과를 활용하시면 됩니다. 4. [Take a picture] 문항은 시스템에서 모두 정답으로 처리합니다. 해당 문항은 교사가 직접 확인하는 작업이 필요합니다.

학생 조회

학생은 처음에 GPS Quiz를 시작할 때 입력한 이메일을 통해 자신의 참여 결과를 확인할 수 있습니다. 교사가 GPS Quiz를 종료하면 학생 이메일 주소로 결과 메일이 자동으로 발송됩니다. ❶ [View our team result] 버튼을 클릭합니다. ❷ [자신이 참여한 평가 결과]를 확인합니다.

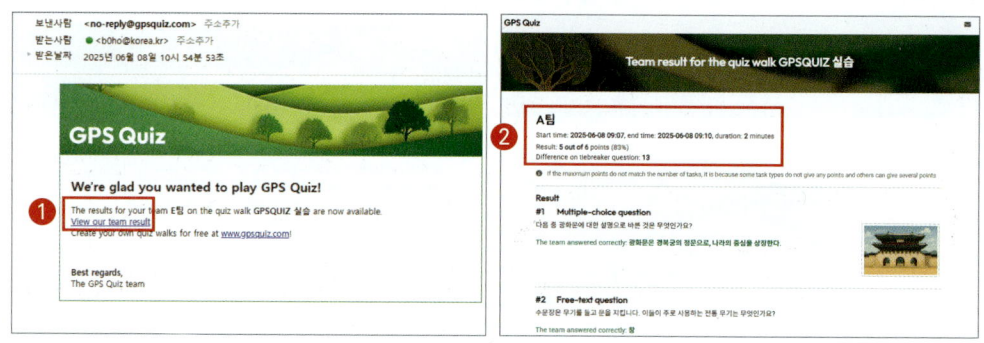

> **전쌤의 꿀팁** 교사가 기본 설정 과정 중 [Hide results]에서 "No"로 설정했다면 학생들은 평가가 끝난 뒤에 바로 위 사진과 같은 결과 확인이 가능합니다.

4 GPS Quiz 수업 사례

물리적 공간을 직접 탐색하며 문제를 해결하는 GPS Quiz 활동은, 단순한 복습용 도구로 사용하는 것보다 문제가 출제되는 장소 주변과 연관된 문제를 구성할 때 더욱 효과적입니다. GPS Quiz의 장점을 극대화하려면 학생들이 실제 공간을 탐색하며 얻은 단서를 바탕으로 문제를 해결하도록 구성하는 것이 좋습니다.

학교 주변 생태환경 관련 퀴즈 활동

학교 주변을 직접 탐색하며 문제를 해결하는 활동은 생태환경에 대한 관심과 관찰력을 높이는 데 효과적입니다. 텃밭, 운동장, 분리수거장, 화단 등 실생활과 밀접한 장소를 퀴즈 지점으로 설정하면 학생들은 주변 환경을 자연스럽게 살펴보며 학습에 참여할 수 있습니다. 문제는 각 장소의 특성과 연관된 내용으로 구성하는 것이 적합합니다. 예를 들어 분리수거장 앞에서는 분리배출과 관련된 문제, 화단 앞에서는 꽃의 특징을 묻는 문제, 나무 아래에서는 나무 이름 맞히는 문제를 출제할 수 있습니다. 일부 지점에는 사진 촬영이나 단답형 문항을 포함해 학생들이 관찰한 내용을 표현할 수 있도록 구성하는 것도 가능하며 탐구 활동에 대한 몰입도를 높이는 데 도움이 됩니다.

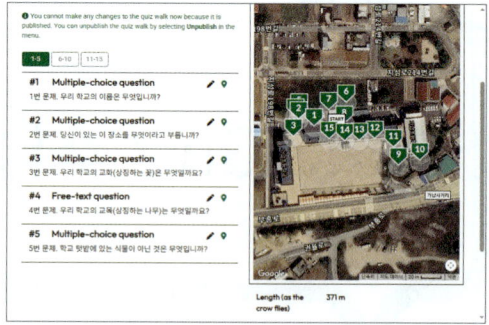

현장체험학습 장소 관련 퀴즈 활동

　현장체험학습 장소에서 학생들이 단순히 자유 시간을 보내는 것보다, 탐색 기반의 퀴즈 활동을 함께 운영하면 학습의 집중도를 높이는 데 효과적입니다. 관람 동선에 따라 문제를 배치하고, 해당 장소의 특징과 연관된 내용을 질문으로 구성하면 학생들은 자연스럽게 현장을 관찰하며 학습에 참여할 수 있습니다. 문제는 체험 장소의 역사, 구조, 자연환경 등과 관련된 주제로 출제하는 것이 적절합니다. 예를 들어 경주 첨성대를 방문했을 때는 첨성대의 용도나 구조에 대한 질문, 주변에 심어진 식물에 대한 관찰 문제, 고분군과 관련된 역사적 맥락을 묻는 문항 등을 구성할 수 있습니다. 또한, 특정 지점에서는 사진을 찍거나 느낀 점이나 관찰 내용을 짧게 서술하는 활동을 추가해 표현력과 탐구력을 함께 기를 수 있도록 할 수 있습니다. 또 현장체험학습을 갔을 때 알고 있어야 하는 안전 규칙 등을 문항으로 구성하는 것도 좋습니다. 이러한 활동들은 현장체험학습의 의미를 강화하고, 학생들이 장소에 대해 보다 깊이 있게 이해하는 데 도움이 됩니다.

GPS Quiz 실전비법.ZIP_ GPS Quiz 오류 대처 방법

GPS Quiz는 일반적으로 실외에서 활동하는 것이 가장 적합합니다. 실내에서 퀴즈 활동을 진행할 경우 GPS 신호가 약해 위치가 정확하게 인식되지 않는 경우가 종종 발생합니다. 하지만 학습 내용상 꼭 실내에서 활동해야 하는 상황이라면 문항 출제 위치를 건물 안쪽보다는 창문이나 벽 쪽 등 외부와 가까운 곳으로 배치하는 것이 좋습니다. 이렇게 하면 GPS 신호 수신이 조금 더 안정적으로 이루어질 수 있습니다.

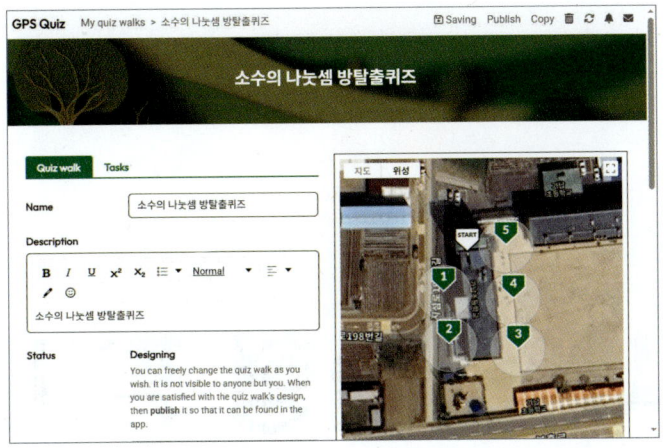

또 GPS Quiz 활동하다 보면 간혹 알 수 없는 오류로 인해 마지막 문제가 제대로 열리지 않는 경우가 발생합니다. 이러한 변수를 줄이기 위해서는 가장 마지막 문항에는 중요한 내용을 담기보다는 퀴즈를 마무리하는 내용으로 문항을 구성하는 것이 좋습니다.

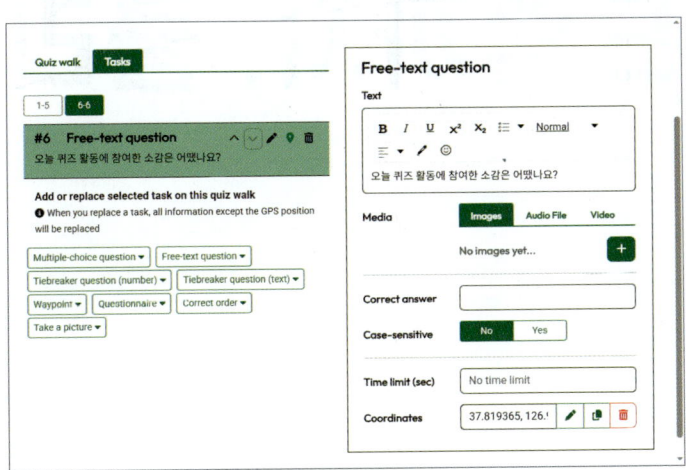

10

서·논술형 평가 자동 채점부터 피드백까지, 클리포

클리포(CLIPPO)는 인공지능 기반의 서술형·논술형 자동 채점 플랫폼입니다. 학생이 작성한 글을 AI가 분석하여 핵심 개념, 문장 구조, 논리 전개 등을 평가하고 교사는 이를 바탕으로 보다 정교한 피드백과 점수를 제공합니다. 클리포는 평가의 공정성과 효율성을 높이면서 과정 중심 평가를 실현할 수 있도록 돕는 실용적인 도구입니다.

1 클리포 살펴보기

 클리포는 서·논술형 평가를 디지털 환경에서 효율적으로 운영할 수 있도록 지원하는 플랫폼입니다. 교사는 평가 과제를 직접 입력하거나 이전에 사용한 과제를 불러와 재활용할 수 있어 평가 설계를 수월하게 진행할 수 있습니다. 온라인 텍스트 입력뿐 아니라 학생이 수기로 작성한 답안을 스캔하여 PDF 파일로 제출하는 것도 가능하므로 다양한 형태의 수행평가에 유연하게 활용할 수 있습니다.

 학생이 제출한 답안은 클리포의 AI가 문장 구성, 개념 반영, 논리 전개 등을 교사가 설계한 루브릭 기준에 따라 자동으로 채점합니다. 채점 결과는 각 기준별로 세분화되어 제시되며 교사는 이를 바탕으로 점수를 조정하거나 구체적인 피드백을 입력할 수 있습니다.

 채점이 완료되면 결과를 바탕으로 세부능력 및 특기사항을 AI를 활용하여 생성할 수 있습니다. 또한 교사가 입력한 키워드와 일화를 기반으로 행동특성과 종합의견에 대한 AI가 작성한 초안도 활용할 수 있습니다. 클리포는 인공지능 기술을 바탕으로 서·논술형 평가의 신뢰성과 효율성을 높이는 동시에 과정 중심 평가의 실제 적용을 뒷받침할 수 있는 실용적인 도구입니다.

회원가입

클리포를 사용하려면 먼저 회원가입을 하고 교사 인증을 꼭 받아야 합니다. 교사 인증을 받지 않으면 서비스 안내, 고객센터, AI커뮤니티 서비스만 이용이 가능합니다. 교사 인증을 받기 위해서는 재직증명서나 교사 본인 정보가 포함된 나이스(NEIS) 캡쳐 화면이 필요합니다. 그러면 회원가입부터 교사 인증까지의 과정에 대해 알아보겠습니다.

◆ 클리포 사이트: clipo.ai

01 ❶ [회원가입] 버튼을 클릭합니다. ❷ [전체 동의] 버튼을 클릭합니다. ❸ [다음으로] 버튼을 클릭합니다.

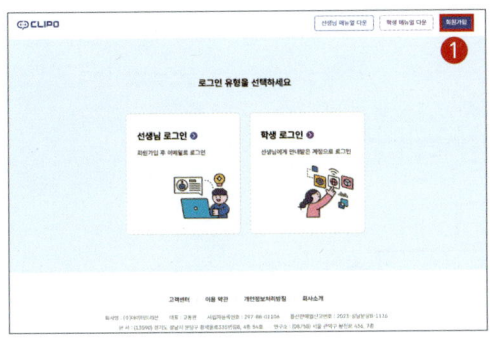
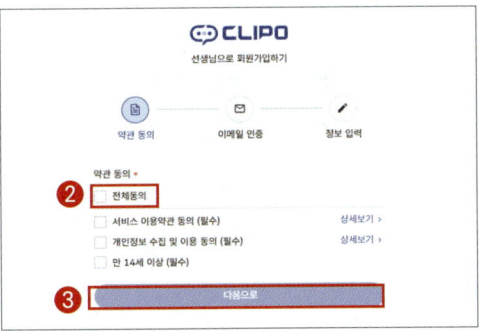

02 ❶ [이메일을 입력해 주세요]란에 "개인 이메일 주소"를 입력합니다. ❷ [회원 가입] 버튼을 클릭합니다.

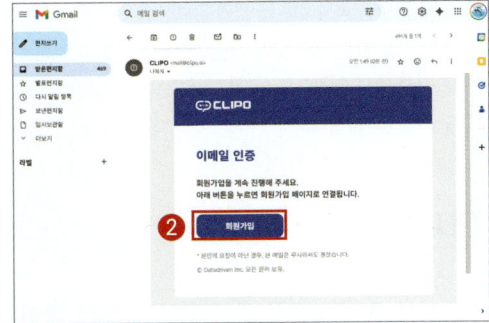

03 ❶ [이름]란에 "교사 이름"을 입력합니다. ❷ [비밀번호]란에 "개인 비밀번호"를 입력합니다. ❸ [전화번호]란에 "개인 전화 번호"를 입력합니다. ❹ [회원가입] 버튼을 클릭합니다. ❺ [교사 인증 진행] 버튼을 클릭합니다.

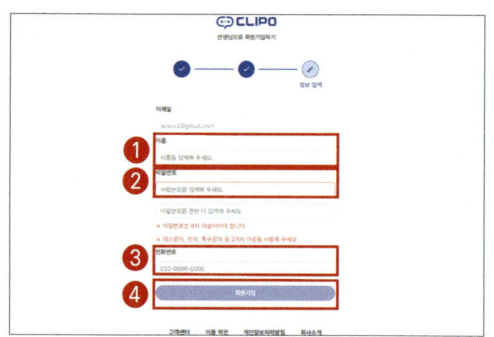 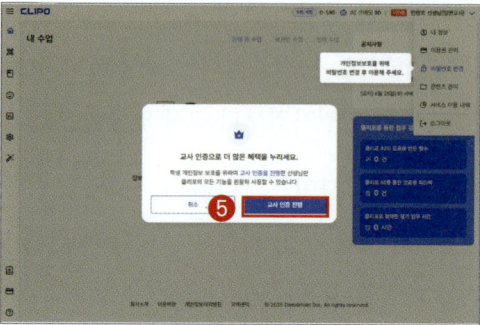

04 ❶ [재직중인 학교]란에 "학교명"을 입력합니다. ❷ [인증 서류 업로드]란에 "재직증명서"나 "본인 정보가 포함된 NEIS 캡쳐 화면"을 업로드합니다.

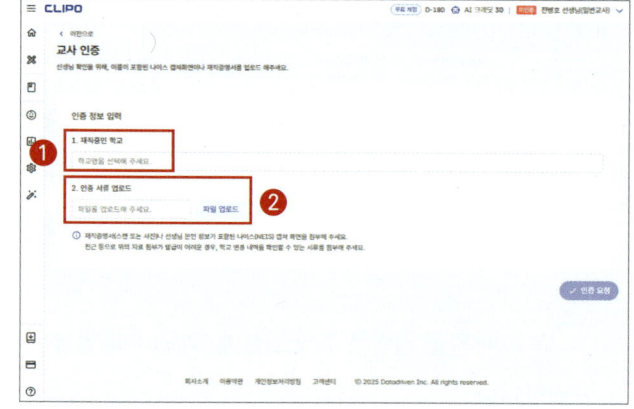

전쌤의 꿀팁 • 교사 인증은 보통 2~3시간 이내에 완료되지만 상황에 따라 최대 2~3일 정도 걸릴 수 있습니다.
• 2025년 7월 기준, 클리포에 가입하면 6개월 동안 서비스를 무료로 이용할 수 있습니다. 매일 AI 크레딧 30개가 지급되며 사용하지 않은 크레딧은 누적되지 않습니다. 답안 채점, 세부능력 및 특기사항, 행동특성 및 종합의견을 작성할 때마다 크레딧 1개가 차감됩니다.

대시보드

클리포에 로그인하면 다양한 메뉴를 확인할 수 있습니다. 각 메뉴가 어떤 역할을 하는지 알아보겠습니다.

❶ [홈]을 클릭하면 메인 페이지로 접속합니다. 메인 페이지에서는 내 수업 현황과 진행 중 수업, 보관한 수업, 전체 수업을 조회할 수 있습니다.

❷ [평가 계획]에 접속하면 교육과정 성취기준을 바탕으로 과목별/학년별 평가계획을 설계할 수 있습니다. 여기서 제작한 평가 계획은 나중에 수행평가를 설계할 때 활용할 수 있습니다.

❸ [수업]을 클릭하면 과목 및 학급별 수업을 생성하고 관리할 수 있습니다. 또 수행평가 설계, 과제물 관리, 수행평가 채점, 세부능력 및 특기사항 작성까지 모두 진행할 수 있습니다. 클리포에서 가장 핵심적인 기능이 집중된 메뉴입니다.

❹ [행동특성 및 종합의견 지원]에 접속하면 교사가 학생별로 입력한 키워드, 일화를 바탕으로 AI Assistant가 행동특성 및 종합의견 기록 초안을 생성하는 기능을 사용할 수 있습니다.

❺ [리포트]에 접속하면 마감된 수행평가를 바탕으로 리포트를 생성할 수 있습니다. 이 기능은 학교 이용권을 구매한 경우에만 사용할 수 있으며 학교 이용권은 같은 학교에서 5명 이상이 함께 구매해야 이용 가능합니다.

❻ [학교 설정]에 접속하면 학생 계정을 생성할 수 있습니다. 가입을 위한 개인정보 수집·이용·제공 동의서 양식 다운로드도 가능합니다. 그리고 근무교 대표 교사는 이 곳에서 동일교 클리포 이용 선생님의 권한을 변경할 수 있습니다.

❼ [AI 커뮤니티]에 접속하면 AI스튜디오에서 나만의 AI 앱을 제작할 수 있고 다른 선생님이 만든 AI앱을 체험할 수 있습니다.

학생 등록

수행평가 채점을 하기 위해서는 제일 먼저 학생 등록을 해야 합니다. 지금부터 학생을 등록하는 방법을 알아보겠습니다.

01 ❶ [학교 설정]을 클릭합니다. ❷ [+학생 계정 생성]을 클릭합니다. 학생들을 개별로 등록하기 위해서는 ❸ [개별 생성]을 클릭하고, 일괄로 등록하기 위해서는 ❹ [엑셀로 일괄 생성]을 클릭합니다.

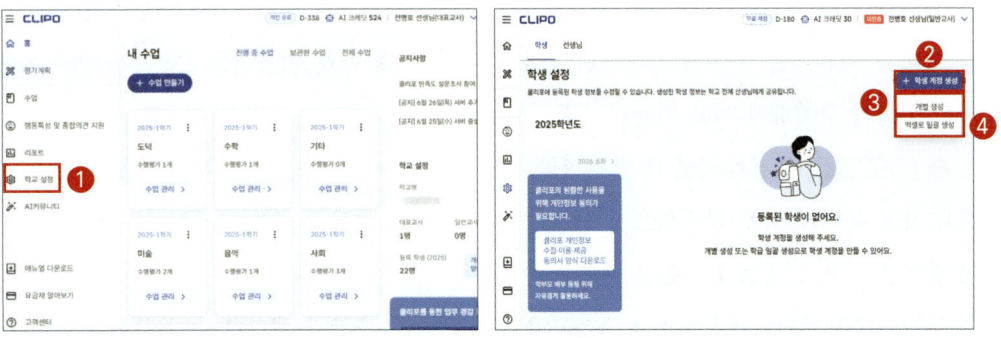

02 학생을 개별로 등록하기 위해서는 ❶ [학생 개별 등록]에서 "학년도", "학년", "반", "번호", "이름"을 입력하면 "아이디"가 자동으로 생성됩니다. ❷ [저장] 버튼을 클릭합니다. 학생들을 일괄로 등록하기 위해서는 [학생 일괄 등록]에서 ❸ [양식 다운로드]를 클릭하여 양식을 다운로드 받은 다음 학생들의 정보를 엑셀 파일에 입력합니다. 입력이 끝나면 ❹ [엑셀 파일 업로드]를 클릭하여 양식을 업로드합니다. ❺ [저장] 버튼을 클릭합니다.

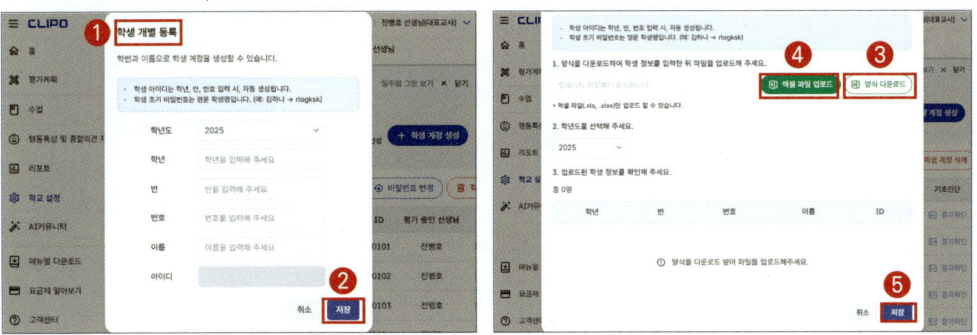

2 클리포 수업

클리포의 "수업" 메뉴는 수업 개설부터 과제 등록, 채점, 기록까지 수행평가 운영의 전 과정을 하나의 흐름 안에서 처리할 수 있도록 설계되어 있습니다. 특히 서·논술형 평가처럼 개별 피드백이 중요한 수행평가도 이 메뉴 안에서 손쉽게 설계하고 관리할 수 있도록 다양한 기능이 유기적으로 연결되어 있습니다. "수업" 메뉴에서는 ❶ [수업 홈], ❷ [수행평가 설계], ❸ [과제물 관리], ❹ [수행평가 채점], ❺ [세부능력 및 특기사항 지원]의 순서로 수행평가를 진행합니다.

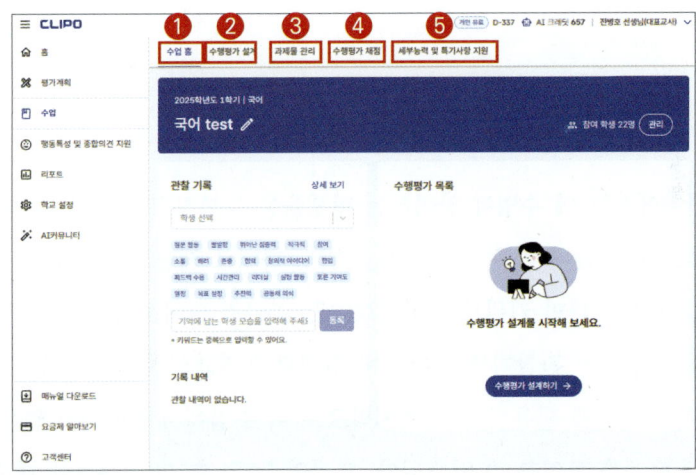

먼저 수업을 개설하는 방법부터 알아보겠습니다.

01 ❶ [수업]을 클릭하고 ❷ [+수업 만들기]를 클릭합니다. ❸ [학기], ❹ [학년], ❺ [과목명]을 상황에 맞게 순서대로 입력합니다. ❻ [수업명]에는 "국어", "수학 1반", "인공지능 이해"와 같이 과목명이나 주제명으로 입력합니다. ❼ [반 편성]에서 "학적 기준 반", "이동수업 반"둘 중 하나를 골라 선택한 뒤 ❽ [저장] 버튼을 클릭하면 수업 만들기가 완료됩니다.

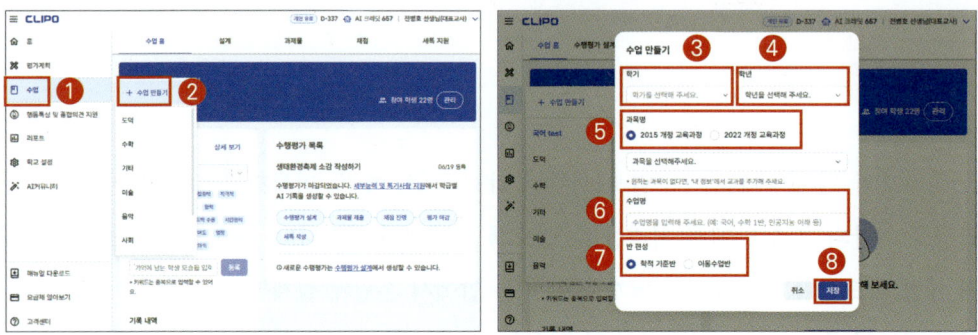

전쌤의 꿀팁 초등학교처럼 학급 단위로 수업이 이루어지는 경우에는 "학적 기준 반"으로 반편성하는 것이 효율적입니다. 반면 선택 과목에 따라 학적과 무관하게 학생 구성이 달라지는 경우에는 "이동수업 반"을 개설하여 학생들을 새롭게 편성하면 됩니다.

수업 홈

"수업 홈" 단계에서는 이 수업에 참여하는 학생들을 등록하고 그 학생들에 대해 관찰 기록을 남기는 것이 가능합니다. 관찰 기록은 키워드 형태로 제공되며 새로운 키워드를 생성하는 것도 가능합니다. 다만 키워드는 최대 20개, 10글자(띄어쓰기 포함)까지만 입력할 수 있습니다. 이곳에 입력된 관찰기록은 나중에 수행평가 결과와 함께 세부능력 및 특기사항을 작성할 때 기초 자료로 활용됩니다. 마지막으로 이 수업에서 진행하고 있는 수행평가 목록과 현재 진행 단계를 확인할 수 있습니다. 그러면 "수업 홈"의 기능들에 대해 알아보도록 하겠습니다.

01 ❶ [관리]를 클릭하여 해당 수업에 참여할 학생을 등록할 수 있습니다. ❷ [관찰 기록]에서는 수업 시간에 학생에 대해 관찰한 내용을 "키워드", "문장"형태로 기록할 수 있습니다. ❸ [학생 선택]을 클릭하여 기록 대상 학생을 선택합니다. ❹ [키워드]에서 학생에게 해당하는 "키워드"를 선택하거나 ❺ [기억에 남는 학생 모습을 입력해 주세요]란에 교사가 직접 관찰 내용을 "문장 형태"로 입력한 뒤 ❻ [등록]을 클릭하면 관찰 내용이 기록됩니다. ❼ [수행평가 목록]에서는 수행평가 진행 상황을 확인할 수 있습니다. ❽ [상세보기] 버튼을 클릭하면 키워드를 편집하거나 관찰 기록 내용을 ❾ [엑셀 다운로드] 버튼을 클릭하여 다운로드 할 수 있습니다.

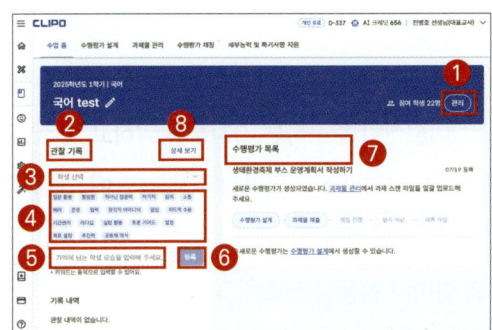 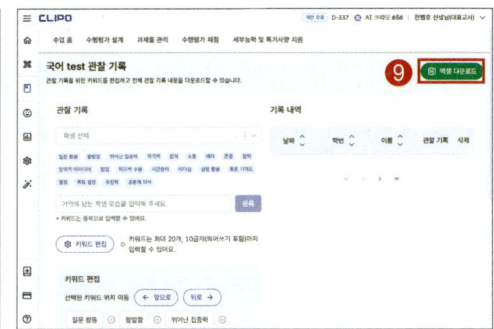

수행평가 설계

"수행평가 설계"단계는 "성취 기준", "채점 기준", "점수 계산 방식", "결시자 처리", "과제물 업로드 방법"등의 항목을 설정하여 수행평가를 시행하기 위한 준비 단계입니다. 수행평가는 "새로 만들기", "복사해서 만들기", "평가계획에서 가져오기"의 세 가지 방법으로 생성할 수 있습니다. 이번에는 "새로 만들기" 방법을 아래 과정을 통해 알아보겠습니다.

01 ❶ [기본 정보] 단계에서 ❷ [수행평가(과제)명]란에 "이순신이 추구하는 가치를 파악하고 내 삶과 관련 짓기"를 입력합니다. ❸ [성취기준 입력] 단계에서 ❹ [성취기준을 선택해 주세요]에서 "[6국05-06] 작품에서 얻은 깨달음을 바탕으로 하여 바람직한 삶의 가치를 내면화하는 태도를 지닌다"를 선택합니다.

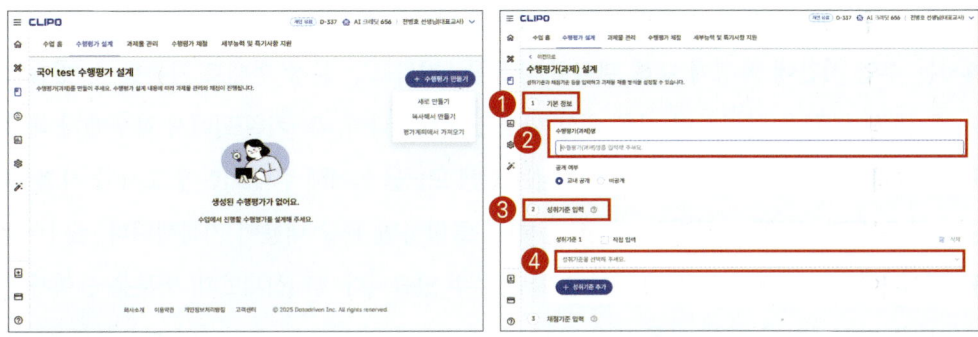

> **전쌤의 꿀팁** 성취 기준 내에서 최대 10단계까지 성취 수준 설정이 가능합니다. 성취 기준은 최대 10개까지 등록이 가능합니다. 학교 자율시간처럼 성취 기준을 만들어서 교육활동을 진행한다면 직접 입력도 가능합니다.

02 ❶ [채점기준 입력] 단계에서 ❷ [AI로 만들기] 버튼을 클릭합니다. ❸ [채점요소 추가] 버튼을 클릭하여 채점 요소를 3개로 설정합니다. "이순신이 추구하는 가치를 파악하고 내 삶과 관련 짓기"를 입력합니다. 성취기준 입력 단계에서 ❹ [채점요소를 입력해 주세요]란에 아래의 "채점 요소"를 입력합니다.

"인물이 추구하는 가치가 드러나는 상황과 인물의 말이나 행동을 정확히 파악하기"

"인물이 처한 상황과 말, 행동을 바르게 연결하여 추구하는 가치 파악하기"

"자신의 삶과의 연결 및 내면화하기"

❺ [AI 채점기준 생성] 버튼을 클릭합니다. ❻ [채점기준 배점]을 "30, 20, 10", "20, 15, 10", "50, 40, 30"을 입력합니다.

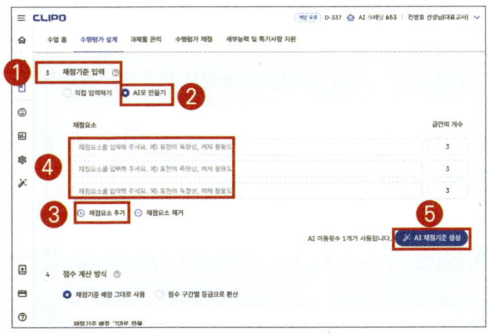

03 ❶ [점수계산 방식] 단계에서 ❷ [채점기준 배점 그대로 사용] 버튼을 클릭합니다. ❸ [결시자 처리] 단계에서 ❹ [미제출]에 "0점", ❺ [미응시]에 "0점"을 입력합니다. ❻ [과제물 업로드 방법] 단계에서 ❼ [선생님이 직접 업로드]를 클릭합니다. ❽ [설계 저장] 버튼을 클릭합니다.

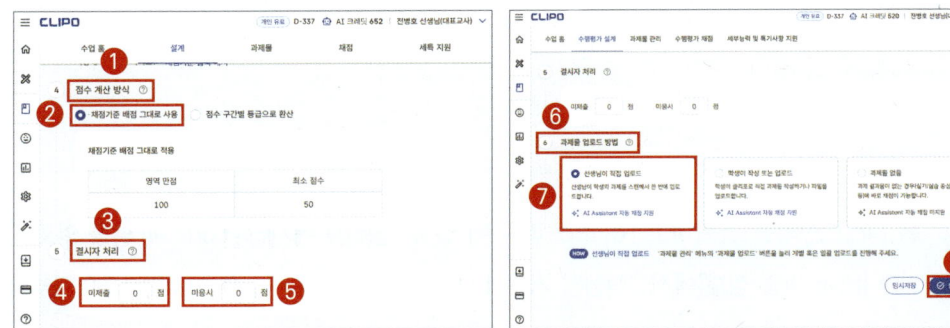

전쌤의 꿀팁 점수 계산 방식에서 "점수 구간별 등급으로 환산"을 선택할 경우 이후 "수행평가 채점"을 수행했을 때는 "채점기준 배점 그대로 사용"과 동일하게 원점수로 표시됩니다. 하지만 "세부능력 및 특기사항 지원" 단계에서는 설정한 점수 구간에 따라 등급으로 분류되어 표기됩니다.

전쌤의 꿀팁 과제물 업로드 방법에서 "학생이 작성 또는 업로드"를 선택하는 경우 학생들이 클리포에 직접 접속하여 과제를 작성하도록 안내하는 것이 더 효과적입니다. 학생이 과제물을 캡처하거나 스캔하여 업로드하는 방식은 화질, 형식 등의 변수가 많아 안정성과 정확도 면에서 권장되지 않습니다. 학생이 업로드할 수 있는 파일 양식에는 "PDF, PNG, JPG, HWP, DOC, PPT"가 있고 이 중에서 "PDF, PNG, JPG" 양식만 미리보기 및 AI 자동 채점이 가능합니다.

전쌤의 꿀팁 과제물 업로드 방법에서 "과제물 없음"을 선택하기에 적합한 경우는 실기나 실습 중심의 평가처럼 별도의 결과물이 제출되지 않는 경우입니다. 이 경우 교사가 학생의 수행 과정과 결과를 직접 관찰하여 채점한 뒤 해당 점수를 클리포에 입력해야 합니다. 이후 클리포는 입력된 채점 점수를 바탕으로 루브릭 기반 피드백을 자동 생성합니다.

과제물 관리

"과제물 관리" 단계에서 과제물을 입력하는 방법이 두 가지 있습니다. 첫째, 교사가 학생들의 과제물을 스캔하여 직접 업로드할 수 있습니다. 둘째, 학생들이 자신의 과제를 클리포에 직접 업로드할 수도 있습니다.

교사 업로드

◆ 소스 파일 : joo.is/클리포평가

01 ❶ [과제물 관리]를 클릭합니다. ❷ [과제 제출 상세] 버튼을 클릭합니다. ❸ [학급 PDF 업로드] 버튼을 클릭합니다.

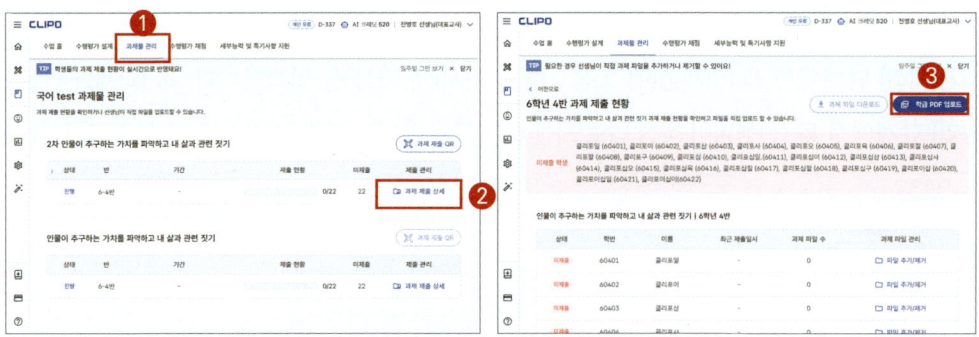

02 ❶ [파일 선택]을 클릭하고 [◆ 소스 파일]에 있는 "클리포 예시답안.pdf" 파일을 업로드합니다. ❷ [PDF 파일 정보]에서 "학생당 기본 1장 분량으로 작성", "스캔된 파일 1페이지부터 과제물 시작"으로 설정합니다. ❸ [파일 분할 시작] 버튼을 클릭합니다.

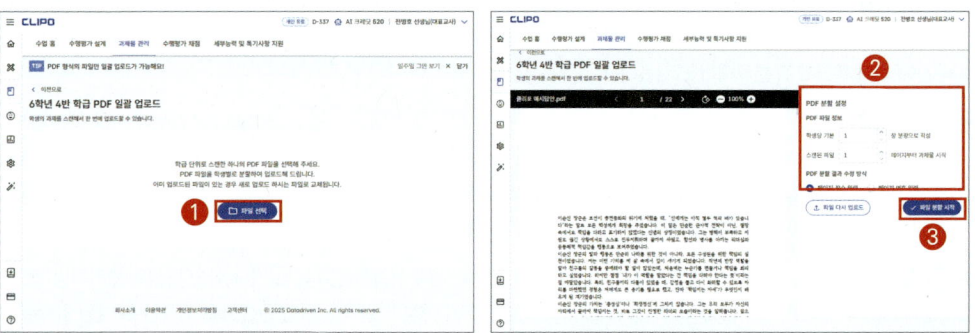

전쌤의 꿀팁 교사가 학생 과제물을 업로드할 경우 학생 번호순으로 정리한 뒤 한 번에 PDF로 스캔하면 됩니다. 한 학생의 과제물이 여러 장일 경우에도 입력이 가능합니다. 예를 들어 학생당 과제물이 3장이라면 "학생당 기본 3장 분량"으로 설정하시면 됩니다.

03 PDF 분할 결과를 확인한 뒤 ❶ [과제 업로드] 버튼을 클릭합니다. 특정 학생의 과제를 새로 업로드해야 하는 경우 ❷ [파일 추가/제거]를 클릭하면 해당 학생의 과제를 교체할 수 있습니다.

전쌤의 꿀팁 과제물을 제출하지 않은 학생이 있을 경우 "❸ 미제출" 버튼을 클릭하면 됩니다.

학생 업로드

01 먼저 교사가 ❶ [과제 제출 QR]을 클릭합니다. 생성된 ❷ [QR코드]를 학생들에게 안내합니다.

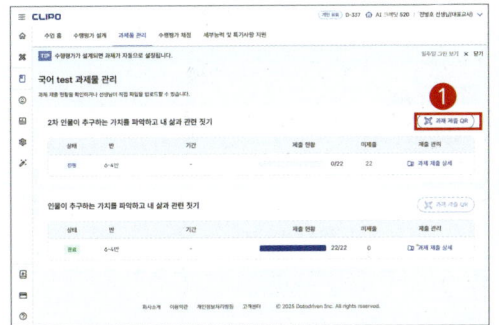 

02 학생들은 교사가 안내한 QR코드로 클리포에 접속합니다. ❶ [학년도]에서는 해당 학년도를 선택합니다. ❷ [학교 선택]에서는 재학 중인 학교를 검색하여 선택합니다. ❸ [아이디]에는 "학번"을 입력합니다. ❹ [비밀번호]에는 "자신의 이름"을 영타로 입력합니다. ❺ [로그인] 버튼을 클릭합니다. ❻ [제출 및 확인]에서 "⇧"을 클릭합니다.

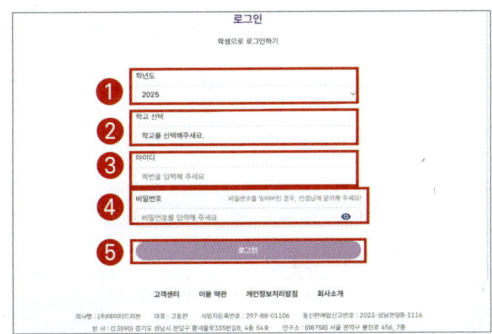 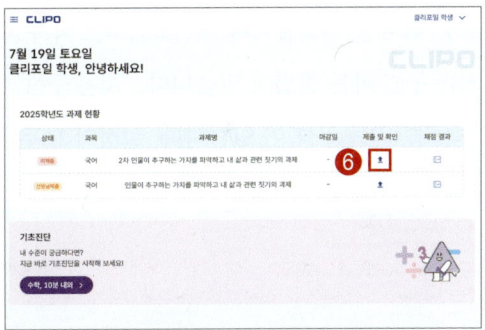

전쌤의 꿀팁 학교 설정 메뉴로 접속하면 학생들의 아이디를 확인할 수 있으며 보통 6학년 4반 12번 학생의 경우 아이디는 60412로 생성됩니다.

03 ❶ [서술형 과제 작성]란에 답안을 직접 입력하거나 ❷ [과제 파일 업로드]란에서 ❸ [파일 업로드] 버튼을 클릭하여 자신의 과제물을 업로드합니다. ❹ [과제 제출] 버튼을 클릭합니다.

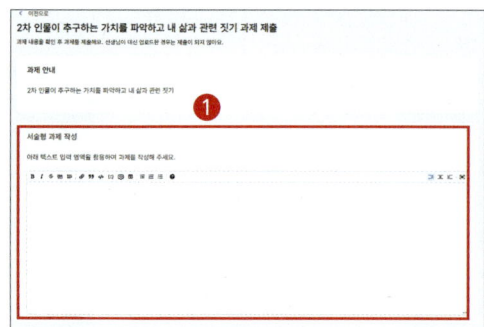 

수행평가 채점

"수행평가 채점"에서는 교사나 학생이 업로드한 과제물에 대한 AI 채점이 가능합니다.

01 ❶ [AI 채점 실행] 버튼을 클릭합니다. ❷ [채점 모델]에서 "v1.0", "v2.0" 두 개의 채점 모델 중 하나를 선택합니다. ❸ [학생 피드백 구성] 에서는 "선생님이 직접 작성"하는 방법이 있고, "자동 구성"하는 방법이 있습니다. "자동 구성" 하위 메뉴로는 "채점 근거 기반 자동 구성", "AI 피드백 기반 자동 구성"이 있습니다. 설정이 모두 끝나면 ❹ [다음으로] 버튼을 클릭합니다.

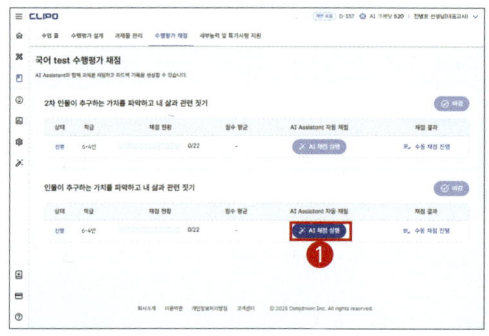 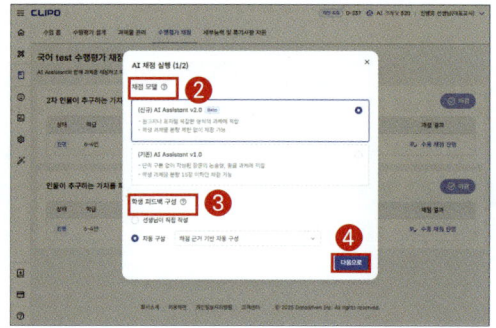

전쌤의 꿀팁 "v1.0"모델은 표처럼 복잡한 형식의 과제에 적합하고 과제물 분량 제한이 없습니다. "v2.0"모델은 단락 구분 없이 작성된 장문의 줄글 과제에 적합하며 과제물 분량 제한이 있습니다.

전쌤의 꿀팁 "학생 피드백 구성"의 기능은 다음과 같습니다. 채점이 끝나면 AI 채점 근거와 AI 피드백이 두 가지가 자동으로 생성됩니다. 이때 학생 피드백 구성에서 "채점 근거 기반 구성"을 선택하면 "AI 채점 근거"만 학생에게 제공이 되고 "AI 피드백 기반 자동 구성"을 선택하면 "AI 피드백"만 학생에게 제공됩니다. 두 가지 모두 선택할 경우 "AI 채점 근거"와 "AI 피드백"모두 학생에게 제공됩니다.

02 ❶ [AI 채점 실행] 버튼을 클릭합니다. 채점이 모두 끝나면 ❷ [재실행] 버튼을 클릭하면 재채점을 진행할 수 있습니다. 이때 AI 채점 수준을 "관대하게", "기본값", "엄격하게" 설정하는 것이 가능합니다. 채점 결과를 조회하기 위해서 ❸ [채점 결과 보기]를 클릭합니다.

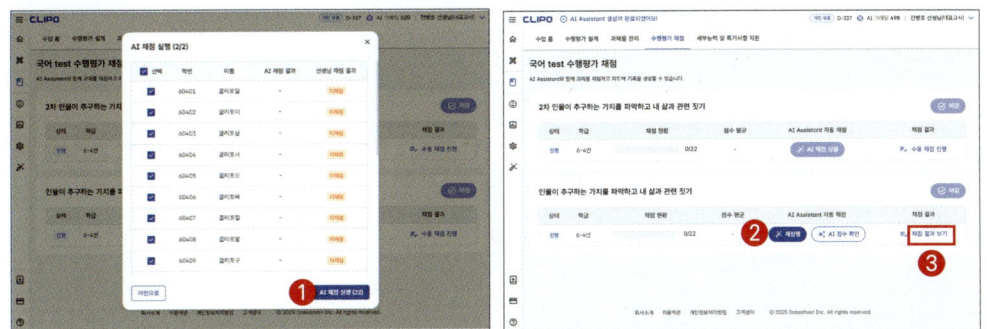

03 ❶ [AI 채점 재실행] 버튼을 클릭하면 재채점을 진행할 수 있습니다. ❷ [AI 점수 확인]을 클릭하면 채점 요소별로 학생의 점수 분포를 볼 수 있습니다. ❸ [점수 초기화] 버튼을 클릭하면 모든 학생들의 점수가 초기화됩니다. ❹ [학생 채점 상세] 버튼을 클릭하면 AI가 채점한 결과를 확인할 수 있습니다. ❺ [빗금 처리된 부분]은 "AI 채점 결과"입니다. ❻ [과제물]과 "AI 채점 결과"를 참고하여 ❼ [점수 그대로 적용] 버튼을 클릭하여 AI 채점 점수를 그대로 적용할 수도 있고, 다른 점수를 클릭하여 다르게 채점할 수도 있습니다. 한 학생의 모든 채점 요소 점수 입력이 끝나면 ❽ [저장] 버튼을 클릭합니다.

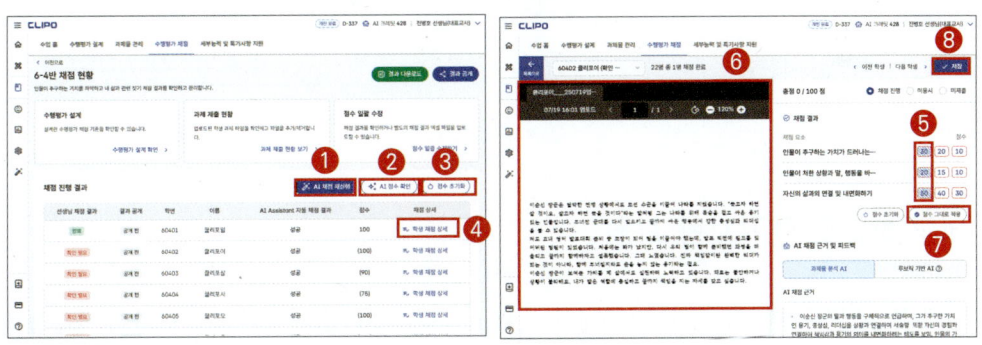

전쌤의 꿀팁) AI가 모든 과제물을 채점해 주지만 이는 참고용 예시일 뿐이며 수행평가 채점을 마감하기 위해서는 시스템상 학생별로 교사가 직접 채점하는 과정이 반드시 거치도록 설정되어 있습니다. 아직 AI를 100% 신뢰하기는 어렵고 교사의 전문성을 완전히 대체할 수 없기 때문에 최종적으로 교사가 결과를 확인하고 수정하는 절차를 거칩니다.

전쌤의 꿀팁) "AI 채점 근거 및 피드백" 하위 메뉴인 "과제물 분석 AI"에서는 과제물을 분석하고 채점하는 과정에서 생성된 AI의 채점 근거와 피드백 내용을 직접 확인할 수 있습니다. 반면 "루브릭 기반 AI"는 채점 후 생성되는 자료로 과제물의 실제 내용을 분석하는 것이 아니라 채점 점수와 루브릭에 기반하여 AI가 작성한 근거와 피드백이 제공됩니다.

04 모든 학생의 채점이 끝나면 ❶ [마감] 버튼을 클릭하여 수행평가 채점을 마무리합니다. 학생들에게 채점 결과를 공개하기 위해서 ❷ [채점 결과 보기]를 클릭합니다. ❸ [결과 공개] 버튼을 클릭합니다.

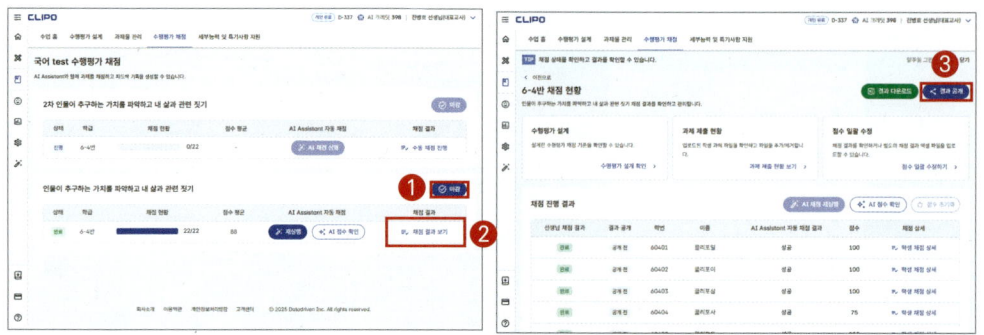

05 학생은 클리포에 접속하여 ❶ [채점 결과] 버튼을 클릭하면 자신의 채점 결과와 피드백을 확인할 수 있습니다.

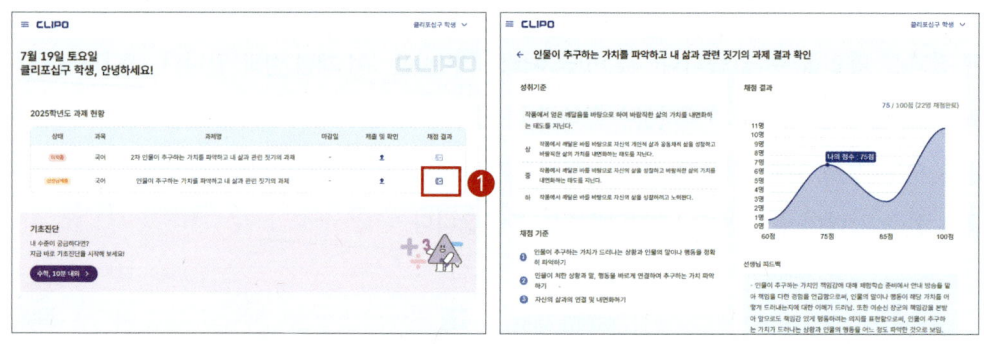

세부능력 및 특기사항 지원

"세부능력 및 특기사항 지원" 단계에서는 AI Assistant가 평가 결과를 종합하여 세부능력 및 특기사항 기록을 생성합니다. 해당 수업 또는 교과, 주제에서 수행한 모든 과제를 총합하여 세부능력 및 특기사항 생성을 지원합니다.

01 ❶ [AI 기록 생성] 버튼을 클릭합니다. ❷ [수행평가 선택]에서 세부능력 및 특기사항 생성에 반영할 과제를 클릭합니다. ❸ [학급 및 학생 선택]에서 세부능력 및 특기사항 생성을 진행할 대상을 선택합니다. ❹ [AI 기록 생성 분량]에서 원하는 기록 분량을 선택합니다. ❺ [AI 기록 생성] 버튼을 클릭합니다.

02 ❶ [다시 생성] 버튼을 클릭하면 AI가 다시 세부능력 및 특기사항을 생성합니다. ❷ [기록 근거]를 클릭하면 AI가 생성한 기록의 근거를 "구체적 성취 결과", "주요 강점 및 역량", "성장 및 발전 과정", "진로 연계성", "적극적 참여태도" 관점에서 확인할 수 있습니다. ❸ [가져오기] 버튼을 클릭하면 해당 학생의 AI 기록을 선생님이 작성한 기록으로 가지고 올 수 있습니다. ❹ [전체 AI 기록 가져오기] 버튼을 클릭하면 모든 학생의 AI 기록을 선생님이 작성한 기록으로 가지고 올 수 있습니다. ❺ [엑셀 저장] 버튼을 누르면 AI가 생성한 기록을 엑셀로 다운받을 수 있습니다. ❻ [저장] 버튼을 누르면 세부능력 및 특기사항 작성 과정이 마무리됩니다.

3 클리포 수업 사례

클리포는 학생이 온라인에서 직접 작성하거나 교사가 스캔한 수행평가를 채점할 수 있습니다. 아래에는 클리포를 이용한 수업 사례입니다.

학교 축제 소감문 온라인 평가

학교 축제 등과 같이 학생마다 느낀 점이 다른 활동에서는 정답보다 표현력과 감상이 중요한 평가 요소가 됩니다. 클리포를 활용하면 이러한 다양한 학생들의 생각을 구조화된 기준으로 공정하게 평가할 수 있고, AI 채점 결과를 참고하면 빠르게 전체 경향을 파악할 수 있어 평가 부담이 줄어듭니다. 또한 온라인으로 작성된 글은 따로 걷고 정리할 필요 없이 자동으로 저장되며 학생별 작성 이력을 남길 수 있어 활동 기록 관리에도 효과적입니다.

미술 수기 감상문 평가

아래는 미술 수업에서 펠드만의 4단계 비평 방법을 적용하여 감상문을 작성하는 수행평가 장면입니다. 학생은 자신이 선택한 미술 작품을 중심으로 질문을 구성하고, 각 단계에 따라 총 4장 분량의 감상문을 수기로 작성하였습니다. 이렇게 작성된 과제는 교사가 스캔하여 PDF 파일로 클리포에 업로드하였습니다. 클리포는 수기로 작성된 분량이 많은 과제도 손쉽게 업로드하여 평가에 활용할 수 있으며 학생마다 다른 작품을 다뤘더라도 루브릭 기준에 따라 공정하고 일관된 평가가 가능하다는 점에서 실질적인 효과가 컸습니다.

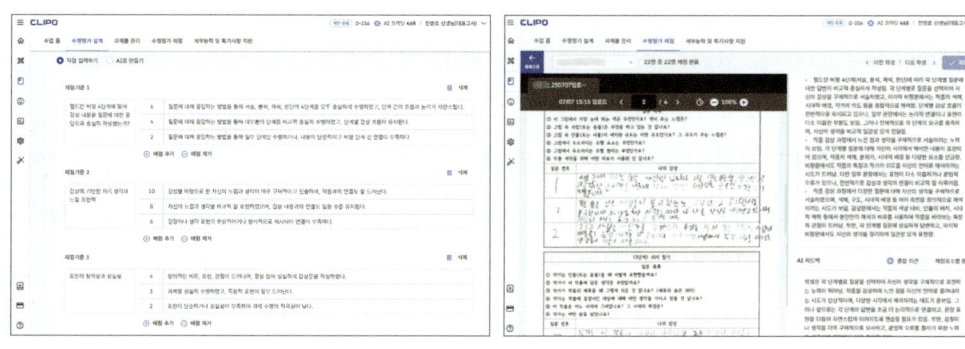

클리포 실전비법.zip_ ChatGPT 활용 수행평가 설계

◆ 소스 파일 : joo.is/클리포평가

클리포에서 수행평가 설계를 할 때 특히 중요한 요소 중 하나는 채점기준입니다.

채점 기준은 크게 "채점 요소"와, 각 요소에 따른 "세부 기준"의 두 가지로 구성됩니다.

채점 기준을 입력하는 방법은 두 가지가 있습니다.

첫째 "직접 입력하기" 방식으로 교사가 "채점 요소"와 "세부 기준"을 모두 직접 작성하는 방법입니다.

둘째 "AI로 만들기" 방식으로 교사가 "채점 요소"만 입력하면 클리포가 이에 맞는 "세부 기준"을 자동으로 생성해 주는 방법입니다.

여기서 클리포는 "채점 요소"에 대한 기본 제공값이 없기 때문에 어떤 방식을 선택하더라도 교사가 "채점 요소"를 직접 설정해야 합니다. 당연히 교사가 계획하고 있는 수행평가의 내용에 가장 적합한 채점 요소는 교사가 직접 설정하는 것이 가장 정확하고 효과적입니다. 하지만 관련 예시가 함께 제공된다면 교사가 채점 요소를 구상하고 작성하는 데에 드는 부담을 확실히 줄일 수 있습니다. 클리포에서 채점 기준 입력 예시를 제공하고는 있지만 이는 어디까지나 일반적인 참고용일 뿐이며 교사가 실제로 계획하고 있는 수행평가의 목적이나 내용과는 거리가 있을 수 있습니다. 또 실제 수업 현장에서 교사가 매번 새로운 채점 요소를 만드는 일은 쉽지 않으며 시간과 에너지가 많이 소모됩니다.

이럴 때에는 "ChatGPT"와 같은 AI 도구를 활용할 수 있습니다. 수행평가 내용과 성취기준만 입력하면 이를 바탕으로 채점 요소와 세부 기준을 함께 제안받을 수 있습니다. 교사는 제안된 내용을 참고하여 자신의 수행평가에 적합하게 수정하거나 재구성할 수 있습니다. 단 AI에 모든 과정을 맡기기보다는 교사의 전문성과 판단을 중심에 두고 반복적이고 소모적인 작업을 줄이는 조력자로 활용하는 것이 효과적입니다.

그러면 지금부터 ChatGPT로 수행평가 채점기준을 만드는 방법을 알아보도록 하겠습니다. 프롬프트를 간단하게 작성하는 방법과 좀 더 구체적으로 작성하는 방법이 있습니다. 아래에서 예시로 적혀있는 프롬프트들은 [◆ 소스 파일]에 "클리포 프롬프트.hwp" 저장되어 있으니 필요한 경우 다운받아 사용하시면 됩니다.

01 프롬프트를 간단하게 작성하는 방법은 아래의 ❶ [간단한 프롬프트]에서 "수행평가 내용"과 "성취기준"만 수행평가 내용에 맞게 바꾸어서 ChatGPT에 입력하면 됩니다.

> ❶ [간단한 프롬프트]
> "수행평가 내용: 생태환경축제 소감 작성하기
> 성취기준: 체험한 일에 대한 감상이 드러나게 글을 쓴다.
> 채점요소 2~3개와 요소별 세부기준 3단계 작성해서 수행평가 기준 만들어줘"

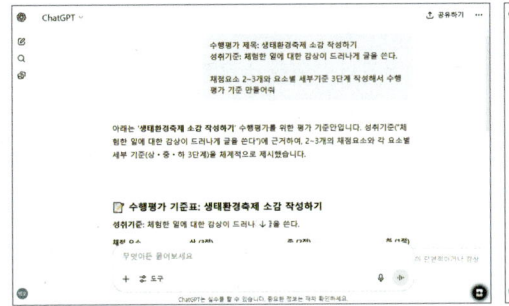
[그림 실전비법1]

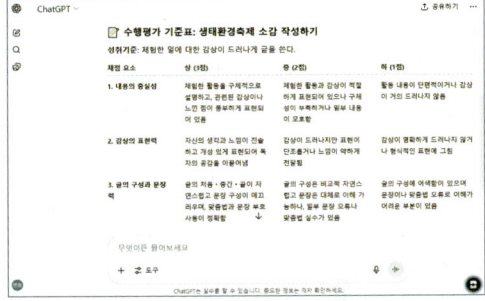
[그림 실전비법2]

02 구체적인 프롬프트를 활용하는 방법은 아래의 ❷ [구체적인 프롬프트]를 ChatGPT에 먼저 입력한 뒤 "수행평가 내용"과 "성취기준"을 바로 다음에 입력하면 됩니다.

> ❷ [구체적인 프롬프트]
> 당신은 AI 채점 시스템(예: 클리포, 하이러닝)에 적용할 루브릭을 자동 생성하는 역할을 수행합니다. 사용자로부터 수행평가 내용과 성취기준이 제공되면, AI가 문장을 정밀하게 판별할 수 있도록 **명확하고 구조적인 채점요소와 세부기준**을 작성하세요.
> 세부 정보가 부족한 경우에는 활동 유형을 확인하기 위해 다음과 같은 질문을 먼저 합니다:
> – 이 수행평가는 어떤 방식으로 제출하나요? (예: 글쓰기, 발표, 탐구 보고 등)
>
> ---
>
> ### 생성 원칙
>
> 1. **채점요소는 2~3개**로 구성하며, 각 요소는 하나의 평가 초점(내용 이해, 감정 표현, 가치 해석, 구조적 서술 등)에 집중합니다.
> 2. **각 채점요소는 '상(3점), 중(2점), 하(1점)'의 세부기준**으로 나누고, **문장 구조와 핵심 요소 포함 여부에 따라 명확히 구분**합니다.
> 3. 다음 요소를 필수 반영해 평가의 신뢰도를 높입니다:

- 구체적 예시와 논리적 서술이 있을 때 '상'
- 단순 나열, 설명 부족, 의미 연결 미흡 시 '중'
- 단어만 제시하거나, 설명 없이 가치나 개념만 언급한 경우 '하'

4. 표현은 다음과 같이 서술합니다:
   - "~을 구체적으로 설명하고 ~을 포함하여 분석할 수 있다."
   - "~을 간단히 설명하거나, 주요 특징을 언급할 수 있다."
   - "~에 대해 단순히 언급하거나, 주요 요소 없이 표현하였다."

5. 국어/사회/과학 등 교과별로 다음과 같은 언어를 참고해 표현할 수 있습니다:
   - 사회: "사례를 통해 비교·분석할 수 있다." / "사회적 맥락에서 설명할 수 있다."
   - 국어: "문단 구조를 갖추고 체험과 감정을 연결하여 서술하였다."
   - 과학: "변인과 결과를 논리적으로 설명할 수 있다." / "자료를 분석하여 과학 개념과 연결할 수 있다."
   - 수학: "자료를 활용하여 계산하고, 의미를 분석하여 설명할 수 있다."
   - 영어: "일상 경험을 영어로 구체적이고 다양하게 서술할 수 있다."

6. 각 채점요소의 제목은 명확하게 하나의 중심 개념을 담고, 세부기준은 아래 형식에 따라 서술합니다:

□ 출력 형식 예시

[채점요소: 체험 활동에 대한 구체적 서술]

■ 상(3점): 체험한 활동을 2가지 이상 구체적으로 서술하고, 시간적 흐름이나 장소, 활동 목적 등이 명확히 드러남

■ 중(2점): 체험한 활동은 있으나 1가지에 국한되거나 내용이 단편적이고 구체성이 부족함

■ 하(1점): 활동에 대한 단어만 나열하거나 구체적인 내용 없이 단순히 언급함

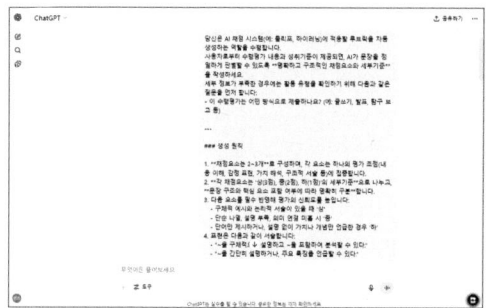

[그림 실전비법3]

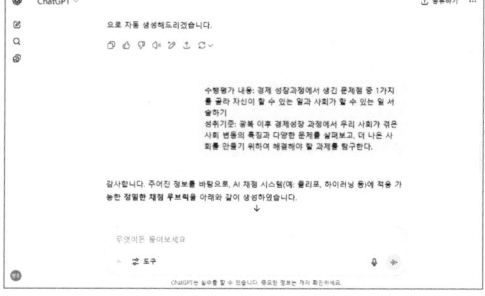

[그림 실전비법4]

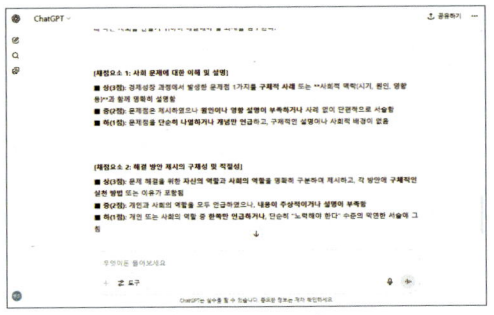
[그림 실전비법5]

03 [구체적인 프롬프트]를 기반으로 저자가 직접 제작한 ChatGPT의 GPTs에 접속해서 채점 기준을 만드는 방법도 있습니다. ❶ [GPTs 검색창]에 "클리포 채점기준 bot"을 검색합니다. ❷ [프롬프트]란에 "수행평가 내용"과 "성취기준"을 입력합니다.

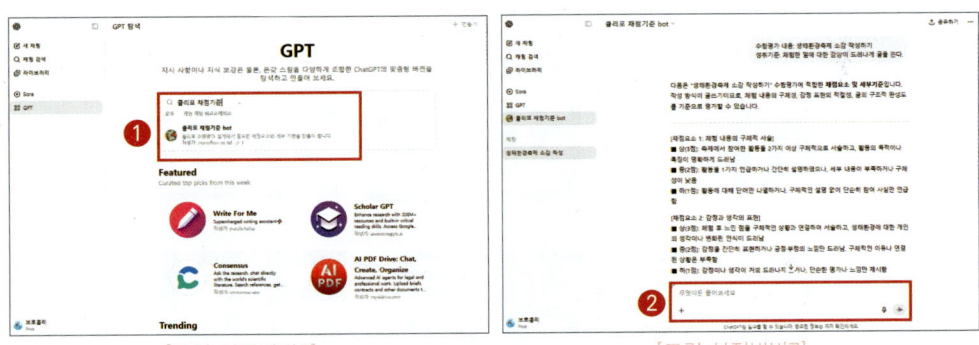
[그림 실전비법6]　　　　　　　　[그림 실전비법7]

11

AI 기반 평가의
전 과정을 담다
하이러닝

'하이러닝'은 AI를 기반으로 학습 진단, 맞춤형 문제 추천, 서술형 평가, 리포트 제공까지 평가의 전 과정을 지원하는 플랫폼입니다. 진단 평가 및 문제 풀이를 통해 학습자의 수준을 자동으로 분석하고, 그 결과에 따라 적절한 학습 처방과 평가 문제를 제시합니다. 서·논술형 평가 활동도 가능하며 해당 문항에서는 AI 채점 기능과 피드백도 함께 제공됩니다. 교사는 이를 통해 개별화된 평가와 정교한 피드백을 효율적으로 설계하고 운영할 수 있습니다.

1 하이러닝 살펴보기

'하이러닝'은 교실 수업에서 활용할 수 있는 다양한 기능을 통합적으로 제공하는 플랫폼입니다. 수업 자료 공유, 실시간 피드백, 학생 모니터링, 협업 학습 등 폭넓은 활용이 가능하며 교사와 학생 간의 소통을 촉진하는 구조로 설계되어 있습니다.

이 장에서는 그중에서도 하이러닝의 평가 기능에 집중하여 알아보고자 합니다. 하이러닝은 AI를 기반으로 진단 평가, 맞춤형 문제 추천, AI 서·논술형 평가, 결과 리포트 제공 등 평가의 주요 흐름을 효과적으로 운영할 수 있는 기능을 포함하고 있습니다. 교사는 이러한 기능을 활용하여 학생의 학습 상태를 파악하고 보다 정교한 평가 설계와 피드백을 구현할 수 있습니다.

하이러닝은 평가 전용 플랫폼은 아니지만 평가를 수업 흐름 속에 자연스럽게 녹여낼 수 있도록 지원한다는 점에서 교사에게 실용적이고 효과적인 평가 도구입니다.

회원가입

교사가 하이러닝에 가입하는 방법은 직접 회원가입을 하거나 학교 관리자 권한을 통해 계정을 발급받는 방법이 있습니다. 교사가 직접 회원가입을 한 경우에는 학교 관리자의 승인이 필요합니다.

학생이 하이러닝에 로그인하기 위해서는 담임 교사가 학생 등록을 하여 학생의 계정을 생성해야 합니다. 그 뒤에 하이러닝 학생 계정으로 로그인할 수 있지만 디지털 원패스 계정과 연동하면 학생들이 좀 더 쉽게 하이러닝에 접속할 수 있습니다.

대시보드

하이러닝에 로그인하면 다양한 기능을 이용할 수 있습니다. 하이러닝의 모든 기능을 안내하기보다는 핵심적이거나 평가와 관련된 메뉴 위주로 알아보도록 하겠습니다.

❶ [나의 학교]를 클릭하면 "나의 교실", "나의 수업", "수업 시간표", "우리 반 게시판"의 하위 메뉴가 나타납니다. "나의 교실"에서는 학생 출석 현황과 과목 및 수업에 대한 정보를 확인할 수 있습니다. "나의 수업"에서는 과목 개설 및 수업 설계를 통해 수업을 진행할 수 있습니다. "수업 시간표"는 내가 개설한 수업 시간표를 볼 수 있고 "우리 반 게시판"에서는 안내 글을 작성할 수 있습니다.

❷ [학습 진단]을 클릭하면 학생들이 AI 학습 진단에 참여할 수 있도록 설정할 수 있습니다. 진단 활동은 국어, 영어, 수학, 사회, 과학, 역사(한국사) 과목에서 활용할 수 있으며 진단 활동을 위해서는 "나의 수업"메뉴에서 과목을 미리 개설해 두어야 합니다. 해당 교과의 단원별로 AI 학습 진단이 가능합니다.

❸ [학습 콘텐츠]를 클릭하면 "추천 콘텐츠", "영상", "교재", "문항", "실감형", "내 콘텐츠"의 하위 메뉴가 나타납니다. "추천 콘텐츠"에서는 AI가 추천해 주는 콘텐츠와 최근에 설계한 과목 기준으로 나열되는 추천 수업설계안 자료 등이 있습니다. "영상"에서는 EBS, e학습터, 경기도 교육청 등이 제작한 다양한 영상 자료를 확인할 수 있습니다. "교재"에서는 하이러닝을 사용하는 교사가 공유한 각종 PPT, HWP, PDF 등의 수업 자료를 확인할 수 있습니다. "문항"에서는 공유된 문제를 활용하거나 직접 문항을 제작할 수 있습니다. AI가 추천해 주는 문항을 배포할 수도 있습니다. 마지막으로 "AI 서술형(AI 서·논술형 평가)"와 "AI 논술형"문항 출제가 가능합니다. "실감형"에서는 간단한 조작을 하면 다양한 애니메이션 효과가 나타나는 자료를 확인할 수 있습니다. "내 콘텐츠"에서는 내 콘텐츠 메뉴에서는 내가 제작한 자료, 공유한 자료, 배포한 자료, 저장한 자료 등을 확인할 수 있습니다. 학생들에게 배포한 문제집 결과 분석도 이 메뉴에서 가능합니다.

❹ [AI 리포트]를 클릭하면 "과목 리포트", "학생 리포트", "종합 리포트"의 하위 메뉴가 나타납니다.

❺ [AI 서·논술형 평가]를 클릭하면 "AI 서·논술형 평가"를 할 수 있는 페이지로 접속합니다.

❻ [AI 디지털교과서]를 클릭하면 근무하는 학교에서 선정하여 사용 중인 AI 디지털교과서 포털로 접속할 수 있습니다.

❼ [아이로 캐릭터]를 클릭하면 "AI 디지털교과서", "챗봇", "학급경영도구", "클래스보드"하위 메뉴가 나타납니다. "AI 디지털교과서"는 ❻ [AI 디지털교과서]와 기능이 같습니다. "챗봇"에서는 "하이러닝 챗봇"과 "지식 챗봇" 두 가지 기능을 활용할 수 있습니다. "학급경영도구"에서는 타이머, 알람, 초시계 등 다양한 학급 경영 도구를 사용할 수 있습니다. "클래스보드"에서는 수업을 진행하며 자동 저장되는 학생의 학습 과정과 결과 등을 확인할 수 있습니다. 또 다양한 보드 유형을 통해 학생들의 수업 자료를 체계적으로 정리할 수 있습니다.

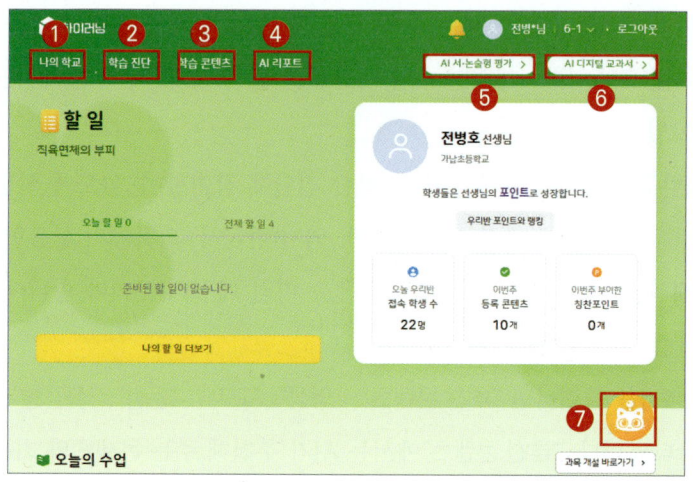

전쌤의 꿀팁 고양이 캐릭터의 이름은 "아이로"입니다. 'AI(아이)'와 '로'의 조합으로 인공지능과 지혜로운 길을 상징합니다. 2024년 하이러닝 메인 캐릭터 이름 공모를 통해 선정되었습니다.

2 문항 설계 및 운영

하이러닝은 학습 진단 결과와 학습 활동 데이터를 바탕으로 학생 개별 수준에 적합한 평가 문항과 교육 콘텐츠를 설계하고 제공합니다. 교사는 학생의 수업 참여 결과, 평가 이력, AI 리포트 등을 참고하여 문항을 직접 제작하거나 수정하여 학생들에게 제공할 수 있습니다. AI는 진단 평가, 문제 풀이 결과, 수업 참여도 등 다양한 데이터를 분석하여 학습자에게 적절한 수준의 문항을 자동으로 추천합니다.

문항을 효과적으로 제작하고 활용하기 위해서는 먼저 과목을 개설하고, 학습 진단을 통해 학생들의 수준을 파악하는 것이 중요합니다. 하이러닝을 평가 도구로서 효과적으로 활용하려면 다음과 같은 흐름을 따르는 것이 좋습니다.

❶ [나의 학교]에서 과목 개설
❷ [학습 진단]에서 AI 학습 진단 실시
❸ [학습콘텐츠] 문항 출제 및 평가, AI 서·논술형 평가 실시
❹ [AI 리포트]에서 평가 결과 분석

이 책에서도 위와 같은 흐름에 따라 하이러닝의 평가 기능을 살펴보겠습니다.

> **전쌤의 꿀팁** "AI 서·논술형 평가(AI 서술형 평가)"와 "AI 논술형 평가(AI 논술진단)" 답안에 대한 평가 및 분석은 [AI 리포트]가 아닌 별도의 전용 창에서 확인할 수 있습니다.

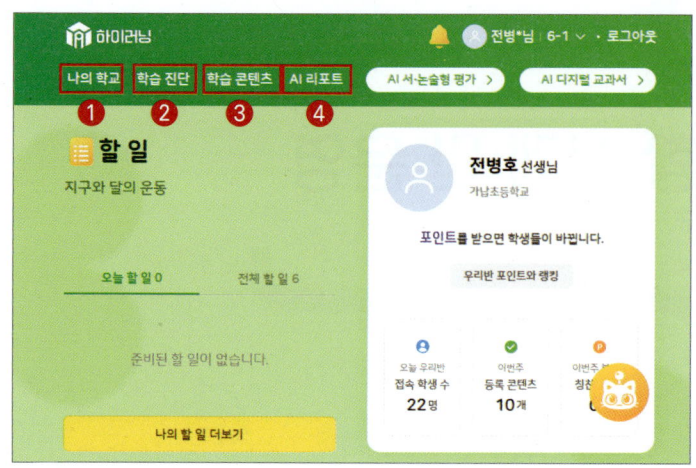

과목 개설

01 과목이 먼저 개설되어 있어야 해당 과목의 학습 진단을 할 수 있습니다. 과목을 개설하는 방법에 대해 알아보겠습니다. ❶ [나의 학교] 버튼을 클릭합니다. ❷ [나의 수업] 버튼을 클릭합니다. ❸ [과목 개설하기] 버튼을 클릭합니다.

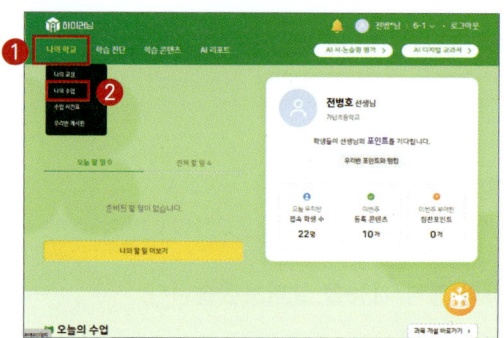 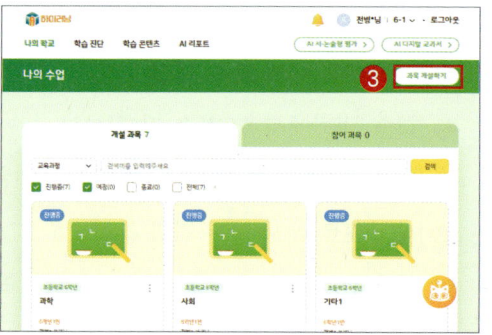

02 ❶ [학교급] 버튼을 클릭하여 학교급을 선택합니다. ❷ [학년] 버튼을 클릭하여 대상 학년을 선택합니다. ❸ [달력] 버튼을 클릭하여 과목 개설 기간을 설정합니다. ❹ [과목] 버튼을 클릭하여 대상 과목을 선택합니다. ❺ [학습참여 방법 선택] 버튼을 클릭하여 대상 학급을 선택합니다. ❻ [다음으로] 버튼을 클릭합니다. "과목명", "이수설정", "출결 상태", "과제 제출"을 수업 상황에 맞게 설정하고 ❼ [개인정보 보호 동의] 버튼을 클릭합니다. ❽ [개설완료] 버튼을 클릭하여 과목 개설을 마무리합니다.

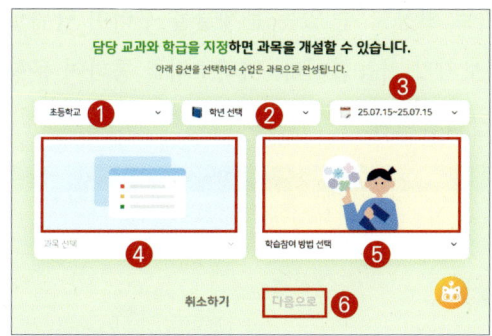 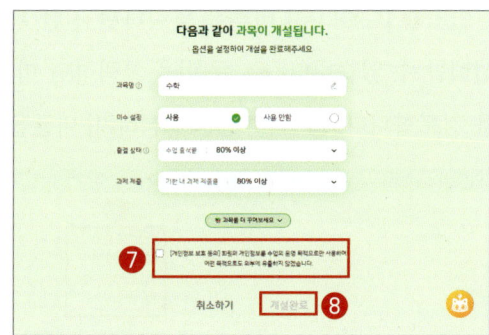

AI 학습 진단

01 과목 개설이 끝나면 해당 과목에 대해 단원별로 학습 진단이 가능합니다. ❶ [학습 진단] 버튼을 클릭합니다. ❷ [AI 학습 진단] 버튼을 클릭합니다. ❸ [과목] 버튼을 클릭하여 진단 평가가 필요한 과목을 선택합니다.

02 ❶ [진단하기] 버튼을 클릭합니다. ❷ [응시 기간]에서 학생들이 응시할 수 있는 기간을 설정합니다. ❸ [다음] 버튼을 클릭합니다.

 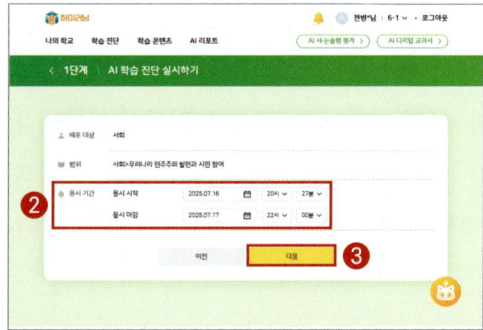

전쌤의 꿀팁 응시 시작 일시는 현재 시각 이후로만 설정할 수 있습니다.

03 ❶ [드롭다운] 버튼을 클릭하면 진단 평가로 활용할 수 있는 문제들을 꾸러미 단위로 선택할 수 있습니다. ❷ [문항]을 클릭하면 미리보기가 가능합니다. 미리보기를 통하여 문항을 검토합니다. ❸ [학습 진단 생성하기] 버튼을 클릭합니다.

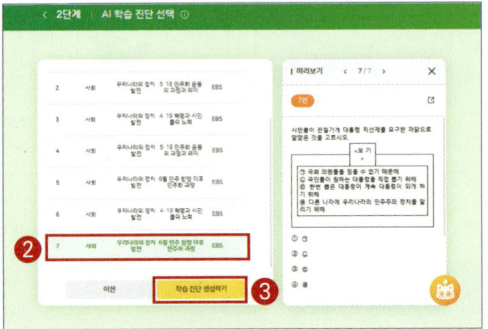

04 ❶ [그래프]를 통해 우리 학급의 차시별 진단 결과를 간단히 확인할 수 있습니다. ❷ [기간 수정] 버튼을 클릭하면 진단평가 응시 기간을 수정할 수 있습니다. ❸ [현황 보기]를 클릭하면 종합 결과 및 학생별 평가 결과를 확인할 수 있습니다. ❹ [종합 결과]에서는 학습 진단 결과와 문제 유형별 분석 결과를 확인할 수 있습니다. ❺ [학생별 결과]에서는 학생들의 문제당 평균 풀이 시간과 정답률, 학습 수준을 확인할 수 있습니다.

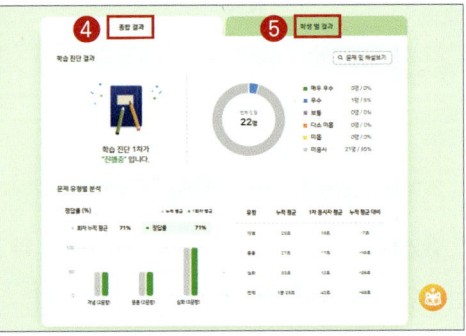

05 ❶ [학생별 결과]를 클릭하면 "문제당 평균 풀이 시간"과 "정답률", ❷ [학습 수준]을 확인할 수 있습니다. ❸ [학습 수준]에서 평가에 참여한 학생의 학습 수준인 ❸ [우수]를 클릭합니다. 이 창에 접속하게 되면 학생별 상세 결과를 확인할 수 있습니다. ❹ [정답률]에서 "개념", "응용", "심화" 각 수준 문항의 정답률을 확인할 수 있습니다. ❺ [정오표]에서는 학생이 문항

별로 어떤 답안을 제출했는지와 그 답안이 맞았는지 틀렸는지를 확인할 수 있습니다. ❻ [오답 노트]를 클릭하면 좀 더 상세하게 학생의 진단 평가 결과를 분석할 수 있습니다.

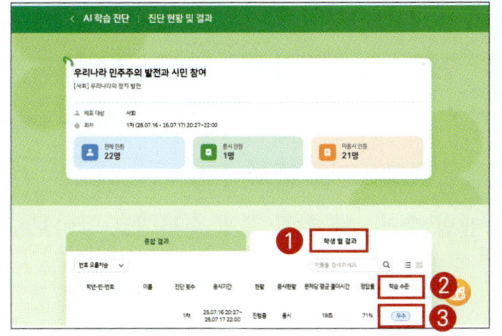 

06 ❶ [문항 해설]에서 이 문항의 "정답", "해설", "정답률"을 확인할 수 있습니다. ❷ [문항 선택 비율]에서는 이 문항 풀이에 참여한 학생들이 어떤 문항을 주로 선택했는지 확인할 수 있습니다. ❸ [문제 풀이 시간]에서는 내가 문항을 푸는데 걸린 시간과 학년 전체의 평균 소요 시간을 비교할 수 있습니다.

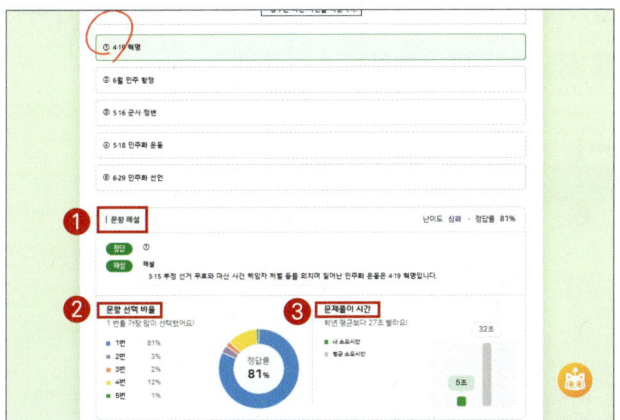

문항 출제(객관식, 주관식)

학습콘텐츠 하위 메뉴 중에는 문항이 있습니다. 이 메뉴에서는 다른 교사들이 직접 만든 문항들을 열람하고, 자신의 수업에 활용할 수 있습니다. 공유된 문항을 그대로 사용할 수도 있고, 필요에 따라 수정하여 재구성하는 것도 가능합니다.

또한 교사는 자신이 평가하고자 하는 학습 목표에 맞춰 객관식이나 단답형 문제를 직접 출제할 수 있으며, 하이러닝에서 제공하는 문제은행(EBS)에서 문항을 선택해 구성하는 것도 가능합니다. 특정 문항을 골라서 출제하거나, 문항 리스트를 무작위로 구성하여 제출하는 기능도 지원됩니다. 마지막으로 AI가 학생의 수준을 분석해 적절한 문제를 추천하고 자동으로 제공하는 기능도 있습니다. 학습 진단 결과, 문제 풀이 이력, 수업 참여 데이터 등을 종합적으로 고려하여 학생 개개인에게 가장 적합한 문항을 제공해 줍니다.

지금부터 공유 출제, 직접 출제, 선택 출제, 랜덤 출제, AI 추천 출제 순서대로 알아보도록 하겠습니다.

공유 출제

01 다른 교사가 만들어 공유한 문제집을 출제하기 위해서는 먼저 ❶ [학습 콘텐츠]를 클릭하고 ❷ [문항]을 클릭합니다. 그러면 다른 교사가 만들어 공유한 문제집들이 나타나는데 ❸ [점 세 개] 버튼을 클릭하면 저장할 수 있습니다. 문제집 내용을 확인하기 위해서는 ❹ [문제집 제목]을 클릭합니다. ❺ [문제 리스트]를 보면 문항 요소를 확인할 수 있습니다. 실제 문항을 확인하기 위해서는 ❻ [문제 및 해설보기]를 클릭합니다.

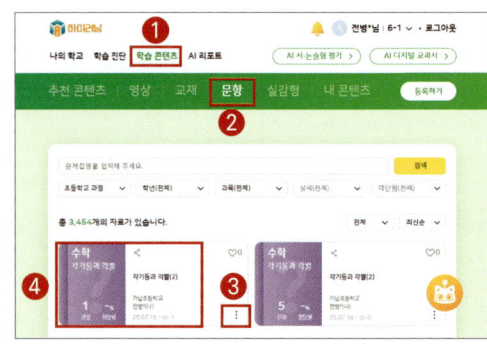
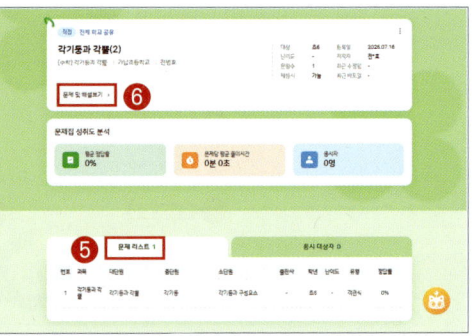

02 문항의 문제 및 보기, 정답, 해설 등을 확인할 수 있습니다.

직접 출제

교사가 직접 문항을 제작하여 문제집을 출제하기 위해서는 먼저 ❶ [등록하기]를 클릭합니다. ❷ [직접 출제]를 클릭합니다.

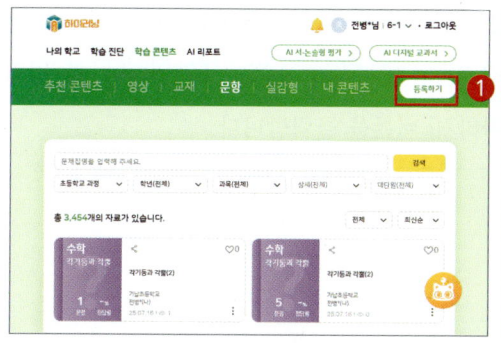 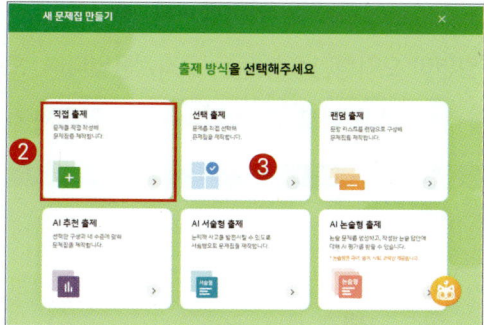

1단계 기본 정보 입력 단계에 접속했다면 아래 과정을 통해 객관식 문항 1개와 주관식 문항 1개를 제작하며 문항을 직접 제작하는 방법을 알아보도록 하겠습니다.

01 ❶ [문제집 제목]에 "각기둥에 대해 알아보기"를 입력합니다. ❷ [문제집 설명]에 "각기둥의 모서리와 꼭짓점에 대해 알아보기"를 입력합니다. ❸ [과목 범위]에서는 "초등학교 과정", "6학년"을 선택합니다. ❹ [과목 선택]에서는 "수학"을 클릭합니다. ❺ [세부 설정]에서는 "각기둥과 각뿔", "각기둥", "각기둥과 구성요소"를 차례로 선택하고 ❻ [분류 추가]를 클릭합니다. ❼ [저작자]에 "하이러닝초등학교"를 입력합니다. ❽ [공유 설정]에서는 "공유 안 함"을 선택합니다. ❾ [다음] 버튼을 클릭합니다.

 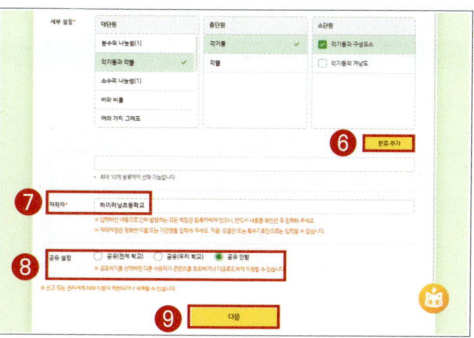

02 ❶ [지문을 입력해 주세요]란에 "아이로가 미술 시간에 밑면이 오각형인 각기둥을 만들었습니다."을 입력합니다. ❷ [문제 유형]에서 "객관식"을 선택합니다. ❸ [문제]에서는 "아이로가 만든 각기둥의 모서리의 개수는 몇 개일까요?"를 입력합니다. ❹ [보기]에는 순서대로 "5", "10", "15", "20"을 입력합니다. ❺ [3번 보기]를 클릭하여 정답을 표시합니다. ❻ [해설]에 "밑면이 오각형인 각기둥은 오각기둥입니다. 오각기둥의 모서리의 개수는 15개입니다."를 입력합니다. 다시 위로 올라가 ❼ [+새로운 문제 추가하기] 버튼을 클릭합니다.

 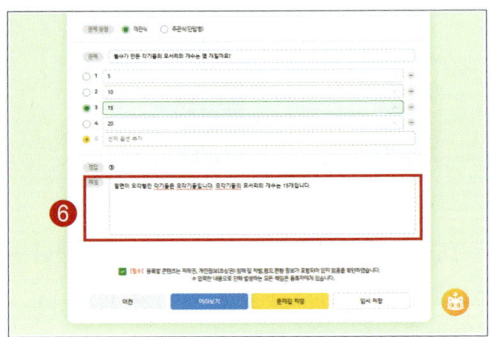

03 ❶ [지문을 입력해 주세요]란에 "하로가 미술 시간에 밑면이 삼각형인 각기둥을 만들었습니다."을 입력합니다. ❷ [문제 유형]에서 "주관식(단답형)"을 선택합니다. ❸ [문제]에서는 "하로가 만든 각기둥의 꼭짓점의 개수는 몇 개일까요?"라고 입력합니다. ❹ [정답]에는 "6"을 입력합니다. 답이 1개이므로 ❺ [-] 버튼을 클릭하여 "정답 B"를 삭제합니다. ❻ [해설]에 "밑면이 삼각형인 각기둥은 삼각기둥입니다. 삼각기둥의 꼭짓점의 개수는 6개입니다."를 입력합니다. ❼ [필수] 버튼을 클릭합니다. ❽ [문제집 저장] 버튼을 클릭합니다.

 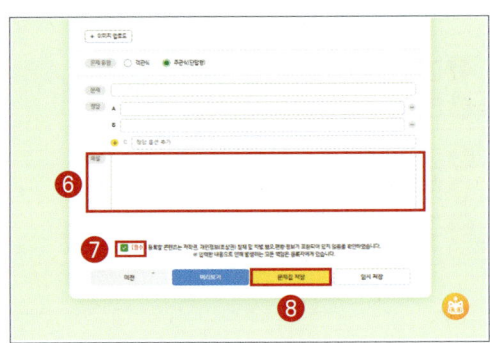

전쌤의 꿀팁 저장된 문제집(문항)은 [내 콘텐츠]에서 확인할 수 있습니다.

선택 출제

하이러닝에서 제공하는 문제은행(EBS)에서 문항을 선택하여 문제집을 구성하기 위해서는 먼저 ❶ [등록하기]를 클릭합니다. ❷ [선택 출제]를 클릭합니다.

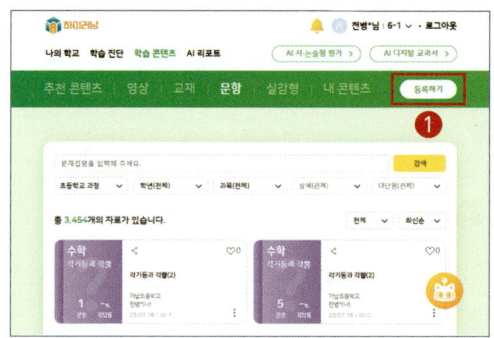 

1단계 기본 정보 입력 단계에 접속했다면 다음 과정을 통해 문항 2개를 선택하여 문제집을 구성하는 방법을 알아보도록 하겠습니다.

01 ❶ [문제집 제목]에 "각기둥에 대해 알아보기"를 입력합니다. ❷ [문제집 설명]에 "각기둥의 모서리와 꼭짓점에 대해 알아보기"를 입력합니다. ❸ [과목 범위]에서는 "초등학교 과정", "6학년"을 선택합니다. ❹ [과목 선택]에서는 "수학"을 클릭합니다. ❺ [세부 설정]에서는 "각기둥과 각뿔", "각기둥", "각기둥과 구성요소"를 차례로 선택하고 ❻ [분류 추가]를 클릭합니다. ❼ [공유 설정]에서는 "공유 안함"을 선택합니다. ❽ [다음] 버튼을 클릭합니다.

02 ❶ [문항 난이도(전체)]에서 "문항 난이도(심화)"를 선택합니다. ❷ [담기] 항목에서 ❸ [☐]
버튼 2개를 각각 클릭합니다. ❹ [미리보기]에서 문항을 확인합니다. ❺ [필수] 버튼을 클릭합니다. ❻ [문제집 저장] 버튼을 클릭합니다.

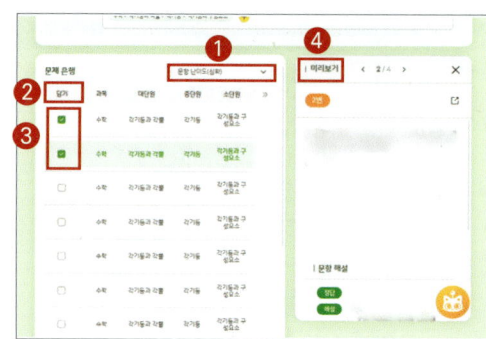 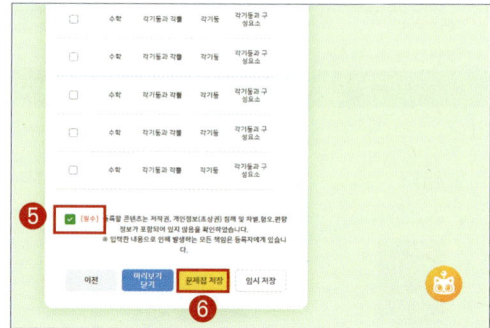

랜덤 출제

하이러닝에서 제공하는 문제은행(EBS)에서 문항을 랜덤으로 구성하기 위해서는 먼저
❶ [등록하기]를 클릭합니다. ❷ [랜덤 출제]를 클릭합니다.

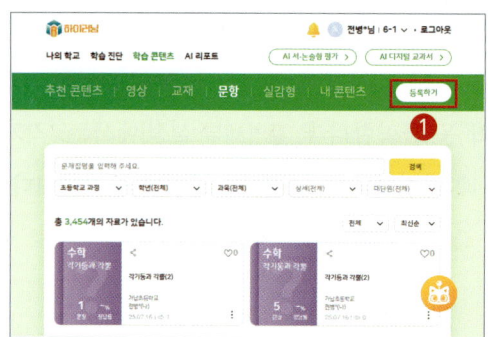 

1단계 기본 정보 입력 단계에 접속했다면 다음 과정을 통해 문항 2개를 랜덤으로 추출하여 문제집을 구성하는 방법을 알아보도록 하겠습니다.

01 ❶ [문제집 제목]에 "각기둥에 대해 알아보기"를 입력합니다. ❷ [문제집 설명]에 "각기둥의 모서리와 꼭짓점에 대해 알아보기"를 입력합니다. ❸ [문항 개수]에서는 "2"를 입력합니다. ❹ [과목 범위]에서는 "초등학교 과정", "6학년"을 선택합니다. ❺ [과목 선택]에서는 "수학"을 클릭합니다. ❻ [세부 설정]에서는 "각기둥과 각뿔", "각기둥", "각기둥과 구성요소"를 차례

로 선택하고 ❼ [분류 추가]를 클릭합니다. ❽ [공유 설정]에서는 "공유 안함"을 선택합니다.
❾ [다음] 버튼을 클릭합니다.

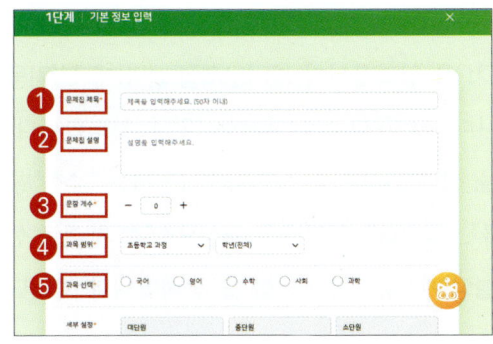 

02 ❶ [문항]을 클릭하면 문항을 미리 볼 수 있습니다. 문항이 마음에 들지 않을 경우 ❷ [+다시 담기] 버튼을 클릭합니다. ❸ [필수] 버튼을 클릭합니다. ❹ [문제집 저장] 버튼을 클릭합니다.

AI 추천 출제

학생들의 진단 평가 결과와 학습 이력 등의 데이터에 기반하여 AI가 추천해 주는 문항을 출제하기 위해서는 먼저 ❶ [등록하기]를 클릭합니다. ❷ [AI 추천 출제]를 클릭합니다.

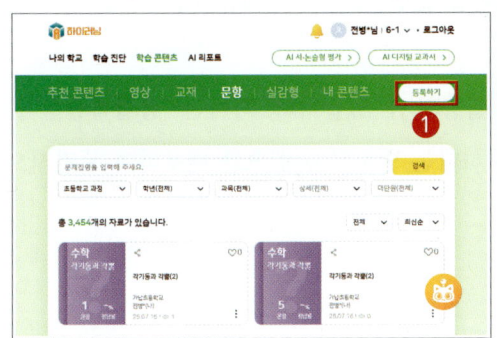 

Chapter 11 AI 기반 평가의 전 과정을 담다, 하이러닝 299

1단계 기본 정보 입력 단계에 접속했다면 다음 과정을 통해 AI가 추천해 주는 문항 2개로 구성하여 문제집을 구성하는 방법을 알아보도록 하겠습니다.

01 ❶ [문제집 제목]에 "각기둥에 대해 알아보기"를 입력합니다. ❷ [문제집 설명]에 "각기둥의 모서리와 꼭짓점에 대해 알아보기"를 입력합니다. ❸ [문항 개수]에서는 "2"를 입력합니다. ❹ [과목 범위]에서는 "초등학교 과정", "6학년"을 선택합니다. ❺ [과목 선택]에서는 "수학"을 클릭합니다. ❻ [세부 설정]에서는 "각기둥과 각뿔", "각기둥", "각기둥과 구성요소"를 차례로 선택하고 ❼ [분류 추가]를 클릭합니다. ❽ [공유 설정]에서는 "공유 안함"을 선택합니다. ❾ [다음] 버튼을 클릭합니다.

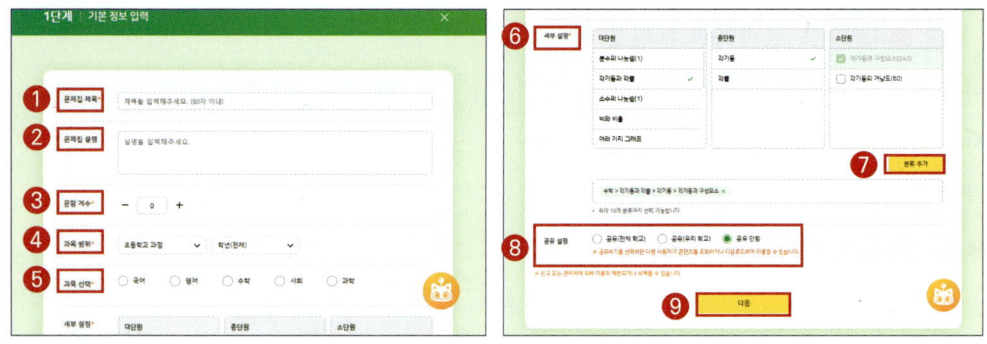

전쌤의 꿀팁 AI 추천 출제로 학생들에게 문항을 출제하면 학생 수준에 따라 모두 다른 문항이 배포되기 때문에 미리볼 수 없습니다. 따라서 ❾ [다음] 버튼을 클릭하면 자동으로 문항이 배포됩니다.

문항 배포

공유 출제, 직접 출제, 선택 출제, 랜덤 출제, AI 추천 출제 등의 방법으로 객관식 또는 주관식 문항을 제작하면 해당 문항은 자동으로 [학습 콘텐츠]의 하위 메뉴인 [내 콘텐츠]에 저장됩니다.

이렇게 저장된 콘텐츠는 두 가지 방식으로 활용할 수 있습니다. 하나는 "통합학습창"을 통해 수업 중에 바로 사용하는 방법이며 다른 하나는 별도로 콘텐츠를 배포하여 독립적으로 평가를 진행하는 방식입니다.

통합학습창 활용

01 ❶ [나의 학교]를 클릭합니다. ❷ [나의 수업]을 클릭합니다. 제작한 문항을 활용하고자 하는 ❸ [과목]을 클릭합니다. ❹ [+수업 추가]를 클릭하여 새로운 수업을 만듭니다. ❺ [설계하기] 버튼을 클릭합니다.

02 ❶ [수업 설정]에서 ❷ [문제집]을 클릭합니다. ❸ [+] 버튼을 클릭합니다. ❹ [찾아보기]를 클릭합니다.

03 ❶ [나의 문제집]에서 사용하고자 하는 문제집의 ❷ [□] 버튼을 클릭합니다. ❸ [등록] 버튼을 클릭합니다.

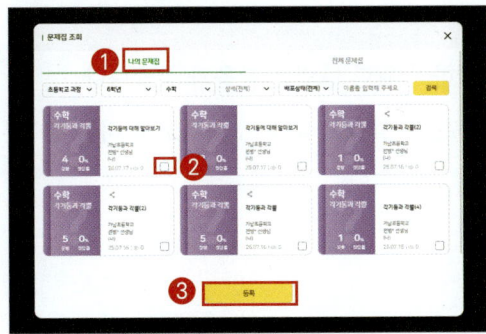 

독립 활용

01 ❶ [학습 콘텐츠]를 클릭합니다. ❷ [내 콘텐츠]를 클릭합니다. ❸ [점 세 개] 버튼을 클릭합니다. ❹ [배포]를 클릭합니다.

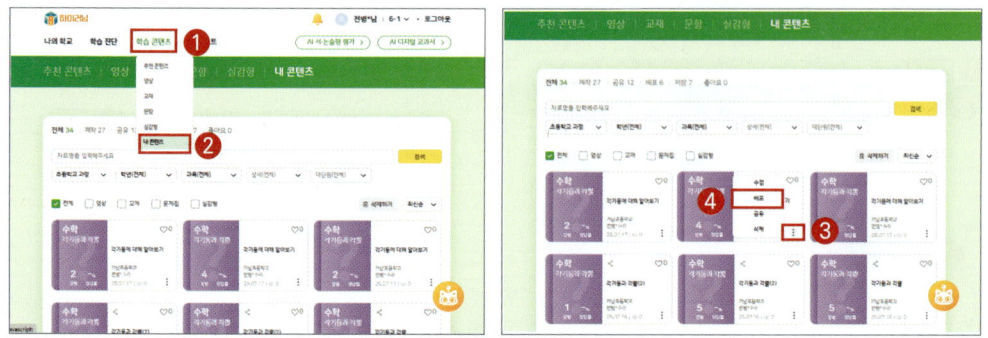

02 ❶ [응시 시작], ❷ [응시 종료]를 상황에 맞게 설정합니다. ❸ [배포 대상]에서 해당 과목을 클릭합니다. ❹ [배포하기] 버튼을 클릭합니다.

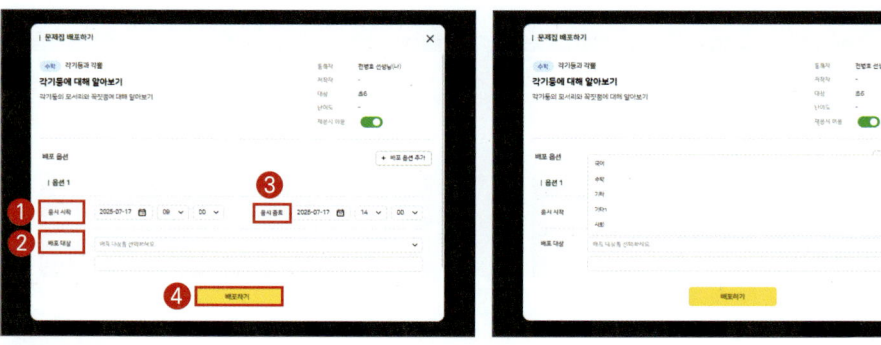

전쌤의 꿀팁 AI 학습 진단에서는 응시 시작 시간을 실제 시간 이전으로 설정하는 것이 불가능하지만 문제집을 배포할 때에는 응시 시작을 이전으로 설정하는 것이 가능합니다. 예를 들어 지금이 7월 17일 13:00라면 응시 시작 시간을 7월 17일 09:00로 설정할 수 있습니다.

평가 결과 조회 및 분석

학생들이 문제집을 푼 결과를 조회하거나 분석하기 위한 방법은 다음과 같습니다.

01 ❶ [학습 콘텐츠]를 클릭합니다. ❷ [내 콘텐츠]를 클릭합니다. 조회하고자 하는 ❸ [문제집]을 클릭합니다.

02 ❶ [문제 및 해설보기]를 클릭하면 문제 및 해설을 조회할 수 있습니다. 이 메뉴에서는 AI 학습 진단처럼 학년별 정답률이나 풀이 시간 등을 볼 수 없습니다.

03 ❶ [응시 대상자]를 클릭하면 학생별 응시일시, 응시 횟수, 등급, 정답률 등을 확인할 수 있습니다. ❷ [결과보기]를 클릭하면 더 자세한 결과를 조회할 수 있습니다. ❸ [평균 정답률]에서는 이 문제집 풀이에 참여한 학생들의 전체 평균을 볼 수 있습니다. ❹ [문제당 평균 풀이시간]에서는 이 문제집 풀이에 참여한 학생들의 평균 풀이 시간을 볼 수 있습니다. ❺ [정오표]에서는 학생의 문항별 응답 내용을 확인할 수 있습니다.

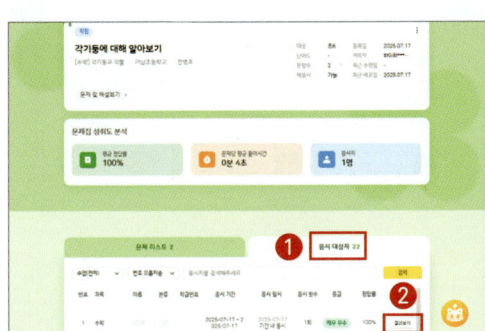 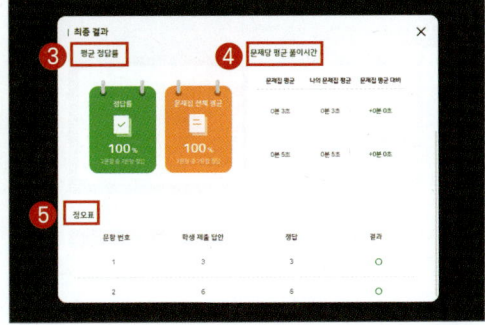

Chapter 11 AI 기반 평가의 전 과정을 담다, 하이러닝 **303**

AI 논술형 평가(舊 AI 논술진단)

하이러닝에서 AI 서·논술형 평가를 실시하기 위한 방법으로는 2가지가 있습니다. 첫 번째는 2025년 3월에 출시된 AI 논술진단으로 현재는 "AI 논술형 평가"로 이름이 바뀌었습니다. 두 번째로는 2025년 7월에 출시된 "AI 서·논술형 평가"입니다. 2025년 7월 기준으로 "AI 서·논술형 평가"는 중·고등학교 국어, 사회, 과학 교과를 중심으로 먼저 제공되고 있으며 초등학교 교사들은 2025년 9월부터 사용이 가능할 예정입니다. 이 장에서 이야기하는 AI 논술형 평가는 2025년 3월에 AI 논술진단으로 출시되어 현재는 "AI 논술형 평가"로 명칭이 바뀐 평가 기능에 대해서만 다룰 예정입니다. 2025년 7월에 출시된 "AI 서·논술형 평가"는 클리포와 평가 방식이 유사합니다. 현재 하이러닝은 공교육 현장의 활용 상황을 고려한 고도화 작업을 진행 중이므로 완전히 동일하진 않지만 "AI 서·논술형 평가"에 대해 궁금하신 분들은 "Chapter10 서·논술형 평가 자동 채점부터 피드백까지, 클리포"를 참고하시기 바랍니다. 그러면 지금부터 "AI 논술형 평가" 문항을 제작하고 활용하는 방법을 알아보도록 하겠습니다.

문항 출제(교사)

01 교사 아이디로 하이러닝에 로그인한 뒤 ❶ [학습 콘텐츠]를 클릭합니다. ❷ [등록하기]를 클릭합니다. ❸ [AI 논술형 출제] 버튼을 클릭합니다.

 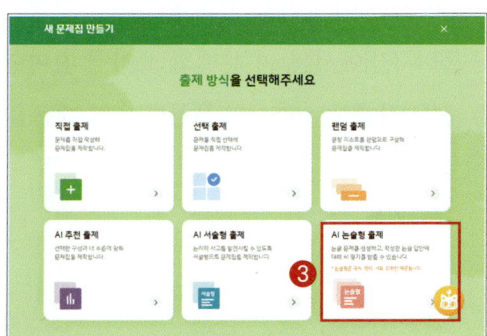

02 ❶ [과목]을 클릭합니다. ❷ [수강 대상]을 확인합니다. ❸ [AI 논술진단]을 클릭합니다.
❹ [문항 생성]을 클릭합니다.

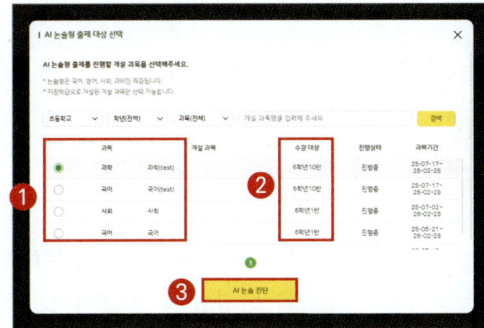 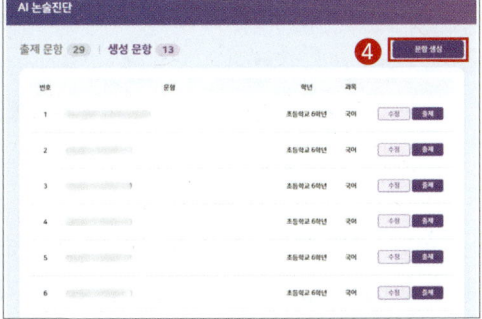

전쌤의 꿀팁 이 메뉴도 AI진단평가처럼 미리 지정학급으로 과목이 개설되어 있어야만 논술형 문항 출제가 가능합니다. 과목은 2025년 7월 기준 국어, 영어, 사회, 과학만 제공됩니다.

전쌤의 꿀팁 ❶ [과목]은 과목(주제)의 개념보다는 학급의 개념에 해당합니다. [과목]에서 "국어"를 고르더라도 "사회"나 "과학" 과목 논술 문항 출제가 가능합니다. 맡은 학급이 1개라면 상관없지만 초등학교 전담교사, 중·고등학교 교사처럼 여러 학급을 맡은 경우 어떤 한 과목(주제)를 선택하여 접속하게 되면 그 선택된 과목의 ❷ 수강 대상(지정 학급)으로만 논술 문항 출제가 가능합니다. 예를 들어 "국어1"과목의 수강 대상(지정학급)이 3학년 3반이라면 "국어1"과목으로 입장하는 경우 국어, 영어, 사회, 과학 과목의 문항 개설이 모두 가능하지만 문항 제작이 끝난 후 그 문항을 출제했을 땐 3학년 3반 학생만 접속이 가능합니다. 또한 교사가 처음 하이러닝에 접속할 때 3학년 2반 학급으로 입장했다고 하더라도 3학년 3반 수강대상(지정학급)의 과목인 "국어1"로 "AI 논술형 평가(AI논술진단)"에 접속하게 되면 3학년 3반 학급 대상의 논술 문항 출제만 가능합니다.

03 ❶ [학교급/학년]에서 "대상 학교급"과 "대상 학년"을 클릭합니다. ❷ [교과]에서 "대상 과목"을 클릭합니다. ❸ [세부 설정]에서 "대단원", "중단원", "소단원"을 평가 내용에 맞게 선택합니다. ❹ [제목]에서 "논술형 평가 제목"을 입력합니다. ❺ [출제 지문]에서 "논술형 평가 지문"을 입력합니다. ❻ [필수 글자 수]에서는 학생들의 답안 내용의 양을 설정할 수 있습니다. "없음"을 클릭하면 학생들이 글자 수에 상관없이 자유롭게 답안을 제출할 수 있고, "이상", "이하", "범위"를 클릭하면 최저, 최대 글자 수를 설정할 수 있습니다. ❼ [필수 키워드]에서 "필수 키워드"를 입력하면 학생들은 꼭 "필수 키워드"를 포함하여 답안 내용을 작성해야 합니다. 교사가 "필수 키워드"를 입력하지 않으면 문항 제작이 불가능하므로 한 단어라도 입력하도록 합니다.

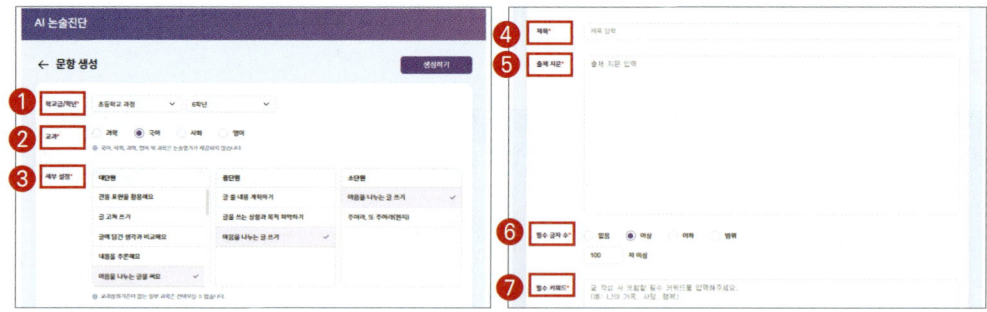

04 ❶ [작성 가이드]를 클릭하면 평가 기준을 생성하기 위한 가이드를 확인할 수 있습니다. ❷ [배점]을 클릭하여 숫자를 수정하여 각 평가 기준의 배점을 변경할 수 있습니다. 단 총 배점이 100점이어야 합니다. ❸ [사용]에서 "평가 기준 활성화 버튼"을 클릭하여 기존에 생성되어 있는 평가 기준의 사용 유무를 선택할 수 있습니다. ❹ [평가 기준 추가] 버튼을 클릭하여 교사가 원하는 평가 기준을 생성할 수 있습니다. ❺ [생성하기] 버튼을 클릭하여 논술형 평가 제작을 완료합니다.

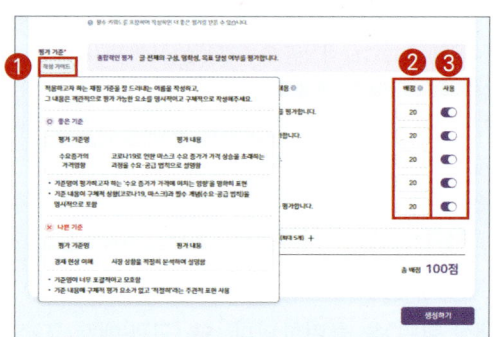
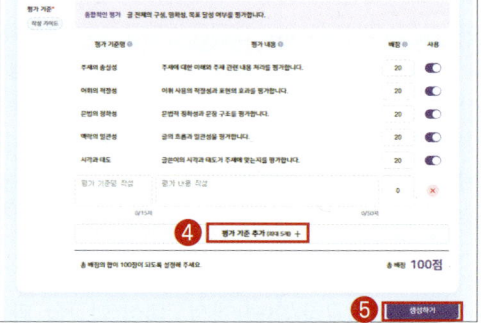

05 ❶ [생성 문항] 버튼을 클릭합니다. ❷ [출제] 버튼을 클릭합니다. ❸ [반 선택]에서 "대상 학급"을 선택합니다. ❹ [제한 시간]에서 "30분", "60분", "120분" 중에 한 가지를 선택합니다. ❺ [제출 기한]에서 학생들의 답안 제출 기한을 설정합니다. ❻ [문항 출제] 버튼을 클릭하여 논술형 문항 출제를 마무리합니다.

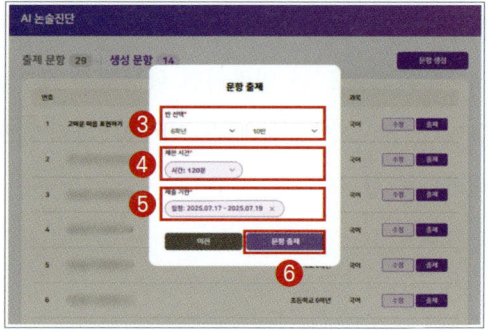

문항 응시(학생)

01 학생 아이디로 하이러닝에 로그인한 뒤 ❶ [학습 콘텐츠]를 클릭합니다. ❷ [문항]을 클릭합니다. ❸ [AI 논술형 출제]를 클릭합니다.

02 ❶ [필수 키워드]와 ❷ [필수 글자 수]를 확인하고 ❸ [글을 작성해 주세요]란에 답안을 작성합니다. ❹ [현재 작성한 글자 수]를 확인한 뒤 ❺ [제출하기] 버튼을 클릭합니다.

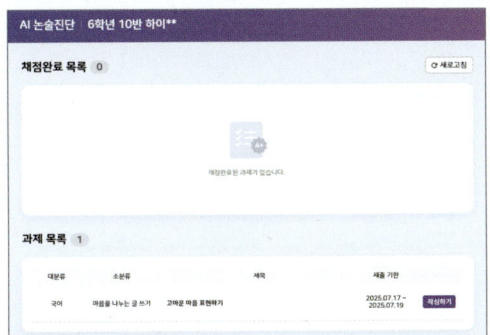
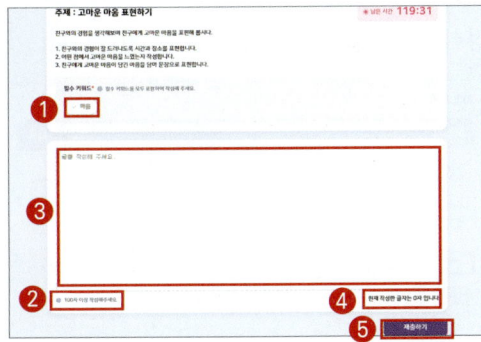

전쌤의 꿀팁 문항의 내용을 그대로 복사하여 답안으로 넣거나 부적절한 단어나 문장이 들어갈 경우 0점으로 채점되니 학생들에게 해당 사항을 꼭 안내하기 바랍니다.

문항 채점(교사)

01 AI 논술형 평가 창으로 접속한 뒤 ❶ [출제 문항]을 클릭합니다. ❷ [상세 보기]를 클릭합니다. ❸ [채점하기]를 클릭합니다.

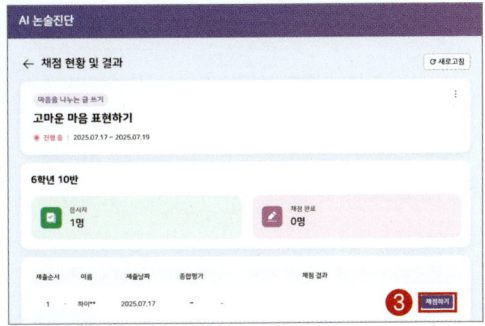

Chapter 11 AI 기반 평가의 전 과정을 담다, 하이러닝 **307**

> **전쌤의 꿀팁** 하이러닝 AI 논술형 평가에서도 모든 학생의 답안을 한꺼번에 채점하지 못하고 한 명씩 채점해야 합니다. 이는 AI의 기능이 고도화되더라도 교사의 평가 의도를 완벽하게 파악하거나 교사의 전문성을 대체할 수 없기 때문입니다. 따라서 하이러닝에서는 교사가 학생 한 명씩 개별적으로 채점하면서 AI의 제안을 검토하고 판단할 수 있도록 점검 중심의 채점 구조로 설계되어 있습니다.

02 종합 평가에서 ❶ [AI 평가점수]를 통해 AI가 채점한 학생 답안의 점수 범위를 확인할 수 있습니다. ❷ [선생님 평가점수]에서는 AI 채점 점수 범위의 중간값인 "91점"을 추천해 주는 것을 확인할 수 있지만 교사가 "기본 세부 평가"에서 직접 채점하여 이 점수를 변경할 수 있습니다. ❸ [채점 결과]에서는 AI가 학생의 답안을 평가한 내용을 문장으로 설명해 줍니다. 교사가 AI의 채점결과를 참고하여 다시 입력할 수 있습니다. ❹ [개선사항]에서는 학생 답안을 개선하기 위해서는 어떻게 해야 하는지 AI가 알려주는 내용이 있습니다. 교사가 이를 참고하여 다시 입력할 수 있습니다. 기본 세부 평가 항목에서 ❺ [선생님 평가점수]에서는 AI가 제시한 평가점수와 관계없이 교사가 직접 각 평가기준에 따른 배점 범위 내에서 점수를 수정하거나 재채점하여 입력할 수 있습니다.

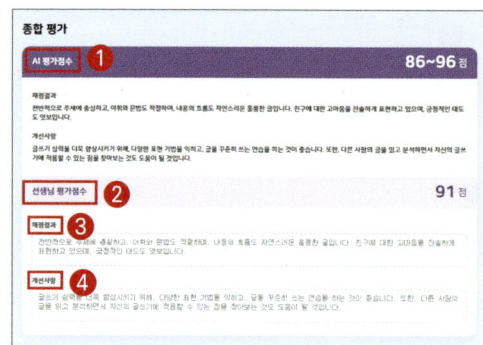 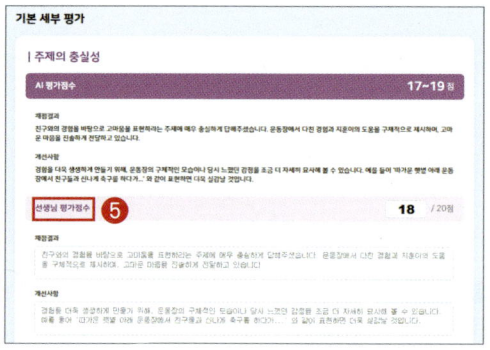

03 채점 점수와 채점결과, 개선사항 입력이 모두 끝나면 ❶ [저장하기] 버튼을 클릭합니다. AI 논술형 평가 채점 현황 및 결과 창에서 학생별로 ❷ [종합평가]와 ❸ [채점결과]가 입력된 것을 확인할 수 있습니다.

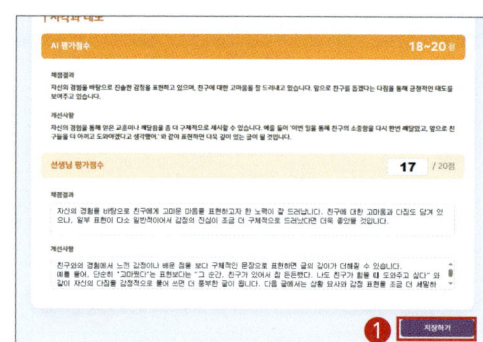 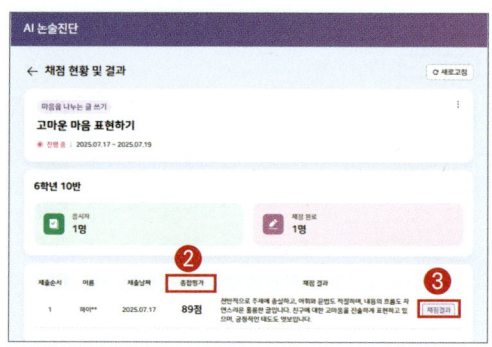

채점 결과 조회(학생)

01 ❶ [채점완료 목록]에서 ❷ [종합평가]를 통해 "채점 점수"를 확인할 수 있습니다. 더 자세한 결과를 조회하려면 ❸ [결과보기]를 클릭합니다. 접속하게 되면 종합 평가 및 기본 세부평가를 확인할 수 있고 ❹ [평가 현황]을 통해 "나의 성적변화"와 "평가 분석" 내용도 확인할 수 있습니다.

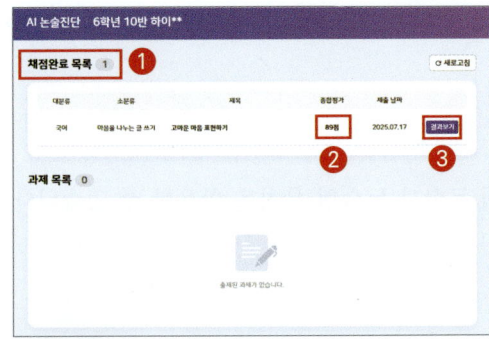
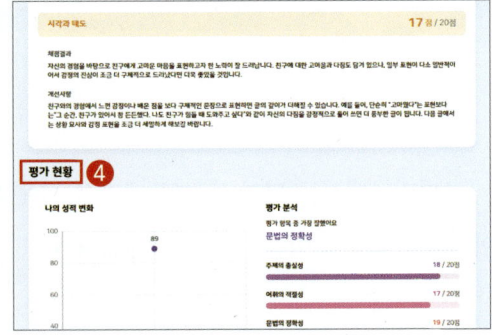

전쌤의 꿀팁 "나의 성적 변화" 그래프에 표시되는 점수는 동일한 문항에 대한 반복 채점 결과가 아니라 최근 AI 논술형 평가에 참여한 순서대로 기록된 점수입니다. 최대 4개의 평가 결과가 그래프에 나타납니다.

3 하이러닝 평가 도구 수업 사례

하이러닝에서는 평가 도구로 객관식, 주관식 문항과 논술형 문항을 활용할 수 있습니다. 아래에는 이들을 이용한 수업 사례입니다.

객관식, 주관식 문항 활용 복습 및 학습 정리

하이러닝의 통합학습창에서 객관식과 주관식 문항을 이용해 복습과 정리를 돕는 수업 흐름 속 평가 도구로 활용할 수 있습니다. 수업 도입에는 지난 차시 내용을 바탕으로 구성된 객관식 문항(3~5문항)을 제시해 이전 학습을 자연스럽게 회상하게 하고, 수업 마무리에는 해당 차시 핵심을 묻는 문항을 배치해 형성평가와 학습 정리를 동시에 할 수 있습니다. 교사는 정답률과 정오표 확인을 통해 개별 성취 수준을 즉시 파악하고 피드백과 보충 지도를 효과적으로 제공할 수 있습니다.

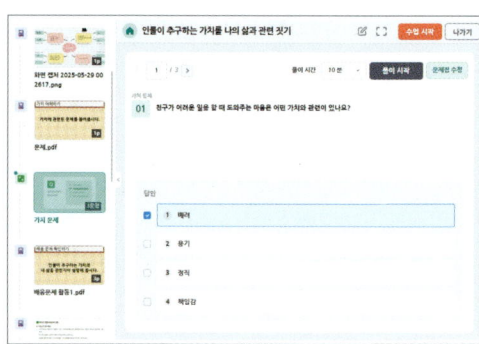
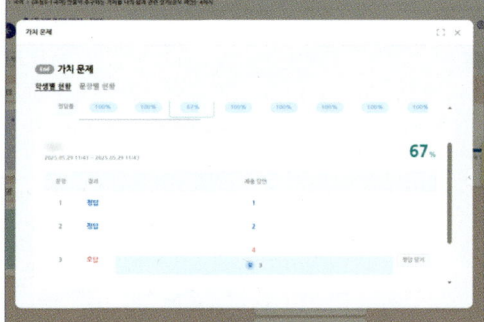

AI 논술형 평가(AI논술진단)을 활용한 과정 중심 평가

하이러닝의 논술형 문항을 통해 학생이 생각하는 과정, 표현력, 개념 적용 능력을 종합적으로 파악할 수 있어 과정 중심 평가로 활용하기에 적합합니다. AI는 문장 구성, 논리 전개, 개념 반영 정도 등을 기준으로 1차 채점을 수행하며 교사는 이를 참고해 평가 기준에 따라 피드백하거나 점수를 조정합니다. 또한 학생은 AI와 교사의 피드백과 보충 설명을 통해 글을 수정하는 과정에서 자신의 이해도를 점검하고 사고를 확장하며 학습을 더욱 깊이 있게 이어가게 됩니다.

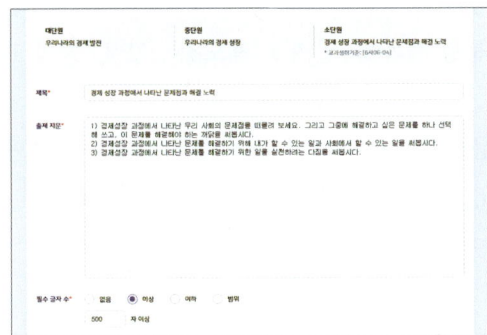
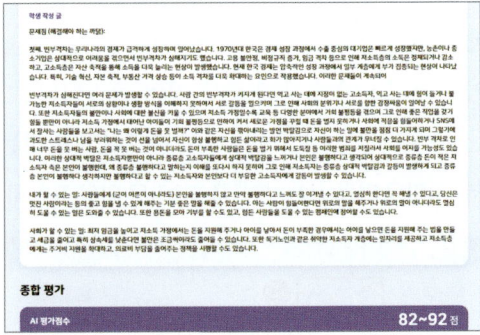

AI 논술형 평가(AI논술진단) 활용 상상 일기 쓰기

하이러닝의 논술형 문항 기능은 글쓰기 연습에도 활용할 수 있습니다. 매일 아침이나 마무리 시간에 짧은 일기를 작성하게 하면 학생은 자신의 상상력을 이용해 간단한 상상 일기를 쓰며 글쓰기 습관을 자연스럽게 기를 수 있습니다. AI 피드백을 통해 문장 표현이나 어휘를 점검해 볼 수 있으며 작성된 글을 따로 저장하여 학생별 포트폴리오로 누적 관리를 할 수도 있습니다.

하이러닝 실전비법.zip_ AI 논술형 평가 재채점

하이러닝의 AI 논술형 평가(AI 논술진단)에서는 학생이 한 번 제출한 답안을 수정하여 다시 제출하는 기능이 없습니다. 따라서 학생이 평가 결과를 확인한 후 개선 사항을 반영하여 다시 작성하려면 교사가 동일한 문항을 새롭게 생성해 제공해야 합니다.

이때 이전과 동일한 문항을 처음부터 다시 만들 필요는 없습니다. 하이러닝에서는 생성된 평가 문항이 삭제되지 않는 한 "생성 문항" 메뉴에 계속 저장되므로, 해당 문항을 선택하여 그대로 다시 사용할 수 있습니다.

다만 동일한 제목을 그대로 사용할 경우 학생이 어떤 문항이 이전에 제출한 것인지 새롭게 제출해야 할 문항인지 헷갈릴 수 있으므로 문항 제목에 "날짜", "재도전", "2차" 등의 표기를 추가하여 구분해 주는 것이 좋습니다.

01 ❶ [생성 문항]에서 다시 출제하고자 하는 문항의 ❷ [수정] 버튼을 클릭합니다. ❸ [제목]에서 "고마운 마음 표현하기"를 "고마운 마음 표현하기(2차)"로 수정한 뒤 다시 문항을 저장합니다.

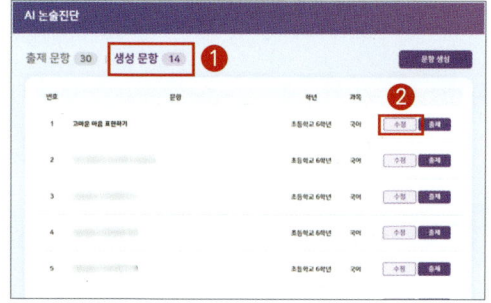

[그림 실전비법1]

[그림 실전비법2]

02 ❶ [출제] 버튼을 클릭하여 문항을 출제합니다. ❷ [출제 문항]에서 새로 출제된 문항을 확인할 수 있습니다.

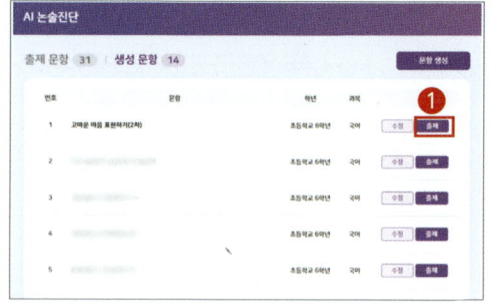

[그림 실전비법3]

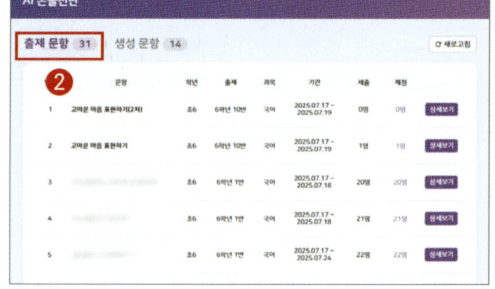

[그림 실전비법4]